企业岗位管理

QIYEGANGWEI GUANLI

郭京生 朱国成 袁家海 赵长财 编著

经济管理出版社
ECONOMY & MANAGEMENT PUBLISHING HOUSE

图书在版编目（CIP）数据

企业岗位管理/郭京生等编著．—北京：经济管理出版社，2016.12
ISBN 978－7－5096－4641－0

Ⅰ．①企…　Ⅱ．①郭…　Ⅲ．①企业管理—人力资源管理—研究—中国　Ⅳ．①F279.23

中国版本图书馆 CIP 数据核字(2016)第 235754 号

组稿编辑：杨国强
责任编辑：杨国强　张瑞军
责任印制：黄章平
责任校对：雨　千

出版发行：经济管理出版社
（北京市海淀区北蜂窝 8 号中雅大厦 A 座 11 层　100038）
网　　址：www.E－mp.com.cn
电　　话：（010）51915602
印　　刷：三河市文阁印刷有限公司
经　　销：新华书店
开　　本：720mm×1000mm/16
印　　张：17
字　　数：330 千字
版　　次：2017 年 1 月第 1 版　　2017 年 1 月第 1 次印刷
书　　号：ISBN 978－7－5096－4641－0
定　　价：48.00 元

前　言

近年来，人力资源管理一直是企业关注的焦点和理论界研究的热点，人力资源管理制度的变革方兴未艾，这既是我国市场经济体制发展的要求，也是企业内部管理机制转变、管理水平提升的需要。对于国有企业而言，计划经济时期形成的人事管理已经不能适应发展的需要，向人力资源管理转变成为必然。我国的民营企业随着改革开放诞生、成长、壮大，已经成为推动我国经济发展的重要力量。随着企业规模的扩大和市场竞争的日益激烈，建立和完善人力资源管理体系成为民营企业的共识和普遍需求。

企业岗位管理是人力资源管理体系建设的基础，人力资源管理体系是否科学、合理，首先取决于岗位管理是否科学、合理。近年来，国内企业在岗位管理方面已经有了比较丰富的实践积累，取得了许多宝贵的经验。与实践上的丰富多彩相比，理论工作者对实践的总结和提升显得不够全面和深入，至今国内尚没有一部侧重于完整地介绍岗位管理实务的著作。写作本书的初衷，是将我们近年来在企业岗位管理方面理论研究和管理咨询实践的心得加以总结，与广大读者分享，抛砖引玉，为企业人力资源管理和人力资源制度建设提供一点参考和帮助。

本书共分八章：第一章，企业岗位管理体系概述。阐述了岗位的基本性质、企业岗位管理的框架、企业岗位管理的地位和发展。第二章，岗位设置。着重论述了岗位设置的基本方法、岗位设置的其他情形（特殊情况下的定岗、岗位设置的结果表达、岗位设置的调整和持续改进等），最后介绍了某企业定岗的案例。第三章，定编定员。首先对定编定员的原则、注意事项、影响因素做了说明，接下来对工作饱和度测量、定编定员方法、整体定员方案设计与运作进行了阐述，以两个定编定员的典型案例作为结尾。第四章，工作分析的基本方法。首先阐述了工作分析的概念、作用、方法、内容等，随后介绍了工作分析的基本方法，具体包括观察分析法、访谈分析法、问卷调查法、工作日志法等。第五章，工作分析的组织与实施。论述了工作分析流程、工作说明书撰写、工作说明书的应用。第六章，岗位评价的基本方法。首先阐述了岗位评价的含义、岗位评价与工资等级的关系、岗位评价结果与工资政策线等，其次介绍了岗位评价的基本方法，具体包括排列法、分类法、因素比较法、海氏评价系统。第七章，要素计点法岗位评价流程。以四要素评价法为基础，论述了岗位评价的流程，从调整组织机构、设置岗位到岗位等级划分。第八章，竞聘上岗与人员退出机制。阐述了竞聘上岗的程序和方法；以某公司为背景，介绍了竞聘上岗的完整案例；最后对人员退出机制、人员退出过程中应注意的问题进行了探讨。

在内容安排上，本书依据岗位管理的流程展开，从岗位设计开始，以竞聘上岗、冗员退出结束，揭示了岗位管理的完整过程和内在规律；注重基本概念、方法、程序、工具的介绍，力图反映近年来国内企业岗位管理研究和实践的成果；方法和程序的阐述与本土企业典型案例的介绍有机结合，以便读者对方法和程序的使用融会贯通。

本书适合以下读者：

首先是企业领导、人力资源部门及相关部门工作人员。如前面所提及的，本书是我们在岗位管理理论研究和管理咨询实践方面的初步总结，具有体系的完整性和可操作性。企业非常需要能够在理论和方法上对其人力资源制度设计包括岗位管理工作具有指导作用的书。

其次，作为高等院校人力资源、工商管理等专业学生的学习参考书和教师的教学和科研参考书。本书也适合相关研究人员和对人力资源管理感兴趣的读者。

本书在编写过程中，宫睿做了大量的资料收集工作并参加了本书的编写。

借此机会，特别感谢经济管理出版社的编辑和相关工作人员，由于他们认真、严谨、高效率的工作，使得本书能够在最短的时间内与读者见面，并保证了出版质量。

岗位管理具有很强的实践性，理论上和方法上都需要不断地探索和完善，希望能够与广大读者就这方面的问题进行交流。电子邮箱 gjs1408@sina.com（联系人：郭京生教授）。

著者

于华北电力大学

目　录

第一章 企业岗位管理体系概述

第一节 从宏观看岗位

现在的人力资源管理领域，新的概念、新的提法层出不穷，很多企业管理者在追逐时髦的过程中却忽略了人力资源管理体系中最为基础的一项内容——岗位管理。事实上，岗位管理是企业人力资源管理的重要基础，各种人力资源管理的新发展都必须建立在这一基础之上。正因如此，我们可以看到，很多新兴企业在引进新的管理体系时困难重重，往往需要回过头来补课；也可以看到，一些大型企业，因为管理规模大、复杂程度高，以致将大量的精力花在夯实岗位管理体系这一基础性工作上。这就是为何要在此时重新强调岗位管理这一基础性工作的原因。

不要孤立地看待岗位，而必须要将其置于整个组织结构和人力资源管理体系的整体背景下去看待，只有在宏观视角之下，才能够越发深刻地认识到岗位的价值。

一、从组织的角度谈岗位

我们通常将岗位视作理所当然的事情，但这种理所当然恰恰与同样被视作理所当然的水和空气一样，是企业运作须臾不可分离的重要基础。在这里，我们不想从各种组织类型的角度去谈岗位设置，那种谈法太过宏观和抽象，因此试着从更为微观和具体的角度谈这个问题。

（一）岗位是社会化大分工在企业内的延续和细化

众所周知，现代企业是社会化大分工的产物，而进一步，企业内部的岗位设置则是社会化大分工的延续和细化。分工简化了工作，同时有利于提高工人的专业化程度，从而获取更高的劳动生产率。

在长期的社会分工不断深入发展的过程中，企业内部岗位设置也随之发展。正是这个原因，不同企业在某些具有一般性的岗位设置上是趋同的。举例来说，随着现代营销理论的发展，营销部门内的岗位分工越来越细化，除了传统的销售人员，更出现了品牌管理、公共关系、市场策划、价格管理、渠道商管理等多种多样的岗位。与这些岗位相配套，在相关专业的人才培养上，也是按照现代营销理论的逻辑展开的。更进一步，社会上甚至出现了专业的公关公司、市场策划公司等，其内部的岗位分工更加细密。通过营销部门的例子，我们可以清晰地看到社会分工对企业内部分工的影响。

（二）岗位是企业经营思维的具体落实和直观体现

如前所述，社会大分工对企业内部具体分工产生着深刻影响，但不同企业内部的岗位分工绝非简单雷同，哪怕是同行业、同类型的企业也不完全相同。这是因为，企业内部分工受到企业经营思维的直接影响。

仍以销售部门为例来说明这个问题。同样是面向组织市场进行复杂销售行为的企业，一些企业强调销售人员应当成为多面手，要负责从潜在客户挖掘、跟踪、技术与商务谈判，直到签约、回款的全过程。而有一些企业，则对这些工作进行了更加细致的分工：由专门的基础营销人员负责获取潜在客户，由销售人员与客户就一般需求和商务问题进行沟通，由专门的售前工程师就复杂的技术问题、解决方案进行深入沟通。通过这样一个小组的组合，从而让不同的人专注于不同的工作。这两类企业，在经营思维上存在根本差异，前者认为销售人员要成为全能选手、具备多种技能，这样才能更易于取得客户信任、获取订单；后者则认为将销售人员培养成为具备复合技能的人员难度极高、成本极大，销售人员更重要的是要获取客户信息、做出分析判断、决定如何调用企业后台资源，而更加专业的工作则由不同的人去完成，如前端的潜在客户获取由基础营销人员完成，而深入的技术和解决沟通则主要由售前工程师完成。

很显然，这种经营思维上的差异会无孔不入地影响到企业内部的各种分工，这造成了在同样的社会分工背景下，不同企业内部岗位却不完全相同。企业的经营思维正是通过企业内部分工得以具体地落实，或者反过来说，对企业内部分工进行分析，能够获得对企业经营思维的更准确的认知，而不仅仅是听一个企业的宣传。

（三）岗位是企业内部分工和协作的最小单元

不管是怎样类型的组织结构，都要进一步将分工细分到岗位层面，企业才能够运转。笔者曾经在咨询服务中遇到一家规模不大的房地产企业，虽然有比较明确的部门设置，但岗位设置并不明确、分工非常模糊，经常出现的一个情况是部门负责人每天都要根据具体情况对每个员工的工作进行具体安排。之所以如此，是因为这家企业的总经理认为企业要通过扁平化减少管理层级、降低内部沟通的成本。在这种情况下，一方面企业高层和中层管理者感到非常疲惫，而更为严重的另一方面则是，企业规模化发展始终无法实现。

很显然，这家企业的问题在于内部分工不足，主要依赖于管理者的具体管理行为进行临时分工，显然这种方式必然会带来较高的管理强度，管理者的疲惫就很容易理解了。而按照管理幅度理论，在这种管理强度之下，企业规模很难扩张。岗位是企业内部分工和协作的最小单元，只有当分工达到岗位层面的时候，企业才能够更加有效地展开运作。否则，企业员工根本无从明确自己的职责范围，各种临时性的工作指派也无法建立起稳定的协作关系。当然，这家企业的经营者还一直认为他们所实行的是扁平化组织模式，这一问题在本章第三节还要进行具体的讨论。

关于岗位分工，将在第二章进行深入探讨。

（四）岗位的有效动态运作为企业实现价值创造

企业按照自己的业务特点和经营理念搭建起组织架构，明确了部门设置与分工，并进一步完成了内部岗位设置。可以说，到这里一家企业就具备了有效价值创造的基础，但这只是静态的组织架构，而静态的组织架构并不能真正实现价值创造，因为真正的价值创造必须通过动态的流程完成。

流程是将输入转化为输出的价值创造过程，在这个过程中包含了各个岗位自身特别是岗位之间大量的动态的工作成果及信息交换、协调。因此，没有合理明确的岗位分工，企业内的流程无法进行设计从而无法有效运作。当然，流程设计和岗位分工是相辅相成的，因为流程在企业内的特殊重要性，在进行岗位分工的时候要充分考虑到流程这一因素，甚至要按照流程设计进行岗位分工的设计。

总而言之，岗位是组织结构的最小细胞，仅有组织结构这样一个骨架，实际上无法完成企业价值创造的过程。

二、从人力资源管理体系的角度谈岗位

从人力资源管理的角度说，岗位具有更为重要的意义，甚至可以说没有了岗位这个支点，人力资源管理体系的大厦将会倾倒。这一部分内容的具体阐述在第三节还将着重展开，在此主要从方法论的层面看这个问题。

（一）人力资源管理体系构建的基础

在人力资源管理领域，长期以来事实上存在着两种基本理念，一种是以岗位为基础的人力资源管理体系，另一种则是以能力为基础的人力资源管理体系。很显然，前者是完完全全地建立在岗位这个基础之上的，其逻辑在于对岗位进行深入研究，从而明确岗位的职责和任职资格两大基本内容；进一步，这两大基本内容则可以作为员工招聘、培训、考核与薪酬体系建设的基础。

再从后者看，以能力为基础的人力资源管理体系更加强调人或者能力的作用，强调从企业发展战略出发明确企业战略实现所需要的能力，从而在招聘、培训中注重基于这些能力要素的选拔和培养，同样在考核中则强调对能力和态度的评估，而薪酬体系则基于能力进行设计。但实际上，以能力为基础的人力资源管理体系并不完全排斥岗位，因为招聘、培训、考核和薪酬都仍然以岗位作为最基本的单位。

以岗位为基础和以能力为基础的人力资源管理体系并不是相互排斥的，而是越来越表现出相互借鉴、相互融合的趋势，只不过在不同行业按照其对员工创造力依赖的程度不同而各有侧重。但不管怎样，岗位都是人力资源管理体系构建中最为基础和重要的内容，离开了科学、明确的岗位体系，整个人力资源管理体系就失去了

最重要的支撑。

（二）人力资源管理实现分级分类管理的基础

在人力资源管理中，有一个隐含的但却极为重要的理念，就是要对管理对象进行分级分类的管理，这实际上也是任何管理者在实际工作中必然采用的一个基本原则，虽然这一原则并不会被公开地表明。

而岗位为企业人力资源管理的分级分类管理提供了最为重要的依据。例如，在大型企业里常常要按照不同的岗位层级来确定人员的管理权限；即使在一般企业里，在招聘过程中不同级别岗位空缺的招聘在流程上也存在一定差异。这些都是分级管理的重要体现。再如，企业在制定考核制度、薪酬制度的时候，往往要针对不同类别人员的特点采取不同的原则和方法，因为这些价值创造方式和工作性质、方式存在根本的不同，对于研发人员要强调按照能力等级设计薪酬体系，在考核上强调是否在既定的成本、周期和技术指标范围内达成了研发任务；对于销售人员则更加强调按照业绩设计薪酬体系，其薪酬中的主要部分都与其业绩挂钩，而在考核上则强调量化的销售收入。这就是分类管理的重要体现。

分级分类管理的问题，对于规模越大、垂直管控强调越大的组织其重要性越突出，如对于一些超大型的电力、保险等企业，为了实现自上而下相对规范的管理，就必须建立明确的岗位体系，否则后续的其他具体管理就失去了统一的标准。

（三）人力资源管理日常运作的基础

在人力资源管理的日常运作里，岗位在人力资源管理日常运作中发挥着基础性作用，所有的人力资源管理都是围绕岗位展开的。例如，对于招聘工作，需要明确空缺岗位及其缺员数量，并进一步确定该岗位的任职资格；对于培训工作，也要以岗位职责和任职资格为出发点确定相应的课程体系，再对在岗人员与岗位要求的培训内容之间的匹配度进行评估，从而实现体系化、有针对性的培训；对于绩效管理，针对不同类别岗位或者说岗位序列确定不同的考核方法，对于具体岗位则从岗位职责出发制定具体的 KPI 指标或者目标任务及其标准；对于薪酬管理，针对岗位类别确定差异化的薪酬体系，制定薪酬等级及薪酬标准。

可见，人力资源管理的各项日常工作都是以岗位为基础展开的，离开了岗位，人力资源管理体系就无法构建。企业日常运作也就无法有效开展。

三、岗位的相对性

可以说，只有对组织结构进一步具体细化为岗位设置，整个企业的人力资源管理体系才能够建立和有效运作，这就是岗位的绝对性。

但是，我们仍然需要认识到岗位的相对性。所谓岗位的相对性，是指相对于企业内部必须按照分工建立岗位体系这一绝对性要求而言，每个企业都必须根据自身特定的行业特点、经营理念、历史发展及人员素质等，设立适合自身特点的独特的岗位体系。换言之，任何两家企业的岗位设置都必然存在差异，哪怕企业之间存在再多的相似性；更有意思的是，有些企业的岗位有着相同的名称，而如果深入考察一下，便会发现这两个岗位的职责却可能大相径庭。

同时，随着组织形态的新发展，组织结构表现出越来越多的柔性，这些也对岗位管理形成了一定的挑战，要求岗位管理随之进行调整。这一部分将在第三节进行具体阐述，这里不做展开。

认识到岗位的相对性，要求企业必须深刻研究自身，在借鉴行业内其他企业的基础上，从实际出发进行系统的岗位体系建设，并适应组织形态的新发展。

第二节 岗位管理框架

正是因为岗位及岗位管理在企业人力资源管理中重要的基础性地位，而这种地位并没有得到应有的重视，才提出岗位管理的概念。其实，岗位管理也并非一个全新的概念，但我们试图对其重新明确内涵。

一、岗位管理的概念和内涵

所谓岗位管理，是指为了夯实人力资源管理的基础，将围绕岗位的岗位设置、定编定员、工作分析、岗位评价、竞聘上岗等一系列相关管理环节整合起来进行系统化的总称。

在人力资源管理中，岗位设置、定编定员、工作分析、岗位评价、竞聘上岗这一系列管理环节是非常基础性的工作，而且这些工作之间具有特别重要的相互关联、相互制约关系，因此有必要进行适当的整合，系统化思考，一次性完成，这样才能够取得更好的效果。例如，一般岗位设置是前置的工作，但实际上在定编定员、工作分析中也极有可能回过头来进行重新调整，诸如某一岗位设置太过综合，还需进行适当细分；或者在工作分析中发现某几个岗位之间在职责上没有明晰划分，抑或是没有实现对部门职责的全面覆盖，还可能在流程设计中存在低效的问题等，这时都非常有必要进行岗位设置的调整。

很多企业对上述这一系列相互关联的工作，大多是零星地操作，没有进行深入地统一思考和规划，结果造成相互之间抵牾或者大量重新调整、返工的问题。由此，我们正式地提出“岗位管理”这一概念，将围绕岗位相关的一系列工作纳入其中，进行统一思考、统一规划，从而让这一系列工作更加系统、顺畅，这样就为企业人力资源管理打下了更为坚实的基础。

二、岗位管理的内容

如上所述，岗位管理包含了岗位设置、定编定员、工作分析、岗位评价、竞聘上岗一系列相互关联的管理环节。

（一）岗位设置

岗位设置是组织结构完成后，在部门设置之下，基于部门职责和各项业务流程运作需要进行的进一步细化分工，并将同类性质、内容相关的一系列职责进行归并，形成一个个职责组合单元，即岗位。对上，这项工作承接了组织结构的进一步细化；对下，则联系起具体的业务流程。正是完成了对上、对下的连接，才保证了组织结构设计思想转化为具体的动态的流程运作。

不仅如此，还应当从岗位名称、岗位层级（包括与管理关系相关的组织层级和与薪酬相关的后续进行的岗位评价确定的岗位等级）、岗位序列划分等内容进行研究，从而既要确保岗位设置的规范化，又要为后续人力资源管理打下坚实的基础。例如，从岗位名称来说，一般是由一个表明主要职责的名词加上一个表明管理层级的名词共同构成，如薪酬主管，前者能够概要性地表明主要职责，后者则明确了管理层级。一个规范的名称可以让组织内人员快速识别管理关系，而一个模糊的岗位名称则可能造成混乱，如一些企业在表明层级的名词上使用混乱，进而造成管理关系的混乱，这一点对于一些大型企业尤为重要。

（二）定编定员

定编定员要解决两个问题，一是确定一个企业总的人员编制以及不同类别岗位之间大体的人员比例关系，另一个是确定每个岗位上具体的人员数量。习惯上，我们将前者称为编制，将后者称为定员。通俗地说，也就是要确定完成既定的职责、任务量所需要的人员数量。

我们可以从两个层面看待定编定员。一方面，定编定员是企业人工成本控制问题，特别是在现今薪酬水平不断上涨的情况下，合理的定编定员尤为重要，从另一个角度看，定编定员就是与营收目标相匹配的人工成本水平控制问题；另一方面，定编定员又是一个合理地平衡企业内不同部门、不同岗位间忙闲关系的具体管理问题，如果部门、岗位之间的忙闲关系不能得到很好的平衡，在薪酬上也无法得以体现，一定会引发企业内员工的不平衡心态。在实际中，这两个问题往往交叉作用、异常复杂，特别是对于一些大型企业集团，定编定员问题、人工成本控制问题等成为一个令人头痛的问题。这一问题将在后续章节中进行具体讨论。

（三）工作分析

工作分析的核心任务有如下几个：一是对岗位基础信息进行系统规范；二是对岗位职责进行清晰界定；三是基于职责制定明确的岗位任职资格。其中，后两者是重点，当然也有越来越多的企业将其他内容纳入工作分析之中，诸如职业生涯通道、岗位考核指标等。我们认为，将这些后置的任务纳入工作分析增加了工作分析的工作量、模糊了工作分析的焦点，但不反对将这些后置内容专门研究之后纳入到岗位说明书内容之中。这是两件完全不同的事情。

这里要强调的是，工作分析不是开始于岗位设置完成之后，而实际上是开始于岗位设置的同时。因为，在进行岗位设置的过程中，必然进行了相对粗略的概要性的岗位职责设计，否则岗位设置阶段的岗位就成为了一个没有实质内容的空壳，这样岗位设置实际上是无法进行的。而在岗位设置阶段，其职责必然相对粗略，而且不排除岗位之间职责的相互交叉，这需要工作分析进行细化和规范化。

（四）岗位评价

岗位评价的核心任务是通过结构性的方法，确定企业内部不同类别岗位之间的相对价值关系，从而为企业薪酬体系设计提供必要的基础。一般来说，在进行岗位设置的时候，我们可以明确同类岗位之间粗略的相对价值排序。但我们无法完成的是：不同类别岗位之间的相对价值关系，如人力资源管理类岗位和财务管理类岗位之间的关系如何；岗位之间相对精确的价值比较关系，对于排序而言实际上并无法准确知道两个序位之间的差距。只有解决了上述问题，才能进行较为精细的薪酬设计工作，这需要通过一定的技术方法进行岗位评价工作。

通过岗位评价这一过程，企业建立起涵盖全部岗位的体现岗位间相对价值关系的岗位等级体系，从而为进一步利用市场薪酬数据，建立薪酬标准体系打下基础。

（五）竞聘上岗

竞聘上岗是通过一系列有效的甄选程序，对组织内人员与岗位的匹配关系进行重新调整，从而最大限度地实现人岗匹配，起到激发人力资源活力的作用。

从严格意义上说，竞聘上岗并不属于基础性的岗位管理内容，似乎放到招聘管理中更为适合。但在实践中，我们发现，大量企业特别是国有企业，在完成上述岗位管理工作之后，往往紧接着要进行竞聘上岗工作，这是有其合理性的。岗位设置、定编定员、工作分析、岗位评价等一系列工作，实际上是在打破旧有的均衡关系，并为接下来的利益调整做好准备，这时如果戛然而止，那么上述这些工作的积极作用就无法真正发挥作用。正是从企业具体实际运作的角度上，我们将竞聘上岗也纳入岗位管理的范围之中。

三、岗位管理的框架

通过上面的分析可以发现，岗位管理体系是一个由岗位设置、定编定员、工作分析、岗位评价及竞聘上岗等围绕岗位展开的紧密关联的五个环节组成的系统，并进一步作为企业人力资源管理的基础而发挥着重要作用。为了更清晰地表明岗位管理体系内部与外部的关系，我们编制了岗位管理框架（见图1－1）。上面已经对岗位管理各个环节的内容作了总体介绍，而以下各章节还会围绕各个环节进行具体阐述，这里重点对各个环节之间的关系和从各环节的输入、输出上进行介绍。

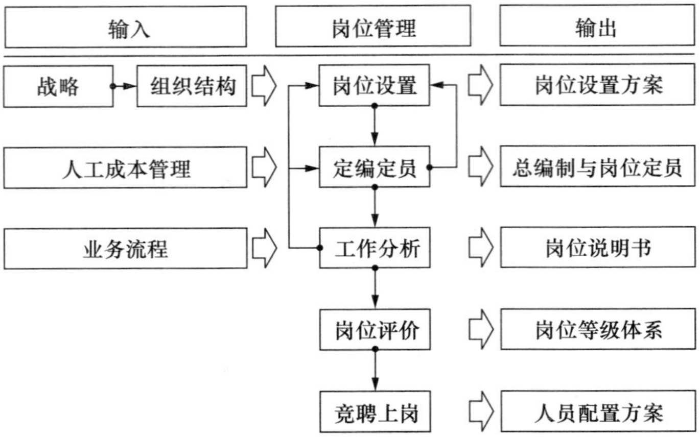

图1－1 岗位管理体系框架

（一）岗位管理各环节具有明确的制约关系

岗位管理的五个环节从岗位设置、定编定员、工作分析、岗位评价到竞聘上岗，从前至后依次是前者为后者提供前提基础的制约关系。

（1）没有明确的岗位设置，各岗位上的定员势必无从谈起。当然，根据企业总的人工成本控制目标能够确定总体编制，但是，这种总体编制也需要反过来按照各个岗位上的具体编制进行检查和重新核定。甚至在有些时候，岗位设置和岗位定员工作本身就是合一的，如对管理岗位的设置，由于管理岗位之间职责异质性较强，往往是一岗一人，岗位设置明确了各个人员编制也就同时确定了。

（2）具备了清晰的岗位设置和定编定员，才能进行有效的工作分析。在进行工作分析的时候，第一步是明确工作的对象，即岗位，如果连岗位都不清晰、明确，那么工作分析就无法开展，还必须补上岗位设置这一课才行。

（3）岗位评价必然要以前面的岗位设置、定编定员和工作分析为基础。不管采用怎样的岗位评价方法，其实质都必然是对岗位的责任轻重、难易程度、工作强度和工作环境四个基本要素进行评价进而得出各个岗位的相对价值比较关系。如果岗位设置不明确，很显然这几个基本要素就无法进行评价和比较；岗位定员也会对上述基本评价要素产生影响，不同的定员水平一定会对责任和强度产生影响；当然，工作分析则更是从规范化的角度对岗位职责和任职资格进行详细描述。

（4）如前所说，竞聘上岗工作是相对独立的、在一定程度上属于企业内部人员配置范畴的工作。人员的配置也要以岗位清晰为前提和基础。这里不再赘述。

（二）岗位管理环节具有反向回馈作用

我们还应当看到的是，岗位管理各环节不仅存在单向的制约作用，也存在反向回馈作用。这种反向回馈作用主要体现在如下方面：

（1）定编定员会反过来影响岗位设置。例如，在岗位设置中经常存在的对岗位职责分工的细分程度难以把握的问题，也就是岗位设置的综合性和专业性在具体企业管理情境下具体实施。如果在岗位设置中过度强调综合性，就会出现一些岗位工作量较大，需要较多定员的情况；反之，如果过度强调了专业性，就会出现岗位工作量较小，甚至不足以满足一人的工作量的情况。那么，需要反过来针对定编定员中发现的问题对岗位设置进行必要的调整。

（2）工作分析会要求重新检讨岗位设置和定编定员的合理性。比如承认，岗位设置实际上是对岗位职责分工的概要性设计，只是从最重要的职责角度进行了必要的区分。而工作分析中的职责分析则是对职责的细化和深入分析，既会对某个岗位的职责是否清晰准确进行分析，还会对与该岗位相关岗位的职责是否交叉、部门各个岗位的职责是否完全分解了部门职责等进行具体分析，在这种细致梳理中往往会发现和纠正前面岗位设置中的问题。

工作分析同样会对定编定员产生影响。在有些企业进行工作分析的时候，采取了详细的工作日志乃至工作日写实的方法，这种方法一方面可以更为清晰地掌握岗位的工作内容，进而更加准确地抽象出岗位职责；另一方面也对岗位工作量进行了详细的记录，这时就可以通过对工作日写实期间工作饱和度的分析，反过来对定编定员提供参考和借鉴。

（三）岗位管理各环节也依赖于外部输入

岗位管理并不是一个封闭、独立自主的系统，而是在很大程度上要依赖外部的输入。

（1）岗位设置要依靠战略和组织结构。岗位设置的前提是有清晰的战略和明确的组织结构，前面已经谈到过，岗位设置实际上是企业经营思维在企业内部的具体落实和直观体现，反映了企业在各项业务上采取的具体操作策略和思路，这要求岗位设置必然需要企业战略的指导。战略决定组织，战略对岗位设置的指导是宏观和思维意义上的，而组织结构则是具体和操作意义上的，它通过明确的组织模式、部门设置及其职责、内部信息沟通方式等为岗位设置提供清晰的内部规定性。

如果企业没有清晰的战略和明确的组织结构，也可以按照一般性的经验进行岗位设置，但这种岗位设置实际上只能“就事论事”，只是一个形态而没有灵魂。更有很多企业，在岗位设置中往往从别的企业那里进行所谓的借鉴、照葫芦画瓢而已。这是很多企业在岗位设置中存在的问题，其实质都是割裂了岗位设置这一具体微观工作与企业战略、组织结构之间的关联。

（2）定编定员要依靠人工成本控制。定编定员如果离开了人工成本控制目标，其结果一定是人员膨胀，这是被众多企业的管理实际不断证明的。因此，企业必须在定编定员之前设定一个明确的人工成本控制方法和目标，使定编定员在这个总的控制范围内进行。在一些企业定编定员的时候，将人工成本控制作为非常重要的方法，以人工成本去概算企业总的定编范围或上限，或者以人工成本去匡算不同类别岗位人员之间的大致比例关系。同时，定编定员也不是一次性工作，而是需要根据企业发展需求定期进行检讨的动态过程。在定期定编定员检讨回顾的时候，很多企业也将与经营收入挂钩的人工成本控制目标作为定编定员控制的重要参考值。

当然，人工成本并不是定编定岗的唯一参考值，还需要考虑到企业整体战略及发展阶段问题，不同战略和发展阶段会对定编定员策略产生重大影响，如低成本战略必然要求定员从紧，企业快速扩张阶段必然会对定员适当从宽；但无论怎样，战略和企业阶段都应当转化为具体的人工程控制目标以发挥作用，这样更容易统一衡量标准和明确影响程度，而不是一种模糊的定性状态。

（3）工作分析要依靠业务流程分析。越来越多的企业在进行工作分析的时候将业务流程引入其中，这是因为，一方面企业流程体系建设更有利于将岗位职责描述得更加清晰具体，另一方面单纯的岗位职责描述要发挥作用，还应和业务流程结合起来。因此，岗位说明书中的职责描述往往是概括性的、笼统的，重点是指明了职责范围，而对于职责的具体履行、与关联方的衔接、具体产出等方面，都不清晰。正是这一原因，在工作分析的时候要充分利用企业已有的业务流程体系。

（四）岗位管理各环节具有明确的输出

每个岗位管理环节都有明确的输出，作为岗位管理的重要内容而起到规范、稳定的作用。

（1）岗位设置输出岗位设置方案。岗位设置方案应当包括如下内容：①各部门明确的岗位设置；②岗位命名规则；③岗位序列；④如果可能，也需要制定出不同序列的岗位晋升通道。

（2）定编定员属于企业总编制与岗位定员方案。定编定员方案应当包括如下内容：①企业总编制及各部门编制；②各岗位定员数量；③编制控制方法；④编制调整流程等。

（3）工作分析输出岗位说明书。作为工作分析的结果，应当包含所有岗位说明书，同时还应当包括针对岗位说明书的规范说明体系，这是经常被很多企业所忽略的。此外，对岗位说明书的管理也是必要的，具体是对编制、修改、发布等作出具体规定。

（4）岗位评价输出岗位等级体系。岗位评价为薪酬体系设计提供一项重要的标准，即企业岗位等级体系，主要包括：①企业岗位等级数量；②各岗位等级的岗位评价数据区间；③各等级上的具体岗位。岗位评价输出的这些数据要参与到薪酬结构设计中，作为薪酬曲线、薪酬幅度等设计的重要参考值，这是现代薪酬结构设计必需的技术手段。

（5）竞聘输出人员配置方案。竞聘上岗将规定范围的岗位在企业内发布，允许有资格的人员公开竞争、企业择优录用，其结果是优化的人岗匹配方案，并起到激活内部人力资源存量的作用。

简言之，岗位管理各个环节之间既相互制约又提供回馈，既需要前置输入又具有明确输出，从而整体上作为企业人力资源管理的基础。

四、构建岗位管理体系需要注意的几个问题

（一）要从企业战略出发

岗位管理体系是一项基础性工作，但绝非一般的事务性工作，因此要为企业人力资源管理奠定坚实基础，就必须从企业战略特别是人才战略的角度进行考虑。正如前面所谈到的那样，岗位设置不仅仅是简单的设置几个岗位的问题，而要考虑到企业战略和经营管理的具体落地问题。再如，定编定员需要从企业整体经营和人工成本控制的角度去思考，这对于不同行业和不同发展阶段的企业存在不同差别，即使对于企业内的不同部门其策略也不同。例如，对于研发部门应当适度宽松，而对于制造部门则需要严格控制。再如，岗位评价工作实际上也要充分体现企业的价值倾向，显然，对于一家劳动密集型的制造企业和一家高科技企业，两者之间在价值倾向策略上存在根本差异。

所有这些，都需要在进行具体环节工作的时候，时刻联系企业战略进行思考，而不仅仅是就事论事地完成一项工作而已。

（二）要具有整体思维

岗位管理体系是一个整体，各个环节之间具有紧密的关联，因此，虽然这些工作需要分阶段、分步骤地注意完成，但企业在一开始和每一项具体工作中都要有整体思维。岗位管理中的某些工作在实际操作中会表现出一定的整体性。例如，企业管理岗位设置和定员，由于这些岗位实际上是对管理职能的分工，因而往往一岗一人，定岗的过程就完成了定员。这时，就需要在工作中进行整体性思考。

（三）需要特别注意先后顺序

岗位管理体系内部各环节之间具有相互制约的关系，前者为后者提供前提和基础。这要求在进行体系建设的时候，要特别注意各个工作环节的先后顺序。在一些企业，为了建立薪酬体系而进行岗位评价，但却发现原来认为理所当然的岗位都还不清晰，也没有岗位说明书，这时只能重新回过头来对岗位设置进行必要的梳理和明确，如果必要的话只能停下来先进行工作分析。因此，必须严格遵循岗位管理体系各环节的先后顺序。

（四）要注意时机选择

在何种情况下推进岗位管理体系建设最为适宜呢，在企业刚刚建立还是企业发展到稳定阶段呢？这个答案是相对的。之所以说是相对，是因为对于不同的企业其内外部环境差异太大。一般来说，企业在初创期，规模不大、总体经营管理尚不稳定，这时只要有相对明确的岗位设置和分工就可以了，主要还要依靠管理者的具体

协调和指挥。当企业发展到一个相对较大的规模、经营管理也相对稳定成熟时，一般来说，这时人才培养、绩效管理和薪酬管理方面的矛盾也会突出，就有必要系统总结前面积累的经验和发现的问题，进行系统的岗位管理体系建设。

但是，这也不是绝对的。因为越来越多的创业者有着丰富的经营管理经验，他们对企业发展路径和节奏有着清晰的认识，可以在一开始利用外部资本达到一定的规模，按照一定的模式运作，这时有必要进行岗位管理体系建设。这类似于一些大型企业创立新的分支机构，往往从总部复制来一套完整的体系，根据自身情况进行适当修改完善即可。

还有一个重要的时机，就是企业在发展到一定阶段进行组织变革时，也需要根据组织变革的新思路、新要求重新进行岗位管理体系建设。

第三节 岗位管理的地位与发展

在人力资源管理体系中，备受关注的不是岗位管理体系，而是人才开发、绩效管理、薪酬管理等。诚然，这些领域的问题也更为突出、更容易引起企业高层的重视。但是，不要只看到枝头的花朵而忘记了土壤中的根，正是岗位管理体系为人力资源管理其他各个模块提供了基础性支持。因此，合理地估量和认识岗位管理在人力资源管理中的地位和作用是必要的。前面已经从综合的角度介绍了岗位管理的价值，这里重点从具体的角度展开。

一、岗位管理在人力资源管理体系中的地位

（一）人力资源规划的分析基础

人力资源规划的核心是根据企业战略要求，对内部人力资源进行盘点，明确企业在人力资源数量、素质和结构等方面的目标和差距，从而制定相应的行动策略，为企业战略提供充分有效的人力资源供给。在这个过程中，要对企业人力资源状况进行系统分析，这个分析展开的重要基础是岗位及岗位序列，并对关键岗位及岗位序列进行深入分析，制定专门的行动策略，因为人力资源规划的核心对象是企业中稀缺的、价值高的岗位。

可见，岗位及岗位序列为企业人力资源规划提供了分析的基础。可以毫不夸张地说，岗位为企业人力资源规划提供了分析的角度和切入点，没有了岗位及岗位序列这一基本线索，企业人力资源管理将出现含混和思路不清晰。实际上，即使企业没有书面化的清晰明确的岗位管理体系，人力资源管理者也往往在思维中建立起一套相对粗略的岗位管理体系，否则其思维将无法展开，也无法言说。

（二）招聘管理中任职资格的依据

越来越多的企业将招聘的关注点投放在如何从候选人中有效地甄选合格人才

上，但更为基础的一项工作则是企业到底需要怎样的人才，或者说岗位的任职资格要求到底是什么。这两个问题相辅相成，不可偏废。前一个问题可以依赖于面试、心理测量、评价中心等各种测评手段，后一个问题则必然有赖于深入的工作分析，必要的话企业还应建立任职资格体系、建立素质模型。但不管怎样，工作分析都是最为基础的一项工作，它主要提供岗位职责和任职资格两方面内容，而岗位职责（干什么）决定了任职资格（什么样的人来干）。

很多企业在进行工作分析的时候，对于任职资格的部分缺乏分析，往往采取了按照在职者的基本情况编写或者让在职者填写的方式。例如，在学历要求上偏低或者偏高，对知识、技能上要求单薄，对能力素质的描述笼统、随意等，在同类型岗位或相同岗位层级上各自为政、无法相互协调。实际上，工作分析重在“分析”，不仅需要像前面所论述的那样从企业战略以及具体的岗位职责清晰、重叠等方面进行分析，更要依据岗位职责对任职资格进行分析。换言之，就是干什么决定什么样的人来干，从分析中得到科学、清晰的任职资格，这样就能解决前面列举的那些问题，真正为招聘提供扎实的任职资格根据。

（三）培训开发中培训课程体系设计的依据

企业培训管理存在诸多问题，其中一个非常突出的问题是培训内容碎片化、不成体系，这一方面是因为培训部门每年都挖空心思地“出新”，耗费大量不必要的精力；另一方面是因为培训对象认为培训内容缺乏针对性，与己无干，没有学习的动力。这个培训课程的问题，其根源在于岗位管理。

就像前面讨论的那样，如果在工作分析中对岗位所需的任职资格进行扎实深入的分析，对学历、经验、知识、技能、能力素质等方面进行了清晰的描述，那么就可以据此建立起企业的培训课程体系。在实际操作中，可以让员工对照岗位任职资格，明确自己的差距，从培训课程体系中进行针对性的学习；如果建立起岗位序列的话，还可以进一步设计出岗位序列所需的共性课程和各岗位的个性化课程，明确各个层级的进阶课程，将培训与企业职业生涯规划结合在一起；员工要获得个人在企业中的职业发展，可以按照各职业发展阶段上的培训课程要求进行个性化的学习。

可以说，岗位管理体系为培训管理中的课程体系设计提供了依据，为员工职业生涯规划相对应的岗位层级、学习内容与目标提供了重要的参照。反过来，如果没有系统的岗位管理体系，要建立系统的培训体系，一定会面临诸多问题，培训课程体系化建设一定会遭遇瓶颈。

（四）绩效管理中 KPI 和目标任务的来源

在企业 KPI 设计中，最为主要的方式是根据企业战略，采用关键成功因素分析等方法进行指标设计，而最后则需要根据部门和岗位职责范围，将 KPI 分配到各个部门和岗位上。反过来，作为这种方法的一个补充，也采用从职责中抽象岗位指标的方式，这就更加依赖岗位职责划分的清晰、合理。在采用目标管理（Management by Objective，MBO）的情况下，管理者需要根据各个岗位的职责进行目标任务的分配和协调。

这是很容易理解的，绩效管理首先需要明确各个岗位的职责内容，然后才能根据职责内容将 KPI 和目标任务分配给该岗位在岗人员。如果不是这样，KPI 就难以逐层分配和落实，目标任务要求就容易引发员工对公平性的质疑。

（五）薪酬管理中薪酬制度、薪酬结构设计的必要条件

这个问题在前面已经有了简单论述。薪酬管理中，首先要制定薪酬制度。从根本上说，薪酬制度是根据各类岗位价值创造的不同方式和特点，为其制定的薪酬标准，确定薪酬核算与发放的基本方式。一般来说，企业都会根据不同类别岗位制定差异化的薪酬制度，如对管理人员采取岗位薪酬制度、对研发人员采用能力薪酬制度、对销售人员则采取与业绩挂钩的提成制，这时要求企业内岗位序列是清晰明确的。

其次要制定薪酬结构。所谓薪酬结构，则是岗位等级、薪酬曲线、薪酬幅度、重叠度等薪酬数据化特征，并最终从形式上表现为薪酬等级标准。薪酬结构设计中高度依赖岗位评价，因为岗位评价为薪酬结构设计提供最为基础的岗位等级数据，它表明了企业内岗位间明确的相对价值关系。基于此内容，还需要与市场薪酬数据进行岗位匹配，确定企业的薪酬定位，并进行回归分析，确定薪酬曲线，并根据企业薪酬策略进一步在薪酬曲线的基础上确定各岗位等级上的薪酬幅度以及相邻等级的薪酬重叠度。

经过对上面薪酬制度、薪酬结构及其制定过程的描述，我们可以清晰地看到岗位管理在其中的基础性地位。

岗位管理体系在企业人力资源管理中的基础性地位是毋庸置疑的，只是大量企业在实际管理活动中有意无意地将它忽略了，但这一短板却会在招聘、培训、绩效、薪酬等中明确地反映出来。企业要从根本上提升人力资源管理的水平，就必须夯实管理的基础。这一点，对于大型企业特别是集团型企业，其重要性越是突出，因为缺乏了岗位管理这条主线，整个企业集团自上而下的人力资源管理就失去了统合的手段。

二、组织形态新发展下的岗位管理拓展

（一）组织形态新发展对岗位管理的挑战

随着竞争越来越激烈，内外部环境变化越来越快，对组织柔性的要求越来越高，目前各种新的组织形态的变化基本上都是沿着这个趋向进行的。例如，组织结构扁平化、无边界、虚拟化、团队化等。相对于传统的组织形态，这些组织形态的新变化更加强调打通部门、岗位之间的界限，进行更加深入、便捷的协作和信息传递，从

而能够快速响应外部竞争带来的挑战，以更快速和有效的方式完成工作任务。

显然，这一趋势会给企业岗位管理带来一些挑战，主要包括：

（1）岗位之间的划分更加综合。在扁平化的情况下，每个岗位的职责范围一定更“宽”、更“大”，这时，原来高度专业化、高度细分的岗位划分要向更综合的方向发展，这样才有利于打破部门、岗位之间的界限。

（2）岗位职责描述需要更加宽泛。在岗位设置更加综合的情况下，特别是在岗位之间协作事项、频度更高的情况下，岗位职责描述过于具体反而可能阻碍协作和信息传递，因此对职责的描述更加强调工作范围和领域。

（3）岗位设置、岗位职责变化更加快速。由于外部环境变化更快，企业需要不断进行组织调整和变革，这样企业内的岗位设置、岗位职责也必然需要做与之相应的调整。

（4）更加强调以能力而不是以岗位作为整个人力资源管理体系的基础。这是一个非常重要的趋势，将人固定在特定的狭窄的岗位上，更加注重对人员能力的培养开发，并提供具有激励性的薪酬，激发员工的创造性和自我能力提升的积极性。

（二）组织形态新发展下岗位管理的变与不变

看到上面各种新的组织形态新发展对岗位管理构成的诸多挑战，是不是可以说岗位管理不再需要或者说岗位管理过时了呢？我们要一分为二地看待这个问题。

首先，新的组织形态不是天外飞仙，没有来由的，而是在传统的组织形态高度发展并遭遇了外部快速变化的挑战进行必要调整的结果。这时，企业必须自我检查，是否企业已经走完传统的组织结构下的所有路径，并将传统组织结构应用到了极致，否则，还应当扎实地推进传统组织结构及其岗位管理体系。新的组织形态是以传统组织形态为基础的，没有传统组织形态的充分发展，新的组织形态也不能发挥作用。这就类似于小孩子要先学会走然后才能去跑。对于中国的大多数企业而言，目前的一个重要任务还是要扎实推进岗位管理体系建设。

其次，不同企业所处的环境不同，要根据自身环境选择不同的组织形态。没有必要在管理上赶时髦，适合自己的才是最好的。这就类似于病毒与抗生素之间的关系，在一般病毒感染的情况下没有必要使用高级别的抗生素。

最后，新的组织形态并不是不要岗位管理，而是要以更新的、更高的形式进行岗位管理。而更新、更高的岗位管理必然建立在传统的岗位管理基础上，同时深入研究新的组织形态对岗位管理的新要求，并将两者结合起来。类似于现在人力资源管理更加强调以能力为基础，实际上并不是放弃了以岗位为基础，而是在两者之间相互融合的问题。组织的柔性化需要人力资源管理者思维和操作的柔性化，不是走极端、单打一，而是能够快速融合新的发展需要，建立适合新的组织形态的岗位管理。

（三）岗位管理的拓展方向

根据组织形态新的发展趋向，在岗位管理上需要进行相应的变革。这里做一些总的思考，以启发读者共同思考和实践：

一是按照扁平化思维进行更加综合的岗位设置。扁平化要求适当减少管理层级，扩大管理幅度，这必然导致岗位职责范围加大，岗位设置更加综合。在岗位设置中要注意这一趋势，并允许企业更加灵活地针对跨部门的重点任务采用更加灵活的团队化工作方式；在岗位之间的沟通方式上，允许岗位之间采取更加自主的横向协调方式。

二是更加强调岗位序列内部岗位层级的设计，并结合能力建立内部通道。同时，要更加强调岗位序列的归纳特别是建立岗位序列内部岗位层级设计，建立起不同序列的内部晋升通道，这样更加有利于建立与员工能力开发的接口。

三是在定编定员上适当减少管理人员数量，扩大管理幅度、强调团队自我管理。在岗位设置上采取了扁平化、团队化的方式，在定编定员上则强调更少的管理层级下更少的管理人员数量，这是扩大管理幅度、强调团队自我管理的必然结果。进一步，定编定员更加强调人工成本下的人员总量控制，而在具体的岗位员额上可以给各部门以更多的自主权。

四是在工作分析中强调职责描述的综合性，并注意与业务流程打通，任职资格更加强调能力素质的重要性。这些前置的导向性变化一定会作用到工作分析上。在作为工作分析结果的岗位说明书上，职责描述则更为综合；为了避免综合性的职责描述带来的落地执行上的问题，建议与业务流程打通，每个业务流程都与特定的业务流程及其节点相结合。在任职资格上，相对于对学历、知识和技能的要求，对于能力素质的要求更加突出，这时企业就有必要进行系统的任职资格体系建设和素质模型构建。

五是在岗位评价中根据企业需要采取更加合理的价值倾向策略，最终作用到岗位评价上。企业要在岗位评价上对职责范围扩大和丰富化后岗位对人员更高的要求给予更多的倾斜，也就是要强调岗位难易程度的重要性，更加强调管理和协调的能力，强调能力要求和持续的内外部变化对岗位的影响。

以上这些，还是较为初步的总体性思考，期待各位人力资源管理者在实践中更加深入和具体的经验总结。

第二章　岗位设置

第一节　岗位设置概述

一、岗位及其相关概念

（一）基本概念

解决岗位设置问题首先要弄清楚岗位的概念。很多时候，我们陷于种种问题无法突破的原因恰恰是在基本概念上的模糊和游移。同时，由于我们在日常工作中还会使用若干具有类似意义的概念，如职位、职务等（见表2－1）。接下来我们会逐一进行分析。

表2－1　岗位相关概念

概念	定义
操作	不能再继续分解的最小活动单位
任务	为达成某一目的而进行的一系列操作
职责	为达到某一目标而完成的一系列任务的集合
岗位	承担一系列工作职责的组织位置，是组织结构的最小单元
职位	某一任职者与某一岗位的对应关系
职务	中国特殊语境下的产物，领导职务
职位族	工作内容、任职资格相似的一组岗位的集合

为了进一步说明这一系列概念，下面以清洁工岗位为例说明，如表2－2所示。

表2－2　以清洁工为例对概念进行说明

概念	定义
操作	准备工具、清扫、垃圾处理、收拾工具
任务	擦拭楼梯、清扫会议室、清洁楼道
职责	清扫所负责楼层的卫生
岗位	楼层保洁员、会议室保洁员
职位	每楼层一个保洁员，就构成一个职位
职位族	操作职位族、管理职位族

（二）岗位概念的特点

由上面的分析可以发现，岗位是一个相对的概念。这种相对性主要包含两个方面：

（1）岗位在操作、任务、职责、岗位、职位族的一系列概念中处于相对的位置，即操作、任务、职责的构成是根据情况变化的；哪些可以称为任务，哪些可以称为职责都是相对的，因而岗位也是相对的。

（2）岗位的一个特征是岗位工作量至少要满足一个员工的适当工作负荷，通俗点讲，就是要足够一个员工一天的工作量。在这一点上，我们常常产生误解。在很多企业都存在这样的现象，即一个员工兼任多个岗位，如某员工兼任招聘专员、培训专员和薪酬专员三个岗位；仔细分析发现，这实际上是由于企业规模较小，以上三项工作仅能满足其基本工作负荷。这时，这不能叫作兼任岗位，而只是一个岗位，称作人力资源管理员。这实际上是第一点岗位概念相对性的具体体现。

二、岗位的实质

岗位并非天生存在的，因而我们不得不去关注这样一个似乎不是问题的问题：为什么要设置岗位？在大多数时候，这样的问题被视作本该如此，而秘密往往就藏在其中。

（一）岗位的实质是专业化分工

最早也是最经典的关于分工的论述来自于亚当·斯密的《国富论》，斯密在书中对制针作坊由分工带来的劳动效率大幅度提升做了详细论述：经由分工，将针的制造过程分为十八个阶段，每一个阶段都雇用技艺熟练的好手，这十个工人每日就可成针四万八千枚，即一人一日可成针四千八百枚。如果他们各自独立工作，不专习一种特殊业务，那么，他们不论是谁，也绝对不能一日制造二十枚针，说不定一天连一枚针也制造不出来。

正是从这一刻开始，分工成为现代化大工业时代繁荣的重要因素之一。而如果没有分工，也就没有岗位，岗位源于分工。我们可以进一步认为，组织结构设计基本上是沿着专业化分工理论发展起来的。

（二）关于岗位分工的例证

没有任何绘画基础的你接受了一项任务：按照一张小尺寸的画，为你们单位的中秋晚会绘制一个舞台背景。你怎样完成这个看似不可能完成的任务？当然，你不能请其他人代劳，也不能去购买。怎么办？

你要做的就是将原图上宽、高等分为若干份，然后画上格子，将每个格子编号；然后将一张白纸也如法炮制，这样原图和白纸的每个格子都是相互对应的；然后，你就可以按照原图格子里的颜色、形状在白纸上对应格子里描画了。这样，你的“作品”虽然无法称得上形神兼备，但是求一个形似、满足有“像”的要求还是可以的，如图2－1所示。这个例子说明了怎样一个道理?

图2－1　不可能完成的任务

我们可以把每个格子看作一个岗位，而划格子的过程则是岗位设置；在白纸上格子里填涂颜色与形状则是岗位履行职责。我们发现，通过“岗位”分工我们将一个看似不可能完成的任务分解为一个个小的单元，并最终完成，这就是岗位的力量。而所谓企业，也可以看作与此类似的过程，就是一个个看似不可能完成的任务通过岗位分工得以达成，因此有人将此过程称作“通过将平凡的人组织起来完成不平凡的任务”。由此联想到亨利·福特的汽车流水线，正是如此的逻辑使T型车变得廉价、使美国逐步进入了汽车时代。

三、影响岗位设置的因素

（1）业务流程。业务流程是企业实现价值的过程，通俗地讲，流程就是企业怎样“做事”。在不同企业，某一部门职责相同（“事”相同），但由于流程的差异（“做事”的方式），可能导致岗位设置不同。

例如，一家企业的售后服务部原来的业务流程是售后服务接待人员接听客户维修电话后，将信息分类后传递给技术人员，由于信息传递存在时间延迟，导致大客户不满；后来该公司将客户按照规模分类，大客户可直接联系售后服务技术人员，在第一时间进行技术服务。工作流程的变化直接影响到售后服务部门的岗位设置。

同时，定岗也是重新检讨业务流程的良好时机，企业重新审定岗位时，都要对业务流程进行若干优化。

（2）技术水平。技术水平是岗位设置的一个重要影响因素。例如，在机场办理登机手续时，采用原来的人工办理方式，需要设置大量的柜台办理人员；随着机场采用登机自助办理设备，将逐渐减少这类岗位。

技术在生产类岗位中体现为从手工向自动化的发展，在管理岗位中则体现为新的管理方法、工具的不断出现。例如，市场部门和人力资源部门的出现则有赖于市场营销理论、人力资源理论的发展和完善。

（3）客户需求。客户需求对岗位设置产生影响，例如，随着银行推出花样繁多的理财服务产品，很多客户在办理业务时都会有茫然无措的感觉，也增加了客户办理业务的时间，于是各银行在大堂设立了大堂经理，专门负责解答客户的各种问题，既方便了客户，扩大了业务，又提高了业务办理效率。尤其是对于第三产业而言，快速响应客户需求越来越成为企业岗位设置的重要因素。

（4）员工能力。理想的状况是，岗位设置只考虑规范化的情况，即应该怎样效率最优，但这种思路下的有些岗位设置只有“超人”才能胜任，因此定岗必须考虑员工能力水平。这里的意思不是要迁就员工的能力，而是要考虑现实可能满足的状况。

（5）成本压力。大企业和小企业的做法显然是不同的，这是因为成本优势是小企业的竞争优势所在，小企业也承受不起大企业高额的运营成本。有人力资源管理专家指出，人工成本是最直接可控制的成本，因而成本势必影响岗位设置。

（6）竞争对手的做法。即竞争对手的岗位设置是怎样的，这也就是所谓的标杆法，竞争对手的岗位设置经验是现成的老师。

四、定岗的基本原则

（1）因事设岗。岗位和人应是设置和配置的关系，岗位设置必须按照企业各部门职责范围设定，而不能颠倒。很多企业也存在“因人设岗”的现象，因人设岗也并非绝无可取之处，但它只能针对少部分高端人才或国有企业为改革减少阻力而做出的战术安排等特殊情况，而不是普遍状态。

（2）协作原则。岗位设置强调专业化分工，但各岗位间有效的协调尤为重要，因此，在分工基础上有效地综合，使各岗位职责明确，上下左右之间又能同步协调，以发挥最大的企业效能。

（3）最少岗位原则。既考虑到最大限度地节约人力成本，又要尽可能地缩短岗位之间信息传递的时间，减少信息传递中的衰减效应，提高组织的战斗力和市场竞争力。

（4）客户导向原则。为客户创造价值是企业存在的依据，因此岗位设置必须从客户的角度考虑问题。这里的客户不仅包括外部顾客，还包括内部客户。

（5）监控原则。在企业中，有些工作之间存在监控关系，如财务中的会计和出纳，必须分别设立。

（6）一般性原则。岗位设置应基于正常情况的考虑，不能基于例外情况。

这里特别强调一点，岗位设置应利于工作协调。在实际工作中，我们经常面临的尴尬是每个员工都“严格”履行了本岗位职责，但工作本身却“马马虎虎”，其根本原因就是“各人自扫门前雪”的结果，绝不允许别人染指自己的工作，也绝不越雷池一步。

例如，在酒店我们常见到大堂副理这样一个岗位，负责接待、初步处理和协调宾客遇到的各种问题。但是，大堂副理处理的问题往往比较棘手，需要跨部门工作，甚至需要酒店高层领导帮助协调。一般酒店将大堂副理设置在前厅部，这样就必须根据酒店的层级管理，他要一级级地上报，耽误了处理问题的时间，往往引起客人的不满；是否可以将大堂副理设置在总经理办公室，直属于总经理领导，这样，大堂副理就成为了总经理在一线的代表，又不脱离一线，既保证领导及时得到信息，也保证了大堂副理及时处理问题。

五、案例分析

比亚迪新能源乘用车 2015 年总销量创下 61722 辆的纪录，远超日产、特斯拉等国际品牌，全球新能源车销量居第一位，新能源产品在全球的市场份额超过 10%。比亚迪是靠生产手机电池起家的。

比亚迪是如何在高度技术、资本密集的手机电池行业，凭借微小的数百万元发展起来的呢？这其中当然有很多原因，这里只讲一个。

在日本，生产手机电池，工人们必须穿好净化服，经过淋浴吹风之后走入宽敞明亮的真空车间。在那里，每一条电池生产线上都配备了最先进的自动化设备，一条线上仅需要几个工人。当然这样的生产线动辄都是上亿美元。初创的比亚迪是无论如何都买不起这样的生产线的。

而比亚迪则自己开发了生产线上所有非标准自动化设备，把每一道工序都分解成若干个工位，由全世界最廉价的熟练工人和他们手上价值只有几元钱的夹具完成。在比亚迪你能看到这样的景象：在一条条六七十米长的流水线上，密密麻麻地坐着四五十名工人。他们身穿普通的棉布工作服，坐在常温的车间里，每个人手边都有一种夹具，帮助他们准确地完成点焊、检测、贴标签等工作，手中的动作可以以秒来计算。十几条生产线组成的车间因为拥挤而显得有些杂乱。在这样简陋的生产环境中，比亚迪生产出了比索尼、三洋便宜 15% 且品质更高的手机电池，月产能达三千多万块，成为诺基亚、摩托罗拉的第一大供应商。

比亚迪之所以能够在电池行业获得巨大的成功，固然有很多因素。但其中，将自动化生产线改造为半自动流水线、充分利用我国的人工成本优势是重要原因之一。实现这一跨越，必须要懂技术，这对工程师出身的王传福是具有优势的。同时，落实到具体的岗位中。从全自动到半自动，如何设置操作工人岗位，是个大问题。比亚迪的完美解决表明其对技术本质的深刻把握，而由此带来的成本优势则让比亚迪走向了成功。

阿里巴巴集团副总裁曾鸣评价道，比亚迪在电池领域之所以能赢，是因为它们能在资本不足的劣势下，利用流程改造，把电池制造这一资本密集的产业变成了劳动密集产业，最大限度地将技术与中国的比较优势——劳动力结合，获得了外国对手难以企及的成本优势。

第二节 岗位设置的基本方法

一、与岗位设置相关的常用语

岗位设置在大多数情况下被称作“定岗”，而在更多情况下，还会听到诸如“三定”、“四定”的说法。

需要说明的是，在不同的背景下“三定”、“四定”的内容是不同的，需要进行具体分析。例如，2008年中央政府机构“大部制”改革中“三定”是指定机构、定职能、定编制。此外，还存在双定管理的称谓，它是指劳动定额管理和定员管理。将这些相关概念列出来的目的是，它们具有一定的模糊性，在实际工作中应根据具体情况分析确定定岗、定员等相关概念的具体指向。

二、岗位设置的基本形态

在讨论岗位具体的设置方法之前，我们应当明确这样一个问题，企业中的现有岗位设置状况是如何形成的？理解这一问题有利于我们更好地掌握岗位设置的实质并在实际工作中灵活运用。

（一）逐渐累积

可以这样说，大多数企业的岗位设置都经历了从少到多、从简单到复杂的逐渐累积的过程。在企业初创阶段，规模较小、业务简单，相应的岗位设置也非常简单，甚至没有严格的岗位概念，极端的情况可能是“夫妻店”，一个人包打天下。随着企业规模逐步扩张，经营者不得不开始考虑分工问题，引进人员、设置岗位，这基本上是与企业规模扩张相伴相生的同一过程，而正是在这样的累积过程中形成了企业岗位设置的现状。

（二）理性设计

某些企业，在初创阶段或者企业发展到某一阶段进行了系统的理性设计，即现有的岗位是经过系统的思考过程、借鉴其他企业经验形成的。例如，某些大型企业在扩张中设立分支机构，这时的岗位设置其实就是一个复制和因地制宜地做必要调整的过程。再如，某些创业者具有较强的实力和丰富的行业经验，此时也会在企业设立之前就进行系统的岗位设置。

（三）孰是孰非

逐渐累积和理性设计两种形式绝非相互排斥，而是合二而一的，只不过在某些阶段某一方式占主要地位而已。

1. 逐渐累积过程往往忽略系统性

逐渐累积的岗位设置模式一般是问题导向的，即产生什么问题，就针对该问题设置某岗位。这种方式看起来是实用的，但问题和解决的自然累积可能会导致新的更大的问题。正如没有图纸去盖一座摩天大楼一样，当达到一定高度的时候必然会倒掉。

在这个方面流传着这样一个例子：不动的炮兵。

一位年轻的炮兵军官上任后，到下属部队视察操练情况，发现有几个部队操练时有一个共同的情况：在操练中，总有一个士兵自始至终站在大炮的炮筒下，纹丝不动。经过询问，得到的答案是：操练条例就是这样规定的。

原来，条例因循的是用马拉大炮时代的规则，当时站在炮筒下的士兵的任务是拉住马的缰绳，防止大炮发射后因后坐力产生的距离偏差，减少再次瞄准的时间。现在大炮不再需要这一角色了，但条例没有及时调整，于是便出现了不拉马的士兵。这位军官的发现使他受到了国防部的表彰。

2. 理性设计的有限理性

人的理性总是有限的，也就是说在进行所谓理性设计的时候，我们可能并不能够完全掌握，以及对未来情况作出预测，也不可能充分综合平衡考虑各种影响因素，这将导致岗位设置并不适合实际情况。更重要的是，影响岗位设置的各种因素是变量而非常量，当这些因素发生变动的时候，需要岗位设置作出适当调整，对某一局部的调整并不能满足，或者对局部的调整引发更大范围的系统问题，这些实际上都是理性所无法涵盖的。

3. 在保持相对稳定的条件下持续改进

因此，笔者认为在岗位设置问题上，从实用的角度考虑，应当采取的方式是在保持相对稳定的条件下持续改进，当遇到重大情况变化则需重新进行系统设计。翻天覆地的破碎式岗位调整是"惊险的一跳"，风险较大，渐进的调整方式则更加实用、更加适合于我国企业。但是，在持续的改进中，不应当是燕子衔泥筑窝般的简单累积，而要在每次调整之前都进行系统思考。

三、岗位设置的总体思路与基本方法

（一）总体思路

岗位设置的总体思路可以简要概括为：按照企业组织结构分层分类，综合运用多种定岗方法。

（1）分层。岗位设置必然是在企业组织结构确定的前提下展开的，也可以说岗位设置是组织结构落实和运行的保障。图 2-2 为我们清晰地表明了岗位设置在企业管理体系中的位置。

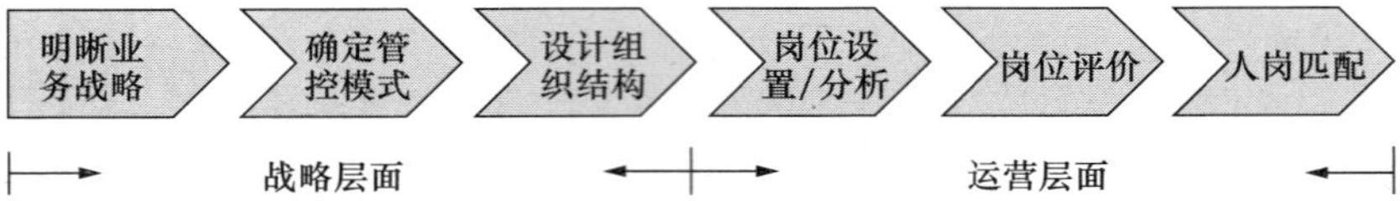

图 2－2　岗位设置在企业管理系统中的位置

很显然，在岗位设置完成之后，按照组织结构图必然会产生一系列层级的概念。而对这些层次分析之后可以发现，岗位设置的重点主要集中于各个部门内部，按照层级看属于操作层，如表 2－3 所示。

表 2－3　不同层级岗位设置的情形

层级	岗位设置基本情形
决策层	主要包括公司高层，如总经理、副总经理以及分管各职能系统的总监 对于企业决策层而言，在企业组织结构确定的同时即已经确定 一般来说，企业决策层的设置与组织结构形式密切相关，如在直线职能制组织模式下，每一决策层岗位分管若干部门 此外，高层岗位设置还受到来自各种非正常因素的影响，如高层人员安置、晋升需求等 严格来说，决策层岗位设置已经超出了一般的岗位设置的范围
中层	主要包括各部门正、副负责人 中层岗位设置也已经在组织结构中得到明确，一般来说，设立哪些部门则设置哪些中层岗位 但是，对于中层岗位来说，副职岗位的设置则是一个特殊情况（将在本章的后续部分专门论述）
操作层	主要包括各部门一般员工 操作层岗位设置表现为在组织结构确定的情况下，各部门内部岗位如何设置，这是组织结构设计尚未明确的内容 部门内部岗位设置应当遵循组织结构设计的思路和原则 这是需要重点研究的内容

（2）分类。所谓分类，是针对企业内部不同职能，专门分析研究，进行岗位设置。这是因为：①如前所述，岗位设置的本质是分工，不同职能的岗位分工方式存在差异，因此应当分别研究；②不同企业岗位设置虽然不同，但却存在内在的规律性，因而是可以相互借鉴的。分类有利于充分借鉴其他企业经验。

一般来说，企业内部岗位可做如下分类：生产类、研发类、营销类、销售类、管理类、行政类。

（3）综合运用多种方法。岗位设置是一个相对复杂的问题，单纯采用一种方法往往会顾此失彼，因此，我们提倡采用多种方法进行分析。

（二）标杆定岗

所谓标杆定岗，就是广泛收集同行业、同等规模企业岗位设置情况，深入分析研究，以此为参考进行本企业岗位设置。

这种岗位设置方法是典型的“拿来主义”，也是最简单、最实用的一种方法。但是，这种方式中隐藏着一定的难度和风险，值得引起我们的注意。

（1）标杆的选取复杂。就像不存在两片完全相同的树叶一样，世界也不可能存在两个完全相同的企业，每个企业都有自己独特的运营模式、管理理念和发展过程。适合别人的未必是适合自己的，因此，标杆的选取应非常慎重。

（2）资料的获得较为困难。岗位设置是一家企业的内部管理机密，因而很难获得标杆企业完全、详细的岗位设置资料。

（3）只知其表、不知其里。任何企业岗位设置都是在具体的管理背景下、按照特定的管理理念和逻辑、针对特定的问题展开的，因而即使得到了标杆企业完全而详细的岗位设置资料，也不可能获得这些背景信息。“为什么”比“结果是什么”更重要，企业管理者通过在网络上收集信息“依葫芦画瓢”地进行岗位设置，其风险可想而知。

（4）不知随需应变。无头脑地借鉴标杆企业岗位设置，也就不可能随需应变，针对自身实际问题思考并提出解决方法。

因此，标杆定岗是第一步，通过标杆企业岗位设置信息，获知企业各部门岗位设置的基本形式和结果，作为进一步分析的基础。

（三）关键职责分析定岗

1. 基本含义

所谓关键职责分析定岗，就是分工理论的具体应用，即按照企业各职能模块中所包含的子模块确定分工，并进一步确定岗位。

实际上，关键职责分析定岗延续组织结构设计的思想，即从战略到组织、到部门职能、到岗位的层层分解。

2. 举例

（1）某中型企业的人力资源部门岗位设置如图 2－3 所示。

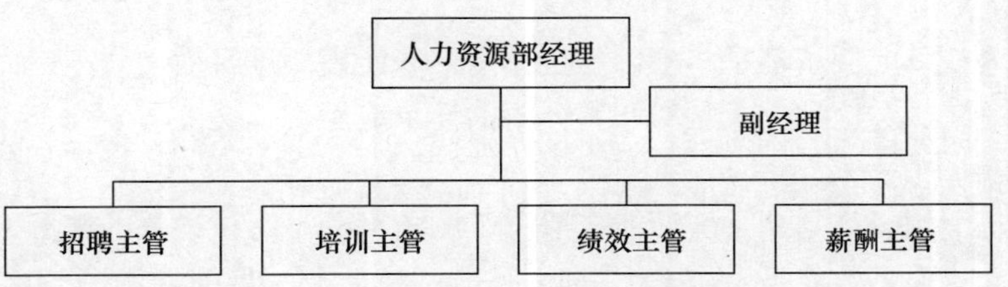

图 2－3　某企业人力资源部岗位设置

（2）某企业市场营销部门岗位设置如图 2－4 所示。

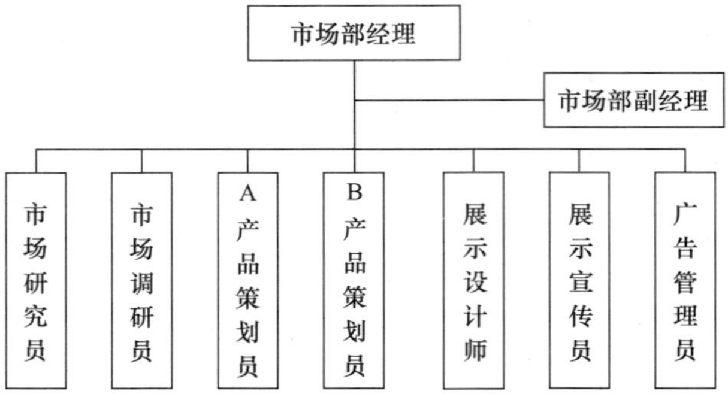

图 2－4　某企业市场营销部门岗位设置

（3）某小型制造企业生产部门岗位设置如图 2－5 所示。

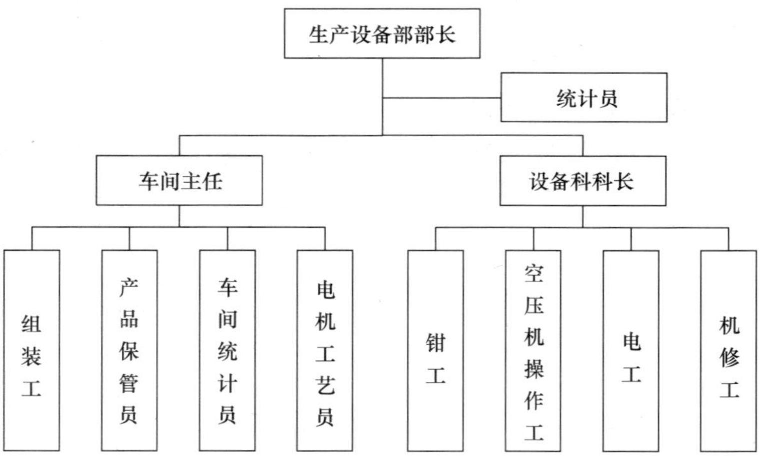

图 2－5　某制造企业生产部门岗位设置

很显然，以上例子都是将本部门工作按照职能模块进行横向分工，而每个分工则构成一个岗位。这种方式是对职责分析的简单应用。

3. 关键职责分析的拓展应用

以上几个例子都是从某一职能一般分工的角度提出岗位设置的情形，具有较好的适用性，对大多数企业都是适用的。但是，对于进一步细致的分工（如由于企业规模较大而需对某一个职能模块进行细分），或者较为复杂的职能分工，则无法实现。

以下提供了一种更具体的分析方法，如图 2－6 所示。

（1）根据已经梳理的组织结构，分析各部门的关键业务和关键职责以及一般业务、职责，关键业务和职责构成了岗位设置的重点。

（2）对关键业务职责进行进一步细分。

（3）明确需要设定的关键岗位。这时，存在两种岗位的思路，一种是按照业务分工设置岗位，如图 2－6 中职责①包含了 4 项细分职责，可根据每一项细分职责设置一个岗位，如行业分析经理、客户关系经理、营销策划经理和客户开发经理；另一种是按照例中给出的分地区设置岗位，每一岗位则包含全部 4 项职责。这取决于企业业务运营模式。

部门的关键职责	关键职责细分	关键岗位
①组织重点客户的营销，开发优质行业的优质客户，不断推进业务发展	客户行业分析 客户关系管理 营销策划 客户开发	A地区客户经理 B地区客户经理 C地区客户经理 D地区客户经理
②负责公司业务新产品的开发推广，为营销提供后台保障	A产品开发及推广 B产品开发及推广 C产品开发及推广	信贷资产转让经理 现金管理经理 贸易融资经理

图 2－6　关键职责分析

（四）流程定岗

1. 基本含义

岗位设置的一个重要依据是该岗位在管理系统中发挥控制性作用，控制的方面包括所历经的时间、所花费的成本、所可能产生的风险等方面。

流程定岗就是通过对岗位职责的控制点的分析，确定岗位的合理性。如果该岗位的职责未体现控制作用，那么就丧失了存在的依据。

2. 流程定岗的主要步骤

步骤一：流程重整。在按照流程定岗之前应对企业流程进行梳理，这取决于企业是否建立了完备的流程。

步骤二：节点分析。对于每个流程而言，都具有一些重要的执行步骤。将各步骤作为纵坐标，将各部门作为横坐标，这样根据横、纵坐标则可以确定一系列流程节点（见图 2－7）。

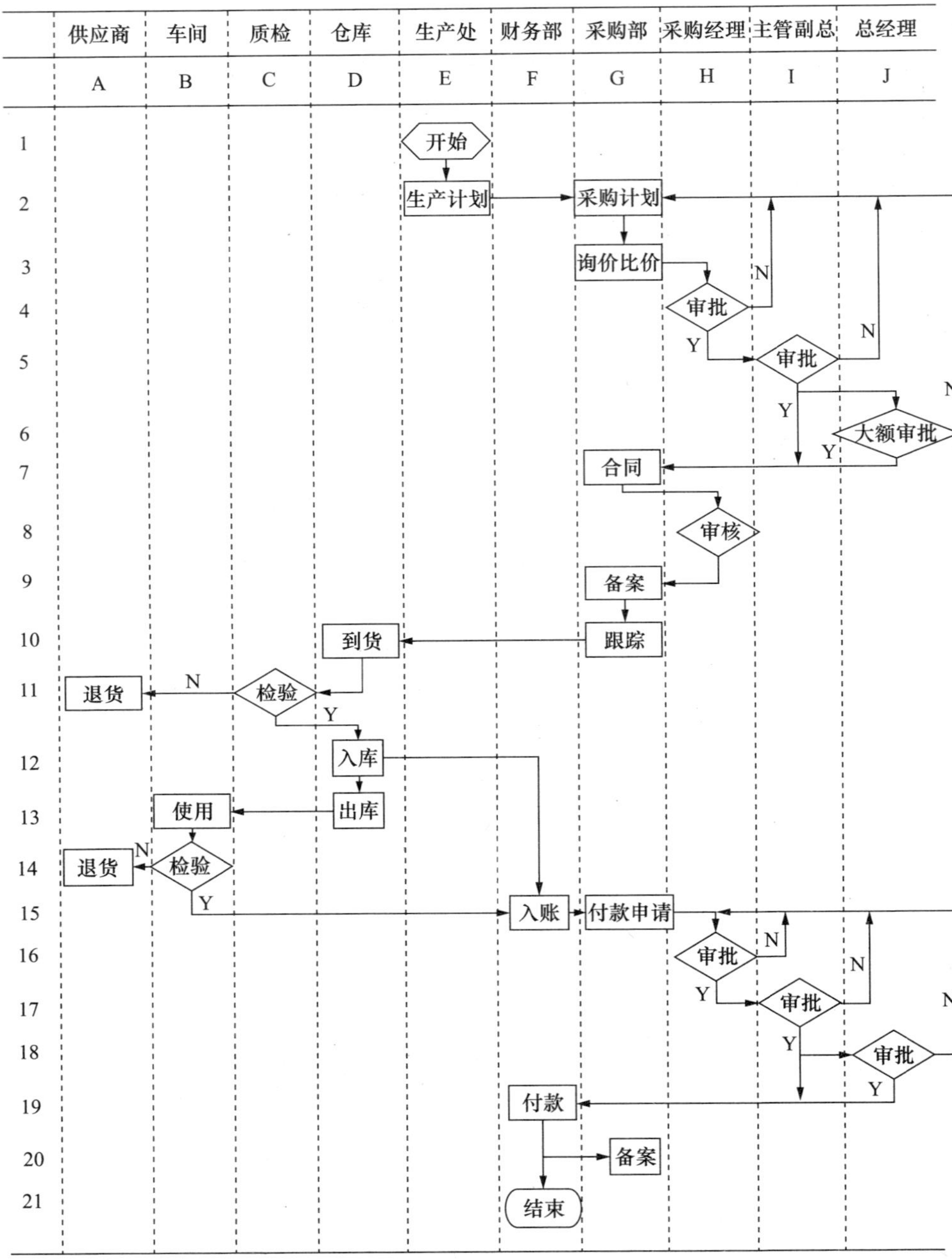

图 2 –7　某企业采购部采购管理流程

步骤三：节点汇总。将这些节点按照部门汇总起来，将同类或者相关的工作归集起来。

步骤四：确定岗位。根据岗位设定的若干原则合理分析，最终确定各个岗位。

当然，这里的流程是部门级流程，而这里的岗位设置也是部门内部岗位设置，如果连组织结构都尚未确定，那么流程定岗也是无法实现的。这在本章前面已经有所说明。

3. 流程定岗举例（如图2-8所示）

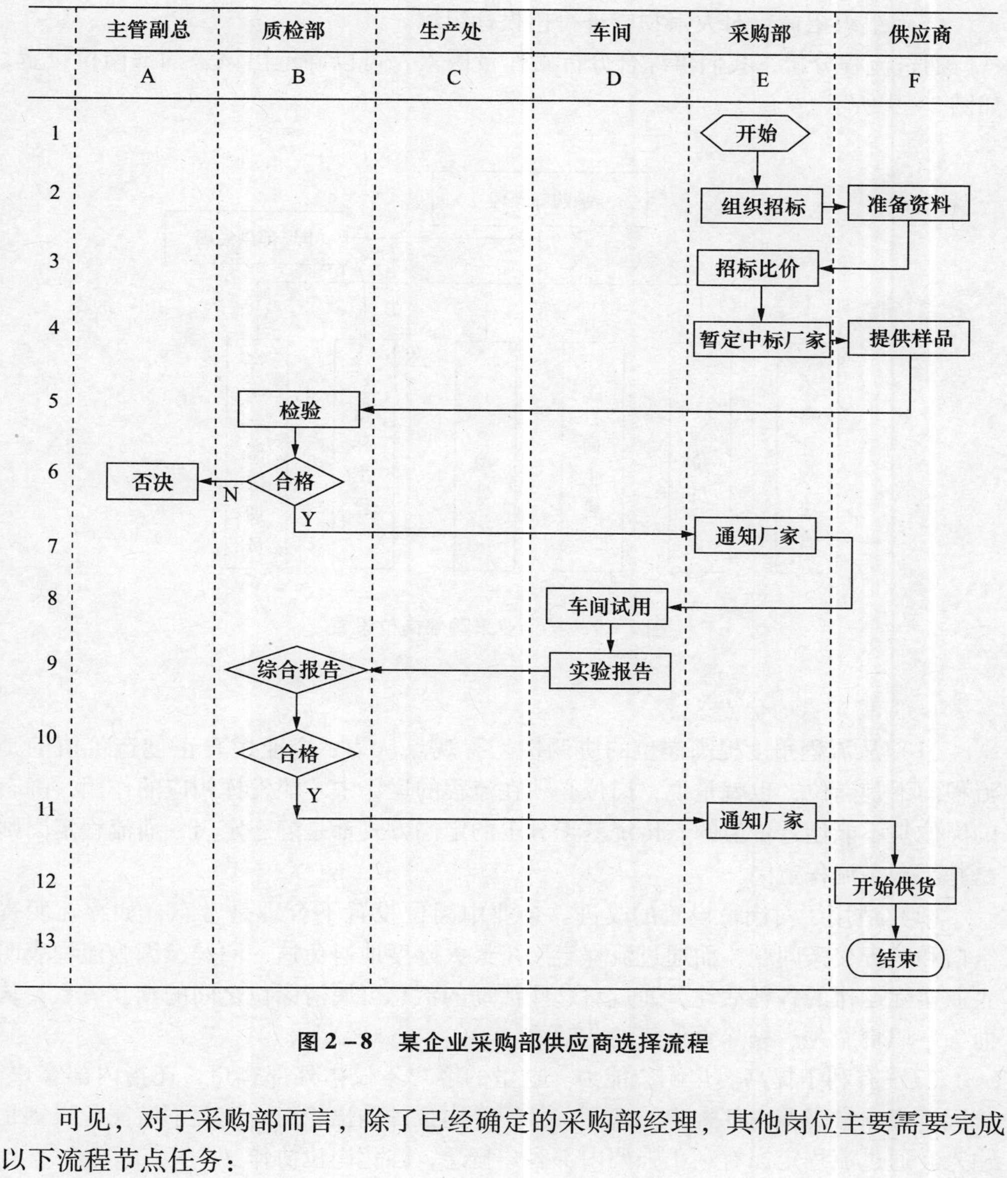

图2-8　某企业采购部供应商选择流程

可见，对于采购部而言，除了已经确定的采购部经理，其他岗位主要需要完成以下流程节点任务：

（1）采购计划：根据生产计划编制采购计划；

（2）询价比较：对采购物资进行询价、比价；

（3）合同管理：负责合同谈判、起草及签订，以及后续备案、存档等合同管理工作；

（4）跟踪：跟踪合同执行情况；

（5）付款申请：根据供应商物资供应及仓储相关信息协调付款事项；

（6）组织招标：对大宗物资进行招投标组织。

通过流程分析，我们再综合分析工作量因素，可以确定出该采购部岗位设置，如图 2－9 所示。

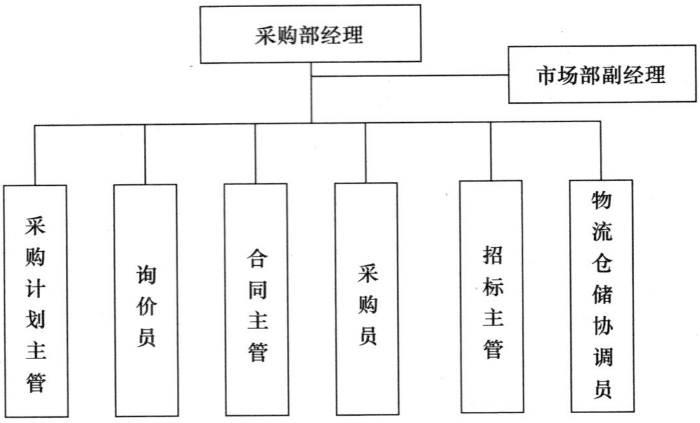

图 2－9　某企业采购部岗位设置

4. 流程定岗的优点

（1）从流程角度提高岗位的协调性。有观点认为，企业中真正创造价值的是流程而不是岗位，也就是说，岗位必须在流程的运作中才能发挥相应的作用，静态的岗位是不能创造价值的。传统基于分工的定岗方式都是静态定岗，而流程定岗则是基于动态流程定岗。

（2）适用于对岗位设置的改进。企业中岗位设置不合理是常态，如存在职责空白和职责交叉问题，而通过流程定岗可最大限度地避免这一问题，因为流程表明企业实际运作的各种活动，通过对这些活动的汇总可厘清岗位之间的相互关系，从而确定职责瓶颈、剔除无价值的劳动。

（3）有利于提高客户响应能力。这里的客户不仅指外部客户，还指内部客户，流程管理非常强调内部客户的概念，某一个岗位的输出相对于流程下游岗位讲则是输入。通过流程定岗有利于强调内部客户概念，强化岗位协作。

（4）有利于实现信息整合与共享。在设计基于业务流程管理的组织机构和岗位时，企业可以利用最新的信息技术，来实现信息完整地、一次性地获取与共享的机制，并适时动态地对销售、生产、售后服务等信息进行有效的平台整合，使整个企业分散的资源分布有机地联结起来，从而解决原有组织中固有的分散与集中管理之间相互冲突的问题。

（5）流程定岗的难点。流程定岗对企业流程管理提出了非常高的要求，它要求企业具有较系统、完善的流程体系，否则流程定岗只能是一句空话而已；同时流程定岗费时费力，需要大量的分析、汇总过程。但是从投入产出关系来看还是值得的，而且流程定岗正日益成为岗位设置的一种重要方法。

（五）其他方法

在岗位设置中，可以采用多种方法进行，如访谈法、问卷调查法等。

（1）访谈法。访谈法是指人力资源管理人员就岗位设置问题与从事该项工作的个人或小组、其上级主管或过去的在岗人员进行交流与讨论。

（2）问卷调查法。通过问卷中的一系列问题调查相关人员对部门、岗位设置的意见和建议。

以上两种方法的本质是通过访谈或问卷调查手段将分散在组织中的经验和认识汇总起来，作为岗位设置分析的基础数据；或者将这些认识作为岗位设置的参考依据。在下文提供的具体的岗位设置案例中，德尔菲法是问卷调查法的实际运用。

（六）定岗方法的综合运用

前述各种定岗方法在实际运用中并不是分割开来孤立运用的，而是综合运用的。但总的原则应该是先定关键岗位，再定辅助和支持岗位，如图 2－10 所示。

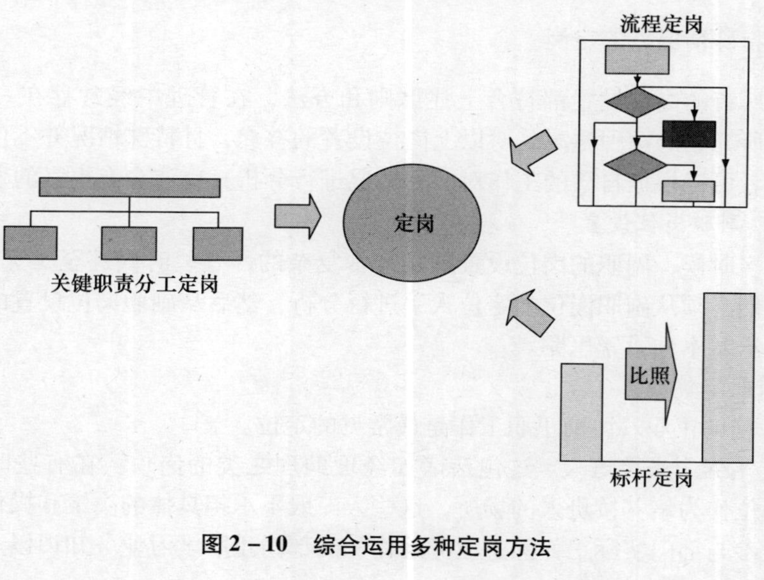

图 2－10　综合运用多种定岗方法

（七）定岗之后的核查

（1）主要任务：为了实现相应的岗位目标，这个岗位需要完成哪些任务？在各个具体任务之间如何分配时间？通过这样几个问题，进一步确认岗位定位、职责内容是否清晰。

（2）能力要求：做本岗位工作的应具备何种条件，包括知识、能力、品质，人际交往、教育水平、背景与经验等。我们还要确定该岗位工作是可以完成的。有些时候我们会赋予某些岗位一些“不可能完成的任务”，这些岗位就变成了吞噬人才的超级岗位，只有那些能力超强的员工才能胜任。实际上，岗位设置的前提之一即是平均的人员能力水平，如果岗位任职资格要求大大超越了员工能力，这样的岗位设置显然是不合理的。

（3）工作关系：该岗位向谁汇报？该工作的同级是谁？下级是谁？输入输出内容、关系是否明确？与其他同事的权利和责任的划分？岗位设置是分工基础上的协作，只重视分工实际上就是拼图中的一小块而已，即使这块拼图再美丽，也无法与一幅完美的图画相提并论。因此，在岗位设置完成后一定要从协作的角度审查工作关系问题。

（4）工作量：这个岗位需要处理多大的工作量？这样的岗位是否足够一个人的工作量，这是一系列职责成为一个岗位的重要前提。这个问题在前面已经讨论过，这里不再赘述。

第三节 岗位设置的其他情形

一、特殊情况下的定岗

并非所有的岗位设置都符合上述原则和方法，在管理中经常存在一些例外情况。以下所介绍的两种情况是对以上岗位设置的补充，且特殊情况并不仅限于以下两类，读者可以根据自己的工作对实际情况进行分析，也许会有更多的发现。

（一）副职岗位设置

在很多时候，副职的岗位设置都是非常复杂的，有些时候甚至是无法理解的。因此，我们必须从副职岗位的定位入手进行分析，然后从副职岗位设置的基本模式角度，提出基本的设置思路。

1. 副职定位

（1）辅助正职。协助正职工作是最常见的定位。

（2）培养未来接班人。这包括诸如经理助理之类的岗位。在有些时候，企业将副职岗位作为培养接班人的场所，这些人一般不承担具体的决策和操作责任，主要是通过参与部门实际工作熟悉业务运作、向部门正职学习业务知识以及管理技巧等。比较典型的就是某些企业在实行岗位轮换的时候往往将新轮换而来的管理者安排到副职的岗位上。

（3）平衡关系。这在很多国有企业比较普遍，如一正多副，这种岗位配置的主要目的是平衡内部竞争关系。的确，有些时候平衡似乎比科学、合理更重要。

（4）解决待遇。当某些“有劳无功”的资历很深的人员遭遇职业生涯瓶颈的时候，副职往往成为安抚的手段和其职业生涯的归宿。

2. 副职的形式

通过分析可以发现，实际上后三种情形是不适用于上述岗位设置的原则和方法的，因此下面仅讨论第一种情形。

（1）职能型。所谓职能型与职能型组织结构类似，即主要执行参谋职能、为正职提供咨询和支持服务，不具备直线指挥权，如图 2－11 所示。

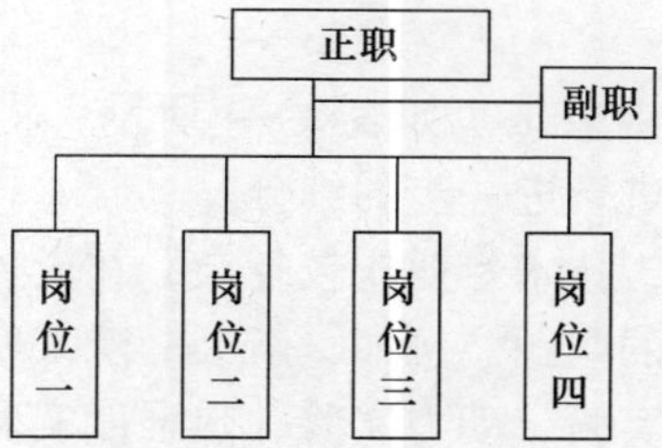

图 2－11　职能型副职岗位设置

（2）直线型。与职能型副职相反，直线型副职则主管某项业务或职能，承担具体决策和执行责任，具有直接指挥权，如图 2－12 所示。

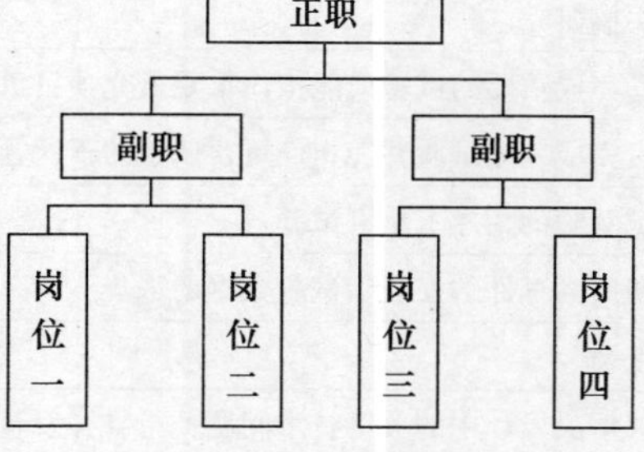

图 2－12　直线型副职岗位设置

以上两种情况都可以按照上述岗位设置方法进行设计。但是，有些时候副职岗位定位的几种情形并不是纯粹的而是交叉的，于是出现了某些企业副职分工较细，以致每个副职主管某一项具体工作，与下级岗位职责发生混淆，这实际上不能排除平衡关系和解决待遇的嫌疑。因此，我们还需要进行进一步分析。

（二）按等级定岗

按等级定岗常用于技术岗位。我们发现这些岗位在工作内容上或许并没有根本的不同，而主要是对任职资格要求存在高低差异。

为何将从事相同或类似工作的岗位划分为不同等级的呢？最主要的目的是为这些岗位提供一个职业发展通道，并将等级与薪酬挂钩，通过差异鼓励员工提升个人能力。当然，在有些企业，各个岗位等级在工作内容上有所区分，如表 2－4 所示，项目总师担任跨专业的课题负责人，高级研究师从事新的领域的研究，主管研究实验师担任重要研究项目负责人，实验师担任重要实验的子课题负责人，等等。

可见，按等级定岗也至少是两种因素的综合体。总之，岗位设置需要从多个角度思考问题，而不是一维。

按等级定岗有以下步骤：

（1）对工作进行横向专业分工。如表 2－4 所示，将专业划分为研究实验和设计两大系列，在此基础上再进行进一步的细分。

在一些企业或研究院所，技术专业比较复杂，在设置岗位时，专业划分得粗一些还是细一些是一个很重要的问题。例如，航天一院某所的技术工作分为设计和实验两大类，实验又分为静力实验、动力实验、热强度实验、可靠性实验等，各实验专业内进一步分为若干小专业。划分粗和划分细各有利弊，如表 2－4 所示。

表 2－4　航天一院某所专业技术岗位设置和划分标准

系列	岗位划分	岗位划分标准
研究试验	项目总师	由所里任命，担任跨专业的重大课题负责人并协调相关科室的工作
	高级研究师	根据现有领域的知识研究新的领域，应用或开发先进技术、科学原理和概念，带头搞研究
	主管研究试验师	主管完成重要的试验或能担任重要研究项目负责人，指导试验师工作
	试验师	负责完成一般试验并能担任重要试验的子课题负责人，指导助理试验师工作
	助理试验师	在试验师的指导下从事试验
	试验员	试验所需试件的安装，试验数据的采集
设计	主任设计师	院任命
	高级设计师	能够解决设计中的关键技术问题，指导开发新领域的产品设计
	主管设计师	独立完成复杂设计任务并担任课题负责人，指导设计师工作
	设计师	独立完成设计任务并担任子课题负责人，指导助理设计师工作
	助理设计师	在设计师的指导下从事设计工作

（2）在每一个专业内部纵向划分岗位。在纵向划分岗位时，要考虑专业技术人员的实际能力等方面差别和专业工作内容的差别。

（3）制定每一个等级的划分标准。划分标准可以依据单一因素，也可以依据多个因素。在表2-5中，研究实验系列岗位是按照单一因素（工作内容）划分的，而设计系列岗位中的“高级设计师”岗位，则是按照能力要求和工作内容两个因素设置的。

表2-5　专业划分粗与划分细的优缺点

优缺点 划分选择	优点	缺点
专业划分粗	①岗位设计和相关的岗位分析、薪酬等工作量较小，日常岗位管理相对容易 ②可以避免薪酬分配中的难点和矛盾	①岗位的职责、任职条件比较笼统，对人力资源管理规范化不利 ②薪酬上不能合理区分不同专业劳动的复杂性，可能会使一部分人产生不公平感
专业划分细	岗位及岗位职责、任职条件明确、具体，对招聘、培训、考核等工作有利	岗位设计和相关的岗位分析、薪酬等工作量较大，日常岗位管理比较困难

（三）岗位设置与弹性用工

用工弹性对企业是十分必要的，弹性越强企业越容易根据企业业务量变化、组织变革、战略调整等进行必要的调整，这是企业为何如此青睐劳务派遣的原因。当然纯粹以规避劳动纠纷为目的的劳务派遣不在此列。因此，企业在进行岗位设置的时候，应该根据该岗位对于企业的价值、人力资源的独特性合理区分岗位特性（见图2-13），并以此为依据对弹性用工乃至业务外包作出适当的安排。

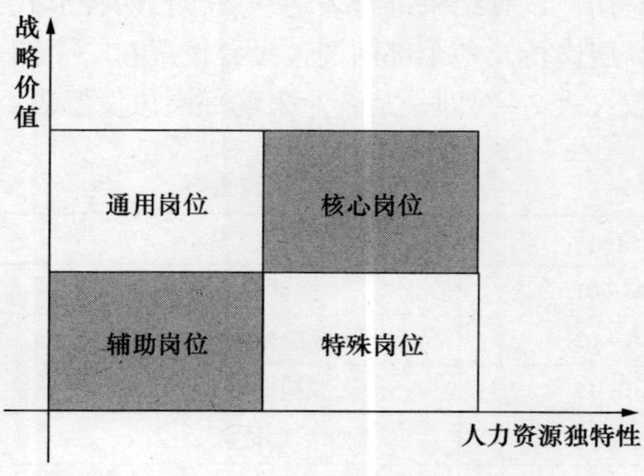

图2-13　岗位分类矩阵

这个问题的意义在于，在岗位设置的同时，应对弹性用工进行统一考虑。

二、岗位设置与工作任务分配

在岗位设置中有这样的观点，认为岗位设置越明确则越不容易下达工作任务。例如，有的部门经理说，人员定岗了，职责确定了，以后我下达一个职责范围外的工作，就名不正言不顺了。如果把岗位模糊化（通用一些，如把企管部经济分析员、计划统计员、ISO 专员等都统一叫“企管专员”），这样在分配任务时，就更具灵活性。

这种观点实际上是一个似是而非的问题。首先，应判断其是否到了明确岗位分工的阶段，岗位的实质是分工，分工是一个相对的问题，其实是否需要对岗位进行如此细致的分工呢？其次，定岗的过程实际上确定了岗位定位和职责范围，这样部门内的所有岗位就涵盖了部门内部的所有工作内容，也就是所谓的事事有人做，明确岗位设置是避免以往岗位模糊导致的“有事没人做”、“有人没事做”的问题。再次，不可避免的是岗位设置后会增加某些成本，但这相对于“有事没人做”、“有人没事做”则危害更小。最后，在岗位设置完成后，根据工作需要进行不同岗位间的协作也是可行的，这是劳动组织的问题。

如果没有明确的岗位设置，而是通过部门经理的临时指挥和任务分配则远不能达到职责明确的目的。

三、岗位设置的结果表达

岗位设置的结果主要采用两种方式进行表达，一种是表格式，另一种是图形式。

（一）表格式

采用表格方式对岗位设置结果进行表达一般包括两种形式：一种是公司岗位设置总表，即将公司高层岗位及各个部门岗位设置情况在一个图表中完整体现；另一种是部门岗位设置表，表 2-6 即是某企业采购部岗位设置表。

表 2-6　岗位设置表

部门	岗位编号	岗位名称	定员数量
采购部	CG—01	采购部经理	1
	CG—02	采购部副经理	1
	CG—11	采购计划主管	1
	CG—12	询价员	2
	CG—13	合同主管	2
	CG—14	采购员	3

续表

部门	岗位编号	岗位名称	定员数量
采购部	CG—15	招标主管	1
	CG—16	物流仓储协调员	3

（二）图形式

采用图形方式则更加直观，如图 2－14 即是将上述采购部岗位设置表用图形的方式表示出来。

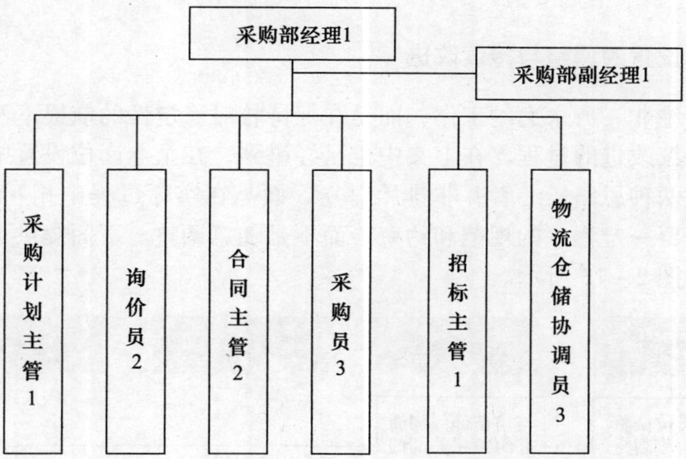

注：方框中数字为该岗位定员数量，一般在岗位设置与定员一起表达。

图 2－14　某企业采购部岗位设置图

需要指出的是，在岗位设置表达中统一岗位名称非常重要。有些企业，同一管理层级上的岗位名称五花八门，让人一头雾水，如同样是部门负责人有些叫作经理，有些则称作主任或者部长；更复杂的则是部门负责人以下的岗位名称，有些叫作主管，有些叫作专员，而有些则直接称呼某某员（如培训员）。当这些岗位名称列到一个公司岗位设置总表中的时候，相互之间的关系就完全混乱了。

实际上，无论选择哪个岗位名称，关键是管理层级和职责范围，但统一的岗位名称有利于内外部沟通中的识别，同时，岗位名称还需要体现岗位层级。因此，企业有必要制定一个标准的岗位名称及岗位编号规则，如表 2－7 所示。

表 2－7　岗位命名规则举例

序列名称	管理序列	技术序列	操作序列
岗位层级类别	总经理、副总经理、经理、副经理、主管、专员、助理	高级工程师、主管工程师、工程师、助理工程师	高级技师、主管技师、技师、技工

续表

序列名称	管理序列	技术序列	操作序列
命名规则	除总经理和副总经理外，部门经理层级岗位名称为：所在部门名称+经理/副经理，其他层级岗位名称为：所负责业务领域+岗位层级类别	专业领域+岗位层级类别	专业领域+岗位层级类别
岗位名称举例	薪酬主管、培训专员	电器主管工程师、机械工程师	设备维修技工

四、岗位设置的调整与持续改进

岗位设置绝非一劳永逸的工作，而是在保持相对稳定性的前提下不断根据情况变化调整、持续改进的过程。在上文中也已经讲到，在企业岗位设置中存在理想设计和逐渐累积两种思路，二者并非排斥对立，而是在实际过程中相互统一。但是，任何改进都需要一定程序的规范和约束，而不是随意调整。下面提供了一个岗位调整的流程，如图2－15所示。

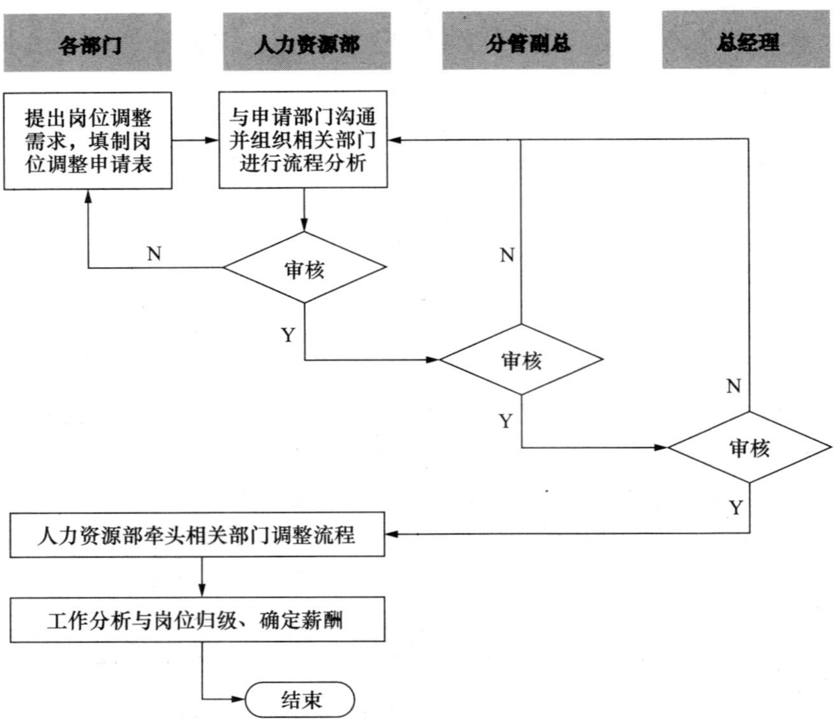

图2－15 岗位调整流程

五、岗位设置的新趋势

随着企业外部环境和管理实践的发展，岗位设置产生了一些新趋势。

（1）岗位扩大化。专业化分工使员工能力高度专一，提高了劳动效率，但也容易造成员工的单调感、厌倦工作；同时，高度的专业化不利于岗位之间的信息沟通，从而容易导致缺乏活力、抑制创新。因此，很多企业在岗位设置时适当扩大岗位工作范围，以避免以上问题。

（2）团队化工作方式。企业越来越多地采用团队工作的模式，如研发团队、市场策划团队以及其他强调创意的团队，在团队工作中，只存在大致的分工，而没有绝对的岗位界限，团队成员更强调各自在团队中的角色定位，按照能力而不是岗位发挥作用。如果在团队中强调岗位，就会破坏团队工作氛围，抑制团队工作优势。

（3）弹性岗位设置。有人提出基于能力的岗位设置方法，其主要特征为：岗位工作目标和职责比较模糊，员工不必拘泥于岗位职责范围，从而有利于发挥个人特长，进而使企业具有应对市场变化的弹性。这种形式在第三产业尤为突出，因为第三产业高度依赖于人的因素，员工的能力和积极性对工作任务的影响非常巨大。

这些都是在新经济条件下岗位设置所表现出的一些新趋势，但在我国这样一个以制造业为主、第三产业尚在发展中的国家，这些趋势目前还不是主流。而且，这些趋势都是在规范的专业分工岗位设置基础之上形成起来的，并非对分工的否定，而是对分工的发展。

第四节 某企业定岗实际操作案例

本节以某企业为例介绍岗位设置的全过程。下面是该企业岗位设置的相关文件。

一、定岗方法

根据前一阶段的调研诊断结果，制定我公司岗位设置方法如下：

1. 调整申报

各部门在对本部门岗位进行分析的基础上，以部门为单位将岗位调整申请提交本单位项目工作组；各单位项目工作组也要根据各部门实际情况提出岗位调整建议。岗位调整申报需填写《岗位调整申报表》（表格及填写说明见附件1）。项目工作组对部门申报和项目工作组建议汇总后，上报公司项目工作组。

2. 自我写实

自我写实是由员工在规定的一段时间内对个人工作内容进行记录的工作量测量方法。根据部门申报情况，确定自我写实岗位、人员；写实时间为两周。自我写实人员应填写《自我写实表》（表格及填写说明见附件2），如实记录写实期间的工作内容，并由写实岗位直接上级审核签字；《自我写实表》每日一表、当天填写，当天审核，并当天上交至本单位项目工作组。

3. 关键职责与流程分析

岗位设置的一个重要依据是该岗位在管理系统中发挥何种控制性作用，控制的方面包括所历经的时间、所花费的成本、所可能产生的风险等方面。各个控制点综合起来就构成了不同的岗位。职责分析法就是通过对岗位职责控制点的分析，确定岗位的合理性。

职责分析要填写《职责分析表》（表格及填写说明见附件3）。

4. 专家确定

专家确定就是采用德尔菲法对自我写实和职责分析获得的基础数据进行分析，确定是否进行调整，这一方法是对公司长期电力生产所积累的实践经验的充分利用。

专家组组成由各单位项目工作组确定，上报公司项目工作组；专家组成员应在精通某专业的基础上对本单位各方面工作有全面把握，并具有大局观和责任心。

首先由项目工作组将自我写实和职责分析结果分发给各位专家，由各位专家对是否调整作出独立判断；然后由项目工作组对第一轮结果汇总，并反馈给各位专家。如此进行2~3轮，专家意见将趋于集中。专家对结果的分析判断采用匿名的方式，而项目工作组也要对专家意见严格保密（定岗专家调查表见附件4）。

最后由项目工作组根据德尔菲法结果作出岗位调整意见，报公司项目工作组。

该方法也适用于本部一般岗位和生产单位职能部门一般岗位的定员。因此，各单位项目工作组也应将本单位职能部门定员问题较为集中的岗位纳入自我写实和职责分析程序。

二、定岗工作安排

1. 定岗定员培训

时间：11月15日。

内容：组织本部与生产单位项目工作组成员进行定岗定员培训。

组织单位：公司项目工作组。

2. 岗位调整部门申报

时间：11 月 16 日。

内容：本部与各生产单位的各部门向所在单位项目工作组申报需要调整岗位情况。

所需表格：《岗位调整申报表》（见表 1）。

组织单位：各单位项目工作组。

3. 自我写实

时间：11 月 17～26 日。

内容：申请调整岗位的在岗人员进行自我写实。

所需表格：《自我写实表》（见表 2）。

组织单位：各单位项目工作组。

4. 职责分析

时间：与自我写实同时进行，在 11 月 26 日前全部上交至本单位项目工作组。

内容：对申请调整的岗位进行职责分析。

所需表格：《职责分析表》（见表 3）。

组织单位：各单位项目工作组。

5. 专家确定

时间：11 月 29 日～12 月？日

内容：组成专家组，采用德尔菲法调查专家意见，由专家依据自我写实与职责分析获得的数据对岗位调整作出分析判断。各单位项目工作组将本单位专家调查情况上报公司项目工作组。

所需表格：《定岗专家调查表》（见表 4）。

组织单位：各单位项目工作组。

三、相关表格

表 1：部门岗位调整申报；

表 2：自我写实；

表 3：职责分析；

表 4：定岗专家调查；

表 5：定岗工作计划进度；

图 1：部门岗位结构图格式规范。

表 1 部门岗位调整申报

<table>
<tr><td>岗位名称</td><td></td><td>现定员人数</td><td></td></tr>
<tr><td rowspan="2">调整类别</td><td colspan="3">□新设岗位，拟定员（ ）人 □岗位撤销</td></tr>
<tr><td colspan="3">□增加定员（ ）人 □减少定员（ ）人</td></tr>
<tr><td>相关岗位</td><td colspan="3"></td></tr>
<tr><td>职责调整情况</td><td colspan="3"></td></tr>
</table>

部门负责人签字：

日　　期：

填表说明：

岗位名称是指需要调整的岗位的名称；申请新设岗位的，填写拟定的岗位名称。

现定员人数是指该岗位目前的在岗人数；对于申请新设岗位，填写“无”。

调整类别包括新设岗位、岗位撤销、增加定员和减少定员四类，先在调整类别所对应的方框内打“√”，对于定员情况有调整的，还需在括号内填写人数。

相关岗位是指岗位调整所涉及的岗位，对于新设岗位，承担新岗位职责的现有岗位即是其相关岗位；对于岗位撤销的，分摊该岗位职责的岗位即是其相关岗位；对于定员增减的，如存在岗位职责变动的，按照上述方法处理。

职责调整情况是对上述由于岗位、定员调整引起的岗位职责调整情况的说明，重点描述新设或撤销岗位职责的来源和去向。

该表由部门负责人填写。

表 2　自我写实

部门：　　　　　　　　　　　　　　岗位：

序号	工作项目	详细工作内容	工作时间			完成情况（100%）	备注
			开始	结束	用时		
1							
2							
3							
4							
5							
6							
7							
8							

岗位人员签字：　　　　　　　　　　　　　　直接上级签字：

日　　　期：　　　　　　　　　　　　　　　日　　　期：

填表说明：

该表将作为岗位设置的重要参考资料，请认真填写。

工作项目是对工作内容的简要概括。

详细工作内容是工作内容所包含的各方面。

工作时间包括开始时间、完成时间和总共用时三项内容，要求精确到分钟。对于多项工作交叉而无法确定开始和结束时间的，填写用时一项即可。

完成情况是指在一个工作日内某项工作的完成情况，用百分数表示。

对现有岗位，由在岗人员填写；对申请新设岗位或调整的，由拟设岗位职责的目前承担岗位填写。自我写实表必须由岗位直接上级审核签字。

自我写实表每日一表、当日填写、当天审核，并当天上交至本单位项目工作组。

表 3　职责分析

部门		岗位	
所承担的部门关键职责：			

序号	岗位关键职责	控制点
1		
2		
3		
4		
5		
6		
7		
8		

岗位人员签字：　　　　　　　　　　　　　　直接上级签字：

日　　　期：　　　　　　　　　　　　　　　日　　　期：

填表说明：

该表将作为岗位设置的重要参考资料，请认真填写。

所承担的部门关键职责是指该岗位在部门职责中的定位和分工，对部门职责的分担是岗位存在的主要依据。它与岗位职责的不同在于，岗位职责是对所分担的部门职责的细化。

岗位关键职责是指该岗位的关键职责。

控制点是指各岗位职责所包含的在时间、成本、工作质量、风险等方面的控制作用。并非每一条职责都有一个控制点，可能的情况是几条职责共同形成一个控制点，对于这种情况要在表上注明。

对于现有岗位，由在岗人员填写，直接送上级审核。

申请新设岗位的，填写拟设岗位承担的职责，由部门负责人填写。

表4 定岗专家调查

（第一轮）

部门		申请调整岗位	
以下由专家填写			
专家建议	（填写“调整”或“不调整”）		
建议说明			

注：请您保留备份，以便与下一轮结果相对照。

定岗专家调查

（第二轮）

部门			申请调整岗位	
专家意见统计	调整		不调整	
以下由专家填写				
第二轮建议	（填写“调整”或“不调整”）			
建议说明	（如与第一轮意见不同，请简要说明）			

表5 定岗工作计划进度

时间 工作项目	15日	16日	17日	18日	19日	20日	21日	22日	23日	24日	25日	26日	27日	28日	29日	30日	1日	2日
定岗培训	▲																	
岗位调整申报		▲																
自我写实																		
职责分析*																		
专家德尔菲法																	▲	

*职责分析与自我写实同时完成；

**定员总量控制在控制指标确定的情况下，由公司项目工作组审核。

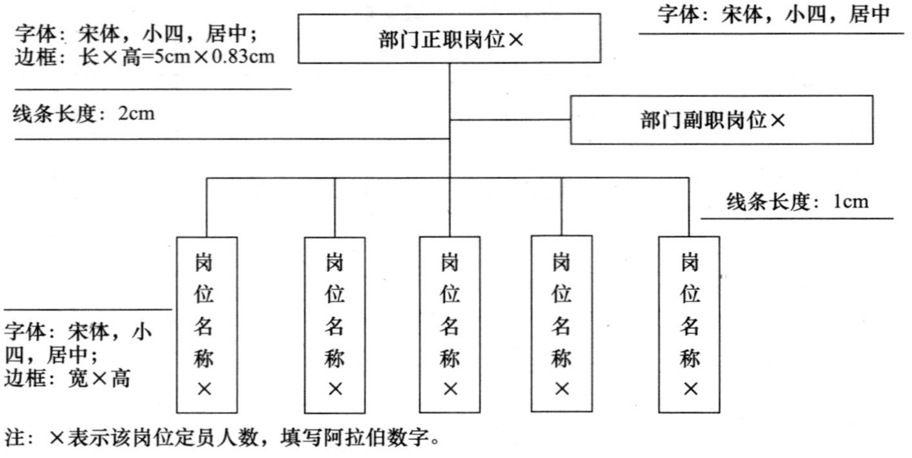

图1　部门岗位结构图格式规范

第三章　定编定员

第一节　定编定员概述

一、定编定员的概念及特征

所谓定编定员，就是采取一定的程序和科学的方法，对企业总体用人和确定的岗位进行各类人员的数量及素质配备。

定编定员是一种科学的用人标准。它要求根据企业当时的业务方向和规模，在一定的时间内和一定的技术条件下，本着精简机构、节约用人、提高工作效率的原则，规定各类人员必须配备的数量。它所要解决的问题是企业各工作岗位配备什么素质的人员，以及配备多少人员。

定编定员的主要特征在于：必须在企业有一定的业务规模基础上进行；必须在企业业务发展方向已定的基础上进行；具有一定的时效性，即有一个发生、发展的过程；不仅要从数量上解决好人力资源的配置，而且还要从质量上确定使用人员的标准，从素质结构上实现人力资源的合理配备。

二、定编定员的原则

（1）以企业经营目标为中心原则。企业定编工作，就是要合理地确定各类人员的数量以及它们之间的比例关系。因为定编定员的目的是服务于企业生产经营，进行劳动效率管理，因此其依据是计划期内的企业目标业务量和各类人员的工作效率。

（2）科学合理原则。所谓科学，就是要符合人力资源管理的一般规律，做到“精简有效”，在保证工作需要的前提下，与同行业标准或条件相同的企业所确立的标准相比较，要能体现出组织机构精干、用人相对较少、劳动生产率相对较高的特点。

所谓合理，就是要从企业的实际出发，结合本企业的技术、管理水平和员工素质，考虑到提高劳动生产率和员工潜力的可能性来确定定员数。

（3）比例协调原则。企业进行定编定员工作，需要正确处理企业内人员的比例关系。正确处理企业直接与非直接经营人员的比例关系；正确处理直接与非直接经营人员内部各种岗位之间的比例关系；合理安排管理人员与全部员工的比例关系。管理人员占员工总数的比例与企业的业务类型、专业化程度、自动化程度、员工素质、企业文化以及其他一些因素有关。

（4）专业管理原则。定编定员是一项专业性、技术性强的工作，它涉及业务技术和经营管理的方方面面。从事这项工作的人，应具备比较高的理论水平和丰富的业务经验。

（5）一般原则。定员人数应当是企业正常生产所需要的人数，尤其是生产季节性比较强的企业，不能将生产旺季所需要的人数作为定员人数，应当以季节用工作为补充。

（6）有利于员工健康和发展原则。制定定员标准时要考虑员工出勤率因素，留有余地，保证员工能够有正常的休息和参加岗位技术培训。

三、定编定员的注意事项

（1）持续积累定员数据，为定员提供支持。行业数据和本企业历史数据是企业定员最有力的依据，但是很多企业却缺乏系统的数据积累，因而给定员工作带来一定障碍。人力资源部门应特别注意相关历史数据和行业数据的收集和积累，从而为企业核定定员提供支持。

（2）正确认识定员的意义，争取企业高层的重视和支持。在成本成为企业生死线的今天，定员显得越发重要，要从企业竞争力的高度认识定员的重要性。因此，企业高层的重视和支持是定员成功必不可少的要素。

（3）运用公开透明的决策程序，使各部门充分发表意见。人力资源部门往往成为企业定员中的众矢之的，各部门将人力资源部门看作压缩定员的砍刀，原因之一是定员过程中没有给相关部门发表意见的机会，使之只能被动接受定员结果。人力资源部门应当强化定员程序的公开透明，使各部门积极参与到定员中，充分发表意见，变暗箱决策为公开博弈。

（4）通过规则设计，使各部门具有自我约束动力。依靠外界约束，只能压缩和抑制定员膨胀的速度，而无法真正保持合理的定员水平，这是因为各部门缺乏自我约束的动力。划小核算单位，或者进行模拟独立核算，从形式上使各部门成为自我约束的实体是形成良性定员机制的有效途径。

例如，对于销售部门实行模拟独立核算，向其支付销售费用和适当的销售额提成比例，由其内部控制定员数量，则可有效地控制其定员。对于诸如人力资源部等难以实现独立核算的部门，也应从定员增长与工资增长幅度之间的制约关系上着手使之具有合理确定定员的动力，即如果在增加定员的前提下，年度工资增长幅度必须相对调低，或者只能和上年度持平，除非企业规模扩张阶段下的定员自然增长。

（5）正确认识量化标准和主观经验的作用。因为没有任何工具和方法能够像尺子度量长度那样对一个岗位的劳动量进行完全的量化测量，即使泰勒发展的时间研究和动作研究，虽然对于体力劳动较为有效，对于脑力劳动也不无兴叹之感，况且目前企业中的很多劳动都很难用体力劳动和脑力劳动截然分开。因此定员问题绝对不可能完全量化，主观经验起着重要作用，所以不能盲目相信量化，过度量化可能是有害的，采用合理的程序如德尔菲法等使主观经验公开表达，非但不会影响客观性，反而有利于定员的合理确定，其关键在于公开透明。

（6）定员是一个持续调整过程。环境是不断变化的，企业定员也必然是不断调整的，因此没有一劳永逸的定员标准，人力资源部门要做好定员维护工作，及时发现问题，根据企业状况适时调整。

定岗定员是世界各种组织中普遍存在的共同问题，它既没有固定的模式，也没有统一的标准，只有适用的才是最好的，因此这是一个不断探讨、常谈常新的问题。

四、岗位分类与定员影响因素

为了便于进行定员管理，企业首先需要对岗位进行分类管理，然后根据岗位类型的不同考虑不同的因素进行定员管理。企业的岗位分类见表 3－1，根据第二章的论述，一般来说，企业的全部岗位可分为业务生产岗位、职能管理岗位、辅助支持岗位、行政管理岗位。当然可根据管理需要作进一步细分，如职能管理岗位又可进一步细分为战略管理、财务管理、人力资源管理、行政总务管理、物资管理、技术管理等子专项职能管理岗位。

表 3－1 企业的岗位分类

岗位分类	岗位概述
业务生产岗位	组织中生产产品或服务，或将产品和服务提供给客户的岗位。例如，生产制造企业的生产工人和销售人员。销售类企业的客户经理和客服人员
职能管理岗位	组织中提供职能服务，在某一领域实施专项管理。如人力资源管理、财务管理、战略管理、技术管理等职能
辅助支持岗位	组织中为了企业正常运行而配备的提供后勤保障服务的岗位。如企业的班车司机、保洁员、食堂厨师等
行政管理岗位	组织中负责一个或几个部门，承担领导管理职务的岗位。如部门经理、企业总经理等

企业中不同类型的岗位，在进行定员设计时考虑的因素是有所不同的。对于业务生产类岗位，企业配置这些人员的目的是生产经营任务。因此，这类岗位定员时需要考虑生产任务、销售量等生产经营因素，同时要考虑技术水平、生产设备等技

术因素和劳动生产率、生产定额、工作班制、出勤率等劳动组织因素。而职能岗位一般在某一专业实施专项管理，其配备与管理模式、组织机构和部门岗位设置相关，虽然与企业生产经营任务没有直接的关联，但总的配备受到人员比例的制约。另外，职能类岗位的配置虽然需要考虑工作量，但弹性较大，定员与工作要求的精细化程度关系紧密。辅助支持岗位在企业中一般为班车司机、食堂厨师、保安、前台接待等岗位，企业是否在定员内配备这些岗位人员与企业的后勤管理模式、管理专业化程度有关，因为这类工作一般可以通过外包、社会化等方式解决。企业行政管理岗位的定员，是由组织机构、管理幅度、岗位设置和职责分工决定的。一般来说，组织机构一旦确定，高层管理岗位定员即可确定，而中层管理岗位在部门设置的基础上再考虑管理分工通过岗位设置即可确定，如表 3 －2 所示。

表 3 －2　不同类型岗位的定员考虑因素

岗位分类	定员考虑因素
业务（生产）岗位	技术因素：技术水平、设备类型和数量等 劳动组织因素：生产定额、劳动生产率、工作班制、出勤率等 生产经营因素：生产任务、销售额等
职能岗位	管理因素：管理模式、管理职能、部门设置、岗位设置、人员比例 劳动组织因素：工作量、分工专业化程度、工作精细要求
辅助支持岗位	劳动组织因素：服务对象、工作班制、出勤率 管理因素：管理模式
行政管理岗位	管理因素：组织机构、管理幅度、岗位设置、管理分工等

第二节　工作饱和度测量

一、工时分类原理

（一）工时分类的目的

所谓工时，就是工作班的延续时间。而工时消耗分类，就是将劳动者在整个工作日中，各种操作和作业以及其他活动所消耗的时间，根据其性质、范围、作用并结合当时当地的实际情况，作进一步分析和研究，按其性质和作用进行适当分类。其目的如下：

（1）通过研究工时消耗分类，了解劳动者在工作时间内的工作内容及其时间消耗组成，从而分析研究各种影响因素，进一步减少工时浪费，提高工时利用率。

（2）通过研究工时消耗分类，有利于根据各种事件的不同分类归纳，发现先进的工作方法，从而加以组织推广，提高生产水平。

(3) 通过研究工时消耗分类，确定哪些消耗是合理的，哪些是不合理或不必要的，找出对生产不起作用的工时，揭示浪费，挖掘潜力，从而改进企业管理工作，提高生产效率。

(二) 工时分类的原则

工时消耗分类应当符合工时定额制定的目的、任务、性质的要求，以制定工时定额为着眼点，按照以下原则进行：

(1) 应从全面、系统、科学的角度进行工时消耗分类。工作班的工作时间消耗，有合理的、生产或工作所必需的；也有不合理的，属于生产管理和个人原因造成的。在不合理的工时消耗中，有些是主观原因造成的，如工作差错，管理不善，劳动纪律松弛等；也有的是客观原因造成的，如原材料或电力的外部供应发生问题等。不管是什么原因造成的，都应该包括在工时分类中。

(2) 工时分类应该密切结合生产实际。给予具体的工作项目以具体的工时消耗分类。

(3) 工时分类的结构应完全符合工时定额所包括的工时种类，但并不完全受工时定额制定要求的限制。

(4) 不同的行业工时消耗分类有所不同。例如，机械制造业和建筑行业的工时消耗分类和定额分类，是大同小异。

(三) 典型的工时分类

工时消耗分类及工时定额组成，主要是依据企业的生产性质和特点分类。具体的分类可随着各个行业生产性质的不同而有所差别。现以机械制造行业来举例说明。

工人在生产中的工时消耗可分为两个基本部分，即定额时间和非定额时间。工时消耗分类见图 3－1。

定额时间是指劳动者在正常条件下，为完成规定生产任务所必需消耗的时间。它是计算工时定额的时间，由作业时间、布置工作地时间、休息自然需要时间、准备结束时间四个部分组成。

非定额时间是指在工作时间内由于停工或执行非生产性工作而消耗的时间。它属于对生产无效的时间，应采取措施尽量消除，尽力压缩和减少，非定额时间不应计入定额内。

非定额时间可分为停工时间和非生产工作时间两部分。停工时间是指由于工人本身或外来因素使工人工作停顿而浪费的时间。按其发生的原因和性质，可分为：①非工人造成的停工时间。指由于技术组织上的各种缺点如管理不善，计划不周，或者企业外部条件影响如停电、待料等，使工作发生中断的时间。例如，停工待料，等工艺装备等所损失的时间。②工人造成的停工时间。指由于个别工人不遵守劳动纪律而引起的停工时间。如迟到、早退、旷工、上班时间闲谈、闲走动、办理私事、中途无故离开工作地等所损失的时间。

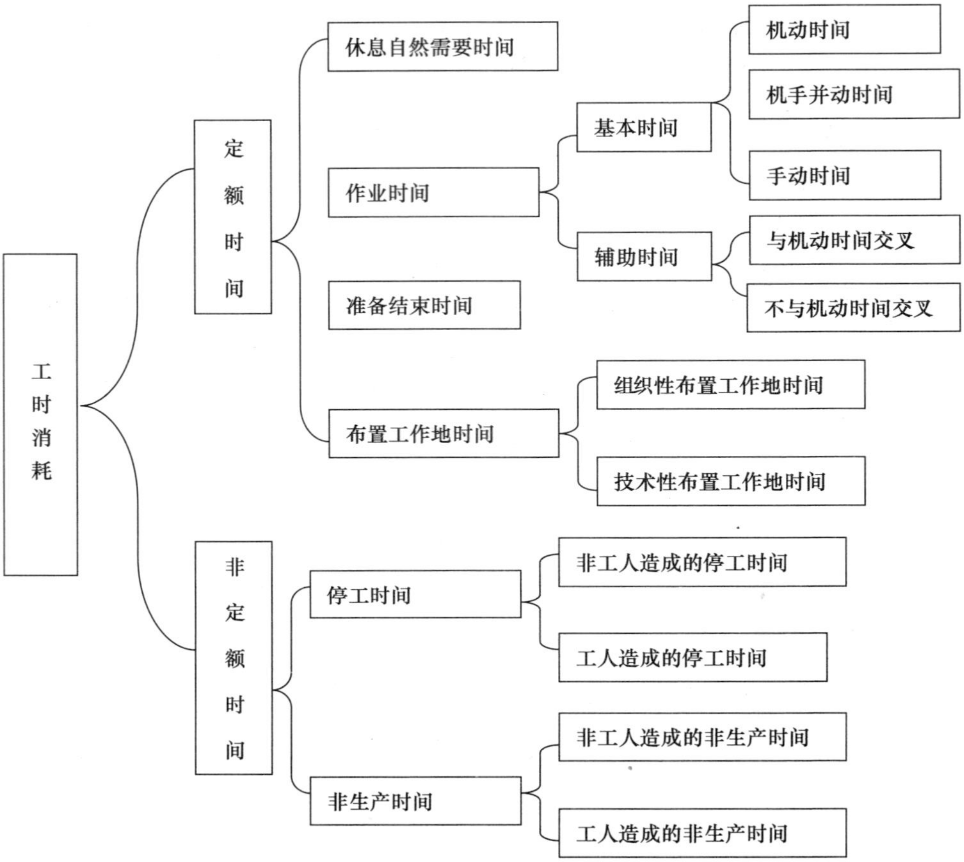

图3－1　机械行业工时分类

非生产工作时间指工人在工作时间内做不必要的工作、无效的工作，或本职以外的工作所消耗的时间。这类时间根据发生的原因，又可分为：①非工人造成的非生产时间。指由于企业在组织管理方面的问题所造成的工时浪费。这类时间产生的原因是：生产组织不当造成的损失时间，如找工具、卡具、量具等；纪律松弛造成的损失时间，如干私活等。②工人造成的非生产时间。指由于工人本人对于工作的处理不当，技术熟练程度不够，以及其他由于个人原因而造成的非生产时间。例如，不使用按工艺规程规定的工具进行操作，没有按规定的动作进行操作而耽误的时间。这种工时损失，应该对工人进行培训，增强工人的责任心，加强岗位责任制，提高工人的技术熟练程度，使这种不必要的时间浪费减少和消除。

二、工作饱和度测量方法——"工作日写实"

工作日写实就是把工人在整个工作日（工作班）由上班到下班的所有工时消

耗真实记录，经过分析整理后，作为制定劳动定额依据的定额基础工作。

工人生产劳动中的工时消耗分类可以分为定额时间和非定额时间。

（1）定额时间：指工人为完成某项工作所必需的时间。主要包括：

1）准备结束时间（$T_{准结}$），指工人在工作日内完成某道工序或整个工作日开始和结束时的事前准备和事后结束需要的时间。如工人到了工作地点更衣、取工具，下班前交班等。

2）基本作业时间（$T_{基}$），指工人在工作日内完成基本作业所消耗的时间。

3）休息和生理需要时间（$T_{休生}$），指工人在劳动中为满足生理需要而必需的生产间断时间。如班中休息、上厕所、喝水、做工间操等时间。

4）工艺性间断时间（$T_{艺停}$），指在生产技术或工艺程序上不能消除的生产间断时间。

（2）非定额时间：指由于组织和技术上的问题，或由于工人违反劳动纪律所形成的时间消耗。

1）额外作业时间（$T_{额外}$），指工人在工作时间内执行不属于本岗位范围内的工作所消耗的时间。

2）组织停工时间（$T_{组停}$），由于组织原因（如管理不善、技术问题或企业外部条件）引起的工人停工时间。如停电、设备故障等引起的停工时间。

3）个人停工时间（$T_{个停}$），指由于工人自身的原因（如迟到、早退、闲谈等）所造成的停工时间。

三、工作日写实的实施

（一）实施注意事项

（1）确定写实岗位。对于职能岗位，工作日写实一般需要连续跟踪足够长的时间才能合理地确定真实的劳动饱和度。因此，工作日写实是一项非常费时费力的工作，在企业中不宜大规模应用。一般来说，根据定员调整的目的和范围，限于个别部门和岗位，即企业员工和管理者普遍认为特别闲和特别忙的部门和岗位。

（2）写实前的准备。为了确保写实取得客观真实的数据和预期的效果，工作日写实前需要针对性的准备：

首先，确定写实岗位后，写实人员需要事先了解被写实岗位的职责和日常工作。一般来说，可查阅岗位说明书、访谈对岗位熟悉的相关人员、调取工作记录档案等，了解岗位的日常工作范围、周期性的工作范围和非例常性工作项目。对于专业性比较强的工作，写实人员还应事先查阅相关的技术文件和规范，确保对岗位工作有一定的认识。

其次，要对写实人员进行培训，使其掌握写实的基本原理，能正确观察、填写写实记录表，并能按照工时分类计算有效工作时间和负荷。

（3）写实的组织与实施。工作日写实过程中，以下事项需要特别注意：

首先，工作日写实只是描述在岗员工的日常、一般工作行为，被写实员工不用刻意表现出工作繁忙程度，按照日常的速度、频率开展工作即可。对于被写实员工被写实过程中出现的超岗位职责范围、与正常工作操作规程不符或超出所需合理工作时间的工作行为，写实人员将会核对，并进行技术处理。

其次，为确保记录真实的工作情况，写实宜采用“两加一”结对的跟班记录方式，由一名熟悉工作的人员和一名人力资源专业人员共同对一位员工进行写实。

再次，被写实员工在被写实过程中，不允许与写实人员进行任何形式的交谈，否则所交谈时间将会计为非定额时间。

最后，写实过程中，写实人员不会主动与被写实员工进行交谈，一些工作行为如需要被写实员工确定，也将会在写实结束后进行。

另外，工作日写实时间跨度为制度工作时间。当职能部门的工作职责有一定交叉时，应该同时对该部门全体岗位进行写实，以避免写实期间岗位相互交叉工作导致失实记录。

（4）信息统计与分析。取得写实记录后，要按照工时分类对工作饱和度进行分析。这里需要注意以下细节：出现在工作日写实记录中的每一项工作行为，是否确实为岗位应履行的职责？如果是应履行的职责，该项职责正常出现的工作频率是怎样的，写实期间是否有异常、过于频繁？

（二）应用举例

笔者在给某企业提供人力资源咨询服务时，在进行职能部门的定员设计时，采用了以工作日写实进行工作量核定进而调整定员的方法。

实际咨询过程中，首先通过调查确定了该方法的应用部门。首先，下发部门工作负荷印象调查问卷。经调查，企业所有各级员工均一致认为，信息部定员明显偏多，人员过于清闲。信息部负责网络维护、办公软件维护和办公平台建设。而企业共配备电脑 70 台，有专门的内部办公平台，专业办公软件 6 套。该部门设经理岗位，定员 1 人；副经理岗位，定员 1 人；网络管理员和软件管理员岗位，定员各 3 人。

为了客观分析信息部岗位的劳动负荷情况，我们按照工作日写实的规范设计了工作日写实表，见表 3 -3。并对信息部全体岗位连续跟踪了一周的工作时间，采用一名项目组与一名企业员工结对写实工作一名员工的做法。日写实记录列表见表 3 -4。然后，进行工时利用情况分析，并进行一定的技术处理和综合分析，工时利用情况分析列表见表 3 -5。分析表明，软件管理员岗位的平均有效工时利用率仅为 26%，而网络维护员仅为 35%。基于写实提供的客观数据和分析结果，项目组建议软件管理员和网络维护员岗位的定员均调整为 1 人。

表3-3　工作日写实表

部　　门：________　班　　组：________　岗　　位：________　班次：________

部门负责人：________　在岗员工：________　写实员：________　日期：________

序号	行为描述	延时	$T_{定额时间}$				$T_{非定额时间}$			备注（与岗位职责、工作流程、所需工作时间不符的行为，需注明）
			$T_{准结}$	$T_{基}$	$T_{休生}$	$T_{艺停}$	$T_{个停}$	$T_{组停}$	$T_{外}$	

续表

写实对象责任承诺
本人了解此次工作日写实的意义，并认真阅读了此表中的行为描述，认为：（在1与2选项中打“√”选择） （ ）1. 以上行为与日常工作行为一致，均属于岗位职责范围内，并符合工作操作规程，工作时间合理； （ ）2. 在以上行为中，其中______超出本岗位职责范围；______与正常工作操作规程不符，______超出所需合理工作时间（填写行为序号，并可书面说明原因）。 本人郑重承诺对于以上选择的真实性负责。 签名：______ 日期：___年___月___日
配合写实人员责任承诺
本人郑重承诺：本人了解此次工作日写实的意义，并真实记录了写实对象的行为，且基于我对此岗位职责、工作流程、所需时间的了解，对写实对象的行为作出“备注”栏中的专业判断。 对于以上写实对象行为描述及专业判断的真实性负责。 签名：______ 日期：___年___月___日
写实对象部门负责人责任承诺
本人已认真、仔细地核实了此表中所描述的行为，基于我对此岗位职责、工作流程、所需时间的了解，认为：（在1与2选项中打“√”选择） （ ）1. 以上行为均属于写实岗位职责范围内，并符合工作操作规程，工作时间合理； （ ）2. 在以上行为中，其中______超出本岗位职责范围；______与正常工作操作规程不符，______超出所需合理工作时间（填写行为序号，并可书面说明原因）。 本人郑重承诺对于以上选择的真实性负责。 签名：______ 日期：___年___月___日

表 3-4　工作日写实记录

序号	行为描述	延 时	$T_{定额时间}$				$T_{非定额时间}$			备 注（与岗位职责、工作流程、所需工作时间不符的行为，需注明）
			$T_{准结}$	$T_{基}$	$T_{休生}$	$T_{艺停}$	$T_{个停}$	$T_{组停}$	$T_{外}$	
1	打开电脑	8:00～8:04 4	4							
2	倒水	8:04～8:06 2			2					
3	给同事拿钥匙	8:06～8:07 1		1						
4	打开 OA、登录管理员软件界面	8:07～8:08 1	1							
5	OA 中制度网页的编辑	8:08～8:12 4		4						
6	CTOP 信息维护、协同软件文件的备份	8:12～8:18 6		6						系统测试（以下备注用√表示）
7	与办公室雷小贵交流上传制度到 OA 系统问题	8:18～8:19 1				1				
8	CTOP 软件登录，打开个人设定	8:19～8:23 4		4						√
9	查看 OA 上的工作日志，将王玲发的甄选招聘制度过目后上传	8:23～8:25 2		2						
10	查看其他邮件	8:25～8:26 1				1				
11	给王颖川打电话确认、了解	8:26～8:27 1		1						
12	查看系统日志	8:27～8:30 3				2				

续表

序号	行为描述	延 时	$T_{定额时间}$				$T_{非定额时间}$			备 注（与岗位职责、工作流程、所需工作时间不符的行为，需注明）
			$T_{准结}$	$T_{基}$	$T_{休生}$	$T_{艺停}$	$T_{个停}$	$T_{组停}$	$T_{外}$	
13	……	8:30～8:48 / 18		18						√
14	接电话，转同事	8:48～8:49 / 1				1				
15	测试，查看系统磁盘文件属性	8:49～8:54 / 5				5				√
16	移动系统文件	8:54～9:01 / 7				7				
17	与经理交谈，备份文件保留天数问题	9:01～9:03 / 2		2						
18	浏览服务器文件	9:03～9:10 / 7				7				√
19	刷新后切换用户，重启计算机	9:10～9:11 / 1				1				
……	……	……								
77	继续处理 OA 系统中个别表单	15:09～16:14 / 65		65						√
78	接电话	16:14～16:15 / 1				1				
79	到工程部为新员工安装 Office 2003	16:15～16:37 / 22							22	非本职工作
……	……									

表 3－5　工时利用情况分析例表

部门名称	信息部	班组名称		岗位名称	软件管理员
在岗人员	****	写实员	****	日期	****
延续时间 \ 核算工时消耗分类		时间消耗	占有效工作时间比例（%）	占总写实时间比例（%）	备　注
定额时间	$T_{准结}$	27	6.84	5.63	
	$T_{基}$	368	9（3）16	76.67	
	小计	395	100.00	82.29	
	$T_{艺停}$	26	—	5.42	安装软件
	$T_{休生}$	14	—	2.92	
	合计	435	—	90.63	
非定额时间	$T_{额外}$	0	—	0.00	
	停工时间	$T_{个停}$	45	—	9.38
		$T_{组停}$	0	—	0.00
		小计	45	—	9.38
	合计	45	—	9.38	
总　计		480	—	100.00	

注：名义有效工作时间 = $T_{准结}+T_{基}$ = 395

工作现状描述及分析

（1）在有效工作时间中，用于优化调整 OA 系统中表单格式的时间为 25 分钟；将办公室发来的制度修改格式并上传到 OA 系统中，用时 40 分钟；因与人力资源部交换办公室，而需填写《低值易耗品转移单》并办理相关手续的工作，用时 54 分钟；龚副总交代的调整 OA 系统中的组织架构，使办公室显示为与公司副总经理平级，相关工作用时 23 分钟。以上工作共用时 142 分钟，占总工作时间的 29.6%。项目组根据信息部台账记录的信息、日常工作职责等情况判断，以上工作属于不经常发生或偶尔发生的工作，在计算有效工作时间时应予以压缩。

（2）有效工作时间中，点击 OA 测试系统中的各模块，测试其是否存在问题的时间为 94 分钟，占总工作时间的 19.58%。此项工作虽是本岗位常规职责，但明显感觉用时过多。一般是员工在使用 OA 系统过程中出现问题提报到本岗位，本岗位才进行记录并测试。而软件公司的定期维护时间间隔较长，因此项目组认为本项工作的工作时间应予以压缩。

（3）有效工作时间中，用于接打电话、与同事交接工作、帮助其他部门处理相关问题及收发邮件等工作用时 111 分钟，占总工作时间的 23.13%。这些工作内容属于履行正常工作职责消耗时间。

综上，工时分析人员认为，第 1 点中的平均有效工作时间可以压缩到 1/10，第 2 点中的平均有效工作时间可以压缩到 1/2，即推断该岗位平时的有效工作时间为 14 + 45 + 111 = 170 分钟，该岗位平均有效工作时间占总工作时间的比例为 170/480 = 35.4%。

四、案例：某中小企业服务中心工作量认定思路和办法①

从上述实例可见，以时间—动作研究为方法基础的测时技术，不仅能解决生产岗位的定额定员设计问题，而且能有效解决职能岗位工作的工作饱和度问题。有学者认为，管理工作，特别是脑力创造工作是难以标准化、数量化的。我们也认为，管理工作的弹性决定了仅采用工时负荷确定职能岗位的定员有一定的局限性。本节将介绍一个中小企业服务中心的项目工作量认定办法。本案例说明，具有一定的管理基础和基础工作，抽象的脑力工作也可以用“劳动定额”及“计件工作制”的思路换算成标准工时，从而实现过程控制、资源配置、成本核算的目的。

（一）管理目的和设计原理

（1）目的。中小企业服务中心的工作不属于日常重复性工作，也不同于以结果为导向的单一任务制，业绩控制重点不在结果而在过程，如何对过程进行监控、考核、评价，是本中心工作绩效考核的重点所在。而工作考核的首要，是对工作过程的认定。

中小企业服务中心最宝贵的可配置资源是“标准工时”。我们的工作内容包括外部客户服务、行内部分研究工作两方面，所承担的任务大多属于多样化、开创性的，在此过程中，资料的收集和学习、与服务对象的交流与沟通、理论知识的学习和补充，都是必不可少的，甚至远远大于完成最终工作成果所需的“标准工时”。本办法的另一目的，就是根据任务性质、任务难度的不同，严格界定“标准工时”的使用比例，在保证任务完成的前提下尽量杜绝工时浪费，保证资源的最大利用。

中小企业服务中心将严格实施成本管理。依据中心的工作性质，ABC 成本核算方法是较为适用的，而 ABC 方法的必然基础就是，找准成本驱动因素，从而合理确定成本。因此，本办法是准确实施成本管理的必然基础。

（2）设计思路。管理办法中所使用的核定方法借鉴“劳动定额”及“计件工作制”的计算思路，将多样化、复杂、抽象的任务细分为若干标准工作过程，即可以独立开展的工作模块，再通过统一的换算方式将每个工作模块的工作量换算为“标准工时”。最终使不同的任务完成过程变成相同基础的可考核量，进而达到过程控制、资源配置、成本核算的目的。

（3）适用范围。工作量认定管理办法仅针对复杂、不易量化、差异性大、抽象的项目工作。应用在工作计划的编排、工作饱和度的认定、工作量与工作时间的确定、工作难度的评定、进度监督、计划执行情况评价等工作环节，进而最终达到以上目的。本办法不涉及工作质量的认定和评价。本办法不涉及日常辅助性工作及工作准备时间，该类时间记录以工作日志为准。本办法不涉及项目外的知识积累时

① 百度文库，http//wenku. baidu. com. 有删改。

间和讨论时间，该类时间记录以工作日志为准。

（4）相关术语。

表3-6 某中小企业服务中心工作量认定术语

标准工时	工作结果的唯一量化标准，例如，600字原创性文本计算为1标准工时。标准工时与且仅与工作结果挂钩，与实际工作时间、个人能力、知识结构、工作经验、工作速度等影响工作成果的个人差别量不相关。在本办法中，标准工时有时被称为“工时”
细分标准	为达到对复杂工作进行标准统计所采取的方法，按照“职能类、项目、子项目、工作”四级标准将不同的复杂工作细化为相同的基础工作内容，进行标准相同的认定、统计
职能类	中心针对不同服务对象区分的工作类型，职能类暂定为“行内服务”、“客户服务”、“中心工作”、“基础研究”四大类
项目	针对某一任务目标组织实施的工作过程。例如，“中心工作”中的“内部制度建设”即为一个项目
子项目	某一项目中，一般会包含几个独立、并行、递进的课题，如果各课题之间工作重点不一，则将项目进一步划分为子项目就存在必要，如将薪酬项目划分为“设计”与“实施”两个部分，则“设计”部分将侧重资料、学习、讨论、计算等方面，而“实施”部分将侧重于调研、会议、交通、辅助实施、培训、修改等方面。例如，“中心工作”中“内部制度建设”中的“工作量认定管理办法的设计、编制工作”即为一个独立的子项目
工作	在子项目中针对达到项目成果实施的某一具体工作过程。例如，“中心工作”中“内部制度建设”中的“工作量认定管理办法的设计、编制工作”中的“讨论、修改”即为一工作过程
工作类型	依据中心职能、工作方法将工作暂定为以下13类：计划、资料收集、调研及访谈、学习研究、分析计算推演、文稿编写、讨论、修改、客户沟通、辅助实施、培训、会议、交通及差旅
辅助工作	为完成项目目标所必需的，但工作结果无法在项目成果中直接体现的工作类型。在以上工作类型中，计划、资料收集、调研、学习研究、会议、交通及差旅6类任务属于辅助工作
过程工作	为完成项目目标所必需的、工作结果能够在项目成果中直接体现的工作类型。在以上工作类型中，分析计算推演、文稿编写、讨论、修改、客户沟通、辅助实施、培训7类任务属于过程工作

（5）基础数据。本管理办法涉及的工作量折算标准及相关核算数据，直接来源于中小企业服务中心对日常工作的不间断统计与分析，因此，具有客观的实践基础。

（二）工作量算法

（1）工作量分配计划。

1）确定项目类型：接受项目后，按照“项目分类标准”确定项目类型或子项目类型，进而确定项目或子项目所需的“工作类型”及具体工作时间额度标准。

2）确定项目工作量：确定“原创性文稿编写”的工作量；依据已确定的工作时间额度标准，反推其他各种工作类型的工作量；最后加总统计。

3）项目计划：编写或填制项目计划。加总统计项目工作量不超过 40 小时的，填制标准格式的“项目计划表”。加总统计项目工作量大于 40 小时低于 160 小时的，按标准格式填制“小型项目计划书”。加总统计项目工作量大于 160 小时的，按标准格式填制“大型项目计划书”。

4）项目确认：项目计划填制完毕后，报“工时量审核小组”，经“工时量审核小组”审核完毕并签定审核意见后，报研究发展部部门主管批准实施。

（2）工作量认定与统计。

1）工作量认定与统计的原则。各类工作的工作成果必须可追溯、可证实，并完全符合“工时核算标准”的各项记录要求，不符合以上条件者，一律不得计算工作量；工作量认定只统计工作“原创”部分，各类工作的工作成果计算前，应严格剔除以下部分：大段重复、大段引用、大段照搬以前的研究成果、明显滥竽充数、与主题相关度不高的部分。

还应剔除：明显的冗余（文件特殊性而导致的必需的务虚部分除外）。被剔除的废话可按难度 1.0（难度确认方法见“工时核算标准”）单独计算工作量，有创意、包含研究成果及研究价值的废话，其难度确认可适当提高，但以上合计工时量最高限度不得超过“原创部分”的 20%；以“原创”部分为核算依据，凡严重超出工作时间额度标准的部分（20% 以上），一律不得计入项目工作量，如确实为必需的，需“工时量审核小组”及研究发展部部门主管批准计入。此外，虽不批准计入项目工作量但研究发展部部门主管认可的，可记入工作日志作为日常工作。

2）工作量认定与统计的执行者。项目执行者按照工时量核算标准自行加总统计项目工作量；项目执行者填制“工时量申报表”，报“工时量审核小组”进行审核并签定审核意见；报研究发展部部门主管审核，认定后，记入个人工作量记录。

（三）工时分类及工时分类标准

依据不同的工作类型，合理分配项目过程中各种工作类型的工作时间。

（1）各工作类型的工时分配标准。各项目中，工作类型包括以下 13 种：计划、资料收集、调研及访谈、学习研究、分析计算推演、文稿编写、讨论、修改、客户沟通、辅助实施、培训、会议、交通及差旅。假设“文稿编写”标准工时为 100 小时，各类项目的分类确定参数及项目过程中的工时分配标准如表 3 -7 所示。

表3-7　某中小企业服务中心工时分配标准

任务项	工作分级描述	相应工时分配
计划	A类：大型项目计划书，不低于5000字 B类：小型项目计划书，不低于2000字 C类：项目计划表	A类：12工时 B类：4工时 C类：0工时
资料收集	A类：新接触行业或课题，且工作成果需要大量资料支撑 B类：新接触行业或课题，工作成果需要了解一定数量的资料 C类：较早以前接触过该行业或课题，工作成果需要资料支撑 D类：工作成果不需要多少资料支撑	A类：200小时 B类：100小时 C类：50小时 D类：25小时
调研访谈研讨	A类：涉及范围广或深度实施，工作成果需要大量实践数据及经验支撑 B类：涉及范围一般，或实施深度一般，工作成果需要一定实践数据及经验 C类：涉及范围小，或无须实施深度，工作成果需要少量实践数据及经验 D类：可闭门造车	A类：200小时 B类：100小时 C类：50小时 D类：5小时
学习研究	A类：新接触专业或课题且工作成果理论性极强 B类：新接触专业或课题，工作成果理论性较强 C类：较早以前接触过该专业或课题，工作成果需要理论支撑 D类：工作成果不需要多少理论支撑	A类：200小时 B类：100小时 C类：50小时 D类：25小时
分析计算推演	A类：理论性极强，或自创数据分析结构，或数据系统的重新构造 B类：理论性一般但需阐述结构庞大复杂或数据分析量大、数据结构复杂 C类：理论性一般、阐述结构一般、数据分析量一般 D类：理论性弱、叙述结构无要求、无数据分析	A类：100小时 B类：50小时 C类：20小时 D类：5小时
文稿编写		100小时
讨论	A类：理论性极强，或数据系统的重新构造，或争议性极强的课题 B类：理论性一般但需阐述结构庞大复杂或数据结构复杂或具有争议 C类：理论性一般、阐述结构一般、数据分析量一般、无大的观念争议 D类：理论性弱、叙述结构无要求、无数据分析、无争议	A类：15小时 B类：10小时 C类：5小时 D类：0小时
修改	A类：项目难度大、牵涉层面较高或牵涉相关部门较多，自主性弱 B类：项目难度一般、牵涉层面一般或牵涉相关部门不多，自主性一般 C类：项目难度小、无牵涉，自主性极强	A类：40小时 B类：25小时 C类：10小时

续表

任务项	工作分级描述	相应工时分配
客户沟通	A 类：常年管理顾问服务之非项目时段 B 类：从未接触过的项目、课题、企业的项目时段 C 类：已有接触的项目、课题、企业的项目时段 D 类：无须客户沟通	A 类：100 小时 B 类：15 小时 C 类：5 小时 D 类：0 小时
辅助实施	A 类：常年管理顾问服务之非项目时段 B 类：需深入现场，或追踪项目结果，或依据实施情况对项目成果进行修正 C 类：无须深入现场、只需数据分析，依据实施情况对项目成果小范围修改 D 类：只需定期追踪调查反馈意见的或无须辅助实施的	A 类：100 小时 B 类：100 小时 C 类：20 小时 D 类：0 小时
培训	A 类：专项培训类服务（包括内部理论培训） B 类：实施性极强 C 类：实施性一般 D 类：理论性较强，无须培训	A 类：100 小时 B 类：25 小时 C 类：15 小时 D 类：0 小时
会议	A 类：牵涉层面较高或牵涉相关部门较多，自主性弱 B 类：牵涉层面一般或牵涉相关部门不多，自主性一般 C 类：无牵涉，自主性极强	A 类：50 小时 B 类：10 小时 C 类：5 小时
交通及差旅	A 类：不可控制 B 类：可控制，需广泛收集、学习、借鉴同行经验做法而需要的差旅时间	A 类：实际发生 B 类：150 小时

（2）说明。表中“相应工时分配”为每一工作类型在此项目工作中的工时分配上限，并非“默认工时”；在具体的项目中，在该类型工作上所使用的工时必须符合该类型的工时核算标准，严重超出表 3－7 所列工时分配上限的，原则上不计入项目工作量，原因特殊的，经研究发展部部门领导签字认可后可计入。使用表中计划或核算工时分配的方法为：首先预估“文稿编写”工作量并核准“文稿编写”标准工时，其次按项目特征核准各类工作的相应级别，最后按相应级别与“文稿编写”的相应比例计算此类工作的标准工时。

（四）工作的工时核算标准

（1）目的。经项目分类后确定的工时分配标准，只是在特定项目中“允许使用”的该类工作的标准工时上限，而非该类工作的实际标准工时量。工作的实际标准工时量必须遵循标准量化原则实施量化，无符合量化标准的工作成果一律不得计入项目工时量，以确保项目工作有记录、可追踪、可评价。

（2）工作难度。某些工作类有工作难度的区分，难度的定义为：此项目中的该类型工作与其他项目的该类型工作相比，完成同样数量的工作成果具有不同的完成困难，导致困难可能是对文字的要求较高，也可能是行业资料冷僻罕见，可能是知识储备具有相当深度，也可能是培训、沟通、访谈、辅助实施对象水平较低等各种原因，因此，对特定项目中的特定工作类实施难度评定是客观合理、公平公正的。工作难度不涉及工作量分配计划过程，仅仅在工作完成后对工作量认定和统计进行加权计算。

（3）文稿编写工作的工时核算标准。

1）Word 版本。原创部分：600 字/标准工时。加权难度系数大致界定：结构确定、定期、重复性、有历史文稿可借鉴的——0.8；初创、文字效果要求一般、无历史文稿可借鉴的——1.0；文字要求精美、效果出色、无历史文稿可借鉴的——1.2。

协助调整格式、引用、重复、滥竽充数、明显废话等文字：2000 字/标准工时，加权难度系数一律记为 1.0，具体判断标准见第八条第一款：工作量认定与统计的原则。

2）PPT 版本。原创部分：6 页/标准工时。加权难度系数大致界定：有历史文稿可借鉴的、Word 版本提纲性、少量原创图表说明——0.8；初创的、Word 版本说明性的、1/4 原创图表——1.0；初创、原创文字不低于 100 字/页、1/3 原创图表——1.5；初创、原创文字不低于 200 字/页、1/2 原创图表——2.5；复杂动画、复杂图表——在以上基础上酌情加权。协助调整版式、引用、重复、滥竽充数的：15 页/标准工时。

（4）计划工作的工时核算标准。计划工作仅指对项目工作进行统筹安排的计划工作，不包括日常工作、周工作、年度工作的计划、总结。但项目工作本身包括年度计划、总结或大型计划、总结工作。

预估项目工作量不超过 40 小时的，填制标准格式的“项目计划表”，不计算标准工时。

预估项目工作量大于 40 小时低于 160 小时的，按标准格式填制“小型项目计划书”，不得低于 2000 字，工作量计算为 4 标准工时。

预估项目工作量大于 160 小时的，按标准格式填制“大型项目计划书”，不得低于 5000 字，工作量计算为 8。

加权难度大致界定：已批准项目的计划工作、以工作分配及预期目标为核心的——1.0；

未批准的、需要充分阐述技术路线、详细说明项目意义、以建议实施为核心的——2.0。

（5）资料收集的工时核算标准。

1）网上资料收集与整理。整理后 Word 文档，4000 字/小时，须达到以下要求：按标准格式进入中心资料库，并附摘要 200 字/4000 字；使用说明，100 字/4000 字，包括目的、启示、拟于项目何处使用等。加权难度大致界定：一般性行业、接触过的——1.0；不常见行业、未接触过，须对资料进行判断和深入学习的——1.3；稀缺行业、未接触过，须对资料进行判断和深入研究的——1.5。

2）客户资料收集与整理。整理后客户资料收集与学习：4000 字/小时，须达到以下要求：规范的客户资料收集通知单；附摘要 200 字/4000 字；使用说明，100 字/4000 字，包括目的、启示、拟于项目何处使用等。加权难度大致界定：一般性行业、接触过的——1.0；不常见行业、未接触过，须对资料进行判断和深入学习的——1.3；稀缺行业、未接触过，须对资料进行判断和深入研究的——1.5。

（6）调研访谈研讨的工时核算标准。确定标准：调研访谈研讨记录、总结：600 字/小时。

（7）学习研究的工时核算标准。学习研究仅限于对与项目直接相关的理论知识或操作实践的知识补充部分，与项目关联度不大的学习研究一律不计入项目工时。学习研究的工时核算标准为：4000 字/小时，须达到以下要求之中的任意三项，并按标准格式进入中心资料库：Word 摘要 100 字/4000 字或 PPT 讲义提纲 2 页/4000 字，可进行内部授课及讨论；读后感或具有创新性启示，达到论文提纲水准，1000 字/40000 字；较为频繁出现的重点记号、眉批、题注，被考察抽问时表现为有印象；成果中可明显看出的借鉴、引用部分并进行内部说明。

加权难度大致界定。实施指导型书籍——1.0；理论系统研究型书籍，有部分非数学类模型——1.3；深理论系统研究型书籍，有相当多的数学类模型——2.0。

（8）分析计算推演的工时核算标准。认定的分析计算推演包括以下几个方面：针对经营资料的数据分析、计算过程；庞大结构的解析、构造过程；非数据的逻辑推演、趋势推演过程。分析计算推演过程无法直接量化，但必须做到以下几点：

记录清楚每小时的过程、时间使用原因、结果；100 字/2 小时；

分析计算推演过程必须有打印稿，或使用中心设计的专用标准草稿纸；

本工作过程完毕后，过程记录、过程打印稿、草稿纸必须存档备查，并进入中心资料库。

加权难度大致界定：

简单的数据分解、加总过程——1.0；

数据分析，或不算太复杂的数据系统构造过程——1.1；

结构庞杂、需使用数据分析工具的数据分析过程，或复杂的数据系统构造过程——1.3；针对复杂的具体情况，需自行设计数据分析模型，或对现有数据分析工具进行纵向、横向拓展以联系实际——1.5。

(9) 讨论的工时核算标准。确定标准：讨论过程记录，包括讨论原因、讨论主题、讨论过程纪要、讨论结论及对项目成果的作用、启示及其他相关信息。不低于 150 字/小时。

(10) 修改工作的工时核算标准。确定标准：修改、调整 800 字/小时。要求达到以下标准：有修改过程记录，包括修改原因、修改建议、修改前后比较。不低于 100 字/小时。原稿变成过程文件进入中心资料库。

(11) 客户沟通工作的工时核定标准。确定标准：以客户签字认可的工作时段作为工作量的实际发生时间。要求达到以下标准：客户沟通记录，150 字/小时。包括：沟通过程记录，沟通课题的提出、问题与思考、沟通课题的解决过程、答案或阶段性的启示、相应工作安排、客户反馈意见等方面内容。

(12) 辅助实施工作的工时核定标准。确定标准：以客户签字认可的工作时段作为工作量的实际发生时间。要求达到以下标准：辅助实施记录，150 字/小时。包括：实施过程记录，实施情况反馈、过程问题的提出、过程问题的解决过程、答案或阶段性的启示、相应工作安排、客户反馈意见等方面内容。

(13) 培训工作的工时核定标准。确定标准：以客户签字认可的工作时段作为工作量的实际发生时间。如为专项培训活动，则编写讲义、幻灯片时间不得超过培训时间的 100%。要求达到以下标准：培训记录，100 字/小时。包括：培训原因、培训主题、培训主要内容、培训过程记录、培训成果、相应工作安排、客户反馈意见等方面内容。

(14) 会议的工时核定标准。确定标准：以客户方负责人签字认可的工作时段作为工作量的实际发生时间。要求达到以下标准：会议记录，200 字/小时。包括：会议动机、会议议题、商讨的解决方式、会议过程记录、相应工作安排、客户反馈意见等方面内容。

(15) 交通及差旅的工时核定标准。客户服务所必需的交通时间。确定标准：按 8 小时之内实际发生时间计算，8 小时之外的不计入项目时间。

不可控的差旅时间。确定标准：客户/领导要求的出差时间，以客户/领导签字认可的出差时段作为工作量的实际发生时间，并要求作好出差记录单，包括出差时间、出差目的及过程、相关资料的收集、相关课题的解决效果、下一步工作计划等方面内容。200 字/4 小时（路途时间除外）。

可控的差旅时间。确定标准：因项目需要自行决定的出差时间，以客户/领导签字认可的出差时段作为工作量的实际发生时间，并要求作好出差总结，包括出差时间、出差目的及过程、相关资料的收集、相关课题的解决效果、下一步工作计划等方面内容。1500 字/4 小时（路途时间除外）。此部分文字编写可同时按照 600 字/标准工时计入项目工作量。

（五）管理流程及操作

管理办法仅针对中小企业服务中心所执行的项目进行管理。具体操作流程如下：

（1）项目意向。项目来源包括三方面：领导交办、总体计划要求、自发产生。执行者：项目负责人。

（2）项目拆分。有的项目虽然目标是统一的，但项目过程中的工作类型具有很大的不同，这时需要考虑是否将项目拆分为目标相同，但达成方式上彼此相互独立的子课题，即将项目拆分为子项目。执行者：项目负责人。

（3）成果预估。对达到项目目标所需要执行的、提交的工作成果进行预估，并按照《工时核算标准》大致估算“文稿编写”工作的标准工时数。执行者：项目负责人。

（4）项目工时分配及项目计划填制。以“文稿编写”标准工时数为基准，结合项目实际情况，按照《工时分配标准》核定项目总工时，并预估各类工作的工作内容、工作成果，填制项目计划。执行者：项目负责人。

（5）项目审核。对项目负责人提交的 8 小时以上的项目计划书进行审核，审核内容包括：项目意向是否合理、工作分配是否符合要求、工作内容是否合理、对各类工作的工时核算是否符合工时核算标准等方面内容。并附简要的审核意见，通过 OA 提交研究发展部部门主管。执行者：工作量审核小组。

（6）项目复核。对工作量审核小组提交的 8 小时以上的项目计划书进行复核，复核内容同上，并提出附加的项目要求。如同意计划，应及时通知工作量审核小组开始计划执行并提供相应的资源支持。如不同意计划，应及时向工作量审核小组阐述原因，停止项目执行。执行者：研究发展部部门主管。

（7）项目执行与过程监控。项目执行由项目负责人组织实施，执行过程中，研究发展部部门主管有随时检查工作量、实施监控的权力。对于项目执行过程中，工作分配或工作成果严重违背《工时量分配标准》或《工时量核算标准》的工作，项目执行者应及时书面说明原因并填写《特殊工时量认定单》交研究发展部部门主管进行特殊工作量审核和认定。如不认定，违背部分一律不得计入项目工时。

（8）工时量认定与统计。项目完成后，项目负责人应填写《工时量申报表》，并附下列资料报“工作量审核小组”进行审核：直接成果文件。其他各类工作的成果文件。包括原稿、草稿、收集的资料、修改记录、过程记录文件、客户认定书等方面文件，文件内容及格式必须符合《工作量核算标准》的要求。

项目计划书及项目总结报告。

特殊工时量认定单。执行者：项目负责人。

（9）工时量审核与记录。由“工时量审核小组”负责对《工时量申报表》及其相关附件进行审核并附牵相关审核意见后，研究发展部部门主管进行复审。复审完成后，项目工时量记入相关参与人员的工作成果。《工时量申报表》由研究发展部部门主管、项目负责人二人分别保存。

第三节　定编定员方法

一、基本的定编定员方法

（一）定额定员法

定额定员法就是根据工作量和劳动定额来计算员工数量的方法。

所谓劳动定额是指在一定生产技术组织条件下，采用科学合理的方法，对生产单位合格产品或完成一定工作任务的活劳动消耗量（人力消耗）所预先规定的合理限额。此概念可理解如下：

——指国家或企业为职工预先规定的、在一定的生产技术和组织条件下，单位时间内完成合格产品（或任务）数量标准；

——或为完成单位数量的合格产品（或工作任务量）所预先规定的劳动时间消耗标准；

——在一定的生产技术和组织条件下，为生产一件合格产品或完成一定的工作量，企业为职工预先规定的劳动消耗量标准。

1. 劳动定额的影响因素

（1）客观因素：主要指企业当前具备的生产技术、设备、劳动环境等条件，具体包括生产规模、生产协作、原材料、燃料、动力等方面供应的状况，生产作业环境和劳动条件等；机械设备的先进和自动化程度、加工工艺和操作方法、各种技术措施，工艺装备、计量检测试验手段的状况，以及工作地各种运输、照明、信息传递、安全保障等方面的状况；生产过程的组织和劳动组织方面：企业生产经营管理的水平、半成品成品保管、设备维修保养、劳动力合理配置等情况。

（2）主观因素：生产者的文化水平、生产专业知识和技能操作、劳动态度，管理者的专业素质和管理水平、劳动关系等。

2. 劳动定额是合理定员的依据

定额工作是劳动组织工作的基础，现代化工业生产要求有高度的连续性和比例性，要求企业能在时间和空间上严格协调、在环节和能力上互相匹配，均衡生产。这就要求以劳动定额为基础，准确地计算每个工人的工作量，合理规定不同工种工人的数量和比例，使生产协调均衡地进行，避免人浮于事和窝工浪费。

具体计算公式如下：

$$M=\frac{\sum(T\cdot Q)+C+B}{t\cdot p\cdot a}$$

式中，M 为定员数，T 为单位产品工时定额，Q 为产品产量，C 为计划期允许的废品工时上限，B 为零星任务工时。t 为制度工时，指 1 个工人的年制度工作小时，p 为工时利用率，a 为工时定额完成率。

3. 定额定员法的应用条件

定额定员法有较强大的应用条件，要求：

（1）企业有完整的“劳动定额”体系；

（2）有行业定额或定员标准可修正、执行；

（3）有同行业企业可参考修正。

（二）效率定员法

所谓效率定员法，是以企业人均销售额（或营业额、利润等财务指标）等效率指标确定企业整体定员或某一类人员的定员的方法。效率定员是和定额定员相对应的一种定员方法，不同的是定额定员法的基准是人均生产定额，一般为生产量的实物概念，而效率定员的基准则是销售额或营业额等财务概念。

按照效率定员法，以销售额为定员基准，企业总定员的核算公式为：

企业总定员 = 企业销售额/人均销售额

其中，关键是人均销售额标准的确定。一般来说，企业采用效率定员法说明企业希望通过定员向行业先进水平或标杆企业看齐，因此该指标水平的确定一般参照行业或竞争对手数据。行业数据可通过行业数据库、年鉴等信息渠道获取，而竞争对手的数据只能通过调查、行业协会或者相互提供数据取得。

如某企业年营业额为 1.1 亿元，而行业人均营业额为 72 万元，则该企业定员总量应控制在：110000000/720000 = 153（人）。

（三）设备定员法

按设备定员，即按工作地开动设备台数和工人看管定额来确定定员人数。

这种方法适合于看管和操纵设备运转的工人。如石化企业生产运行部内操岗位、供电企业的调度值守岗位等。在确定定员人数时，不论大型设备，还是小型设备，均应考虑是集中操纵还是多台看管。这种定员方法属于按效率定员的一种特殊表现形式。它主要适用于机械操作为主，使用同类型设备，采用多机床看管的工种。设备的开动台数和班次应根据劳动定额和设备利用率来核算单台设备的生产能力，再根据生产任务来计算开动台数和班次。

采用的计算公式如下：

$$M = \sum (n \cdot m \cdot S)/K$$

式中，M 为设备定员人数，n 为同类型设备开动数，m 为单机定员标准，S 为该类型设备平均开动班次，K 为出勤率。

（四）比例定员法

所谓比例定员法是指按照企业职工总数或某一类人员总数的比例来确定岗位人

数的方法。

在同一行业中，由于专业化分工和协作的要求，某一类人员与另一类人员之间总是存在一定的比例关系，并且随着后者的变化而变化。

应用比例定员法的关键是比例关系的确定。因此需要依靠可靠的行业经验数据。该方法一般适合各种辅助和支持性岗位定员。例如，人力资源管理类人员与业务人员之间的比例在服务业一般为1∶100。如果某企业业务人员的总数为500人，则人力资源专业管理人员的数量可定为500/100＝5人。再如，根据统计，电子制造类企业职能管理人员与生产人员的比例关系平均在1∶8～1∶9，而专职品质管理人员与生产人员的比例一般为1∶28～1∶30。也就是说，在电子制造类企业，可按照每8～9名生产人员配置1名职能人员的关系来控制职能人员总量，其中，品质管理人员的数量可按照每28～30名生产人员配置1名品管人员的关系来控制。

需要明确的是：不同的企业在生产规模、工艺设备、技术状况、管理水平和员工素养等方面存在一定的差异，不可能达到完全可比，因此比例定员法只能提供定员参考依据。

（五）岗位定员法

该方法是根据工作岗位的多少、各岗位的工作量大小、工作班次等因素确定定员人数的。它主要适用于看管大型联动设备的人员、自动流水线生产的岗位定员；也适用于有一定岗位，但没有设备、又不能实行劳动定额的人员，如检修工、质检工、电工、水泵和空压机的运行工、警卫人员、茶炉工、清洁工、收发员、门卫等。前者为设备岗位定员，后者为工作岗位定员。在计算时还要考虑生产班次、倒班及替班方法，对于采用连续生产，实行轮休制的单位，还要根据轮班形式考虑轮休人数。

采用的计算公式如下：

$$M = \frac{\sum (n \cdot m \cdot S) \cdot E}{K}$$

式中，M为岗位定员人数，n为同类岗位数，m为岗位定员标准，S为班次，E为轮休系数，K为出勤率。

（六）组织机构定员法

岗位定员法一般适用于非管理岗位。与岗位定员法相对应，适用于管理岗位的定员方法有组织机构定员法。企业在确定组织结构的同时，公司中高层管理者定员已经基本完成。一岗一人的情况实际上是将定岗定员过程合二为一。而一岗多人的情况，则主要考虑职责分工和干部管理的需要。

（七）标杆定员法

该法即参照同行业或竞争对手的定员水平来制定本企业定员的方法。采用标杆定员法的内在逻辑是，与竞争对手相比，企业的定员管理水平决定了企业在市场中的竞争位置。

与比例定员法类似，标杆定员法主要存在的问题是：首先，获取数据的难度很大，一般来说较难获得：行业总体水平资料可在一些专业机构、行业协会或统计机构中获得，而竞争对手资料则较难获得；其次，在管理方式、管理水平、技术条件、员工素质等方面，企业之间常常难以直接对应比较。因此，标杆定员法也只能作为企业定员水平确定的参考依据。

（八）博弈定员法

所谓博弈，是用一定的程序去规范各主体主张利益的过程（对有限资源进行分配）。博弈理论告诉我们，没有规则博弈将演变为权谋。而博弈定员法就是让各部门在总量定员的框架内提出各部门的定员需求，再按照一定的规则确定定员水平的过程。

在博弈确定定员的过程中，以下问题是需要重点关注的，也是博弈规则设计的核心："会哭的孩子有奶吃"，常常企业在制定定员时，越是善于沟通、陈述需求的部门就越容易得到领导的关注，往往能拿到较为宽松的定员；和领导、人力资源部的关系决定了企业定员的分配，而非部门工作的数量；重要的部门获得较多，甚至超出了本身需求的定员，而另一些部门则严重满足不了需求。

基于以上分析，博弈定员的基本要求：重证据，提出要求，同时要提出证据；重程序，申请—说明—讨论—投票；公开透明，在会议上公开说明，公开投票。

具体步骤如下：各部门（在公司总量控制的范围内）提出申请，需要详细阐述本部门定员的数量和具体理由；召开公司高层和各部门负责人参与的会议，各部门负责人在会议上公开申明理由；集体讨论，酝酿各部门建议的合理性；会议相关人员投票，确定各部门定员水平。

（九）专家综合调整法（Delphi）

所谓专家综合调整法（Delphi），就是组织熟悉企业内部定员管理的专家去综合确定企业总体定员和各层各类岗位定员的方法。在岗位确定的基础之上，定员某种意义上是不同类别人员之间的比例关系问题，如不同单位职能人员与生产人员比例、生产人员内部不同专业人员之间的比例等。

在制定定员的过程中，总量控制与分层分类定员之和存在误差是常态，通常后者大于前者。主要原因在于：部门缺乏自我约束机制，就没有降低人工成本、提高生产效率的压力，因此人员膨胀是必然的。因此，需要组织专家采用德尔菲法对总量控制和分层分类定员总数、不同类别不同专业人员比例关系进行综合考虑，协调确定定员。

定员的最后确定应在总量上对出勤率适当考虑，保证定员的一定宽裕度，可参考企业历年出勤率统计资料。

（十）预算控制法

预算控制法是西方企业流行的定编方法，它通过人工成本预算控制在岗人数，而不是对某一部门内某一岗位的具体人数做硬性的规定。部门负责人对本部门的业务目标和岗位设置与员工人数负责，在获得批准的预算范围内，自行决定各岗位的具体人数。预算控制正是通过建立各部门的自我约束机制从而达到控制定员、规范人工成本增长的目的。图 3－2 给出了这一意图的示意。

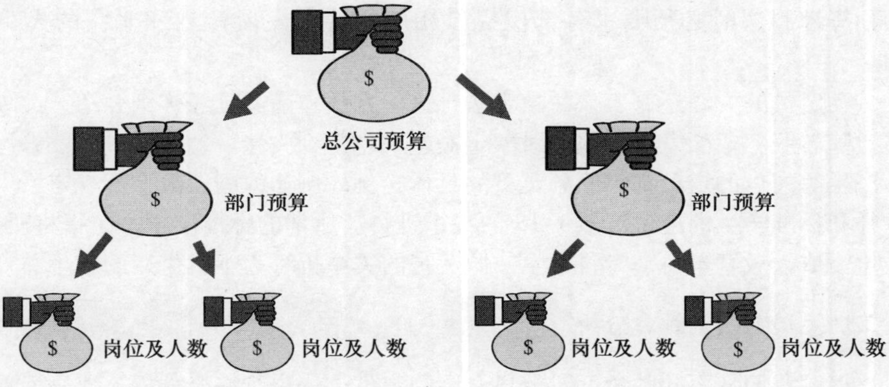

图 3－2　预算控制定员法示意

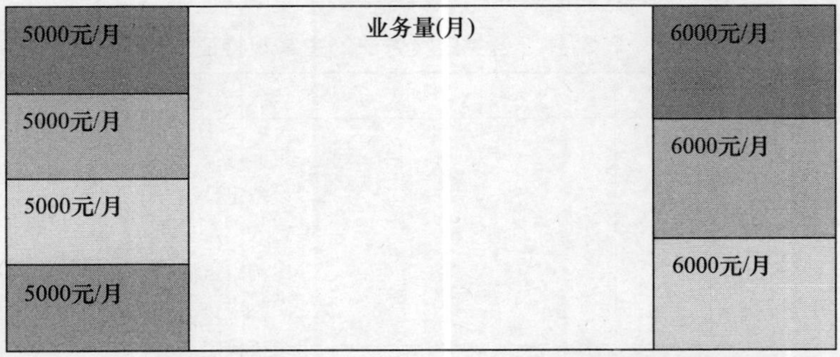

图 3－3　预算控制法示意

预算控制法执行的基本程序是：人力资源部门确定各部门工资总额、部门工资总额年增长比例；

每年年末各部门上报下年度人员预算和工资总额增长预算；人力资源部会同财务部门在范围内审批。

预测控制法的基本逻辑：如果人员增长超过公司限定的工资总额，则部门人员平均工资降低。类似于国有企业的工资总额控制（增人不增资、减员不减资），从而使企业有动力控制人员增长。

预测控制法实际上是管理比较规范的企业经营计划和预算的一部分。企业在总体上确定下一年度的经营财务目标以后，财务、市场营销、生产部门依次要制定最终的财务目标、市场销售目标和生产计划目标。在此基础上，各部门可制订各自的业务计划和对应的人力资源计划。而人工成本预算是预算控制法的基础，因此，在采用预算控制法时必须要求各部门提供相应的业务发展计划和对应的人力需求计划。

劳动定员的方法还有工作量核定法，这一方法在前文已经详细介绍，此处不再赘述。随着服务业的发展，服务对象定额越来越受到关注。幼儿园教师、餐厅服务员、医生等岗位的定员都是服务定员的具体实例。例如，国家教育部规定，大学专职教师和标准学生的配备按照 1∶18 的关系进行。所谓的标准学生，是指将研究生、博士生、成人教育本科、专科学生按照一定的关系折算为本科生后的学生总规模。

二、定员方法的综合分析

这里，我们从不同的角度对上述介绍的定员方法进行综合分析，以全面地认识各种定员方法的适用性和应用条件。

首先，从方法的主客观性来分析，各类定员分类方法见表 3－8。

表 3－8　各类定员方法的主客观特征

主客观特征	定员方法
客观类方法	定额定员法 设备定员法 劳动效率定员法 比例定员法 岗位定员法 组织机构定员法 服务定员法 预算控制法 工作量核定法
主观类方法	博弈定员法 专家调整法
主客观综合法	比例定员法 标杆定员法

其次，各类定员方法在应用时都要求提供一定的数据信息，而且都要求企业具有一定的定员基础管理水平。例如，定额定员法要求企业具有系统规范的劳动定额管理基础，但是实际应用时并不需要提供大量的信息，只需要根据经营计划提供的生产经营任务数据和出勤率即可计算定员，因此，数据输入要求不高。从各类定员方法应用所需要具备的数据输入和要求企业的定员基础管理水平来看，分类如表3－9所示。

表3－9　各类定员方法的数据输入与管理基础要求分析

<table>
<tr><td rowspan="3">要求具备的管理基础</td><td>规范性高</td><td>数据要求高，管理规范性高
岗位定员法
机构定员法</td><td>数据要求低，管理规范性高
定额定员法
设备定员法
劳动效率定员法
服务对象定员法
比例定员法</td></tr>
<tr><td>规范性低</td><td>数据要求高，管理规范性低
预算控制法
工作量核定法</td><td>数据要求低，管理规范性低
专家调整法
博弈定员法</td></tr>
<tr><td></td><td>高</td><td>低</td></tr>
<tr><td colspan="4">需要的数据输入多少</td></tr>
</table>

从各种方法实施的难度看，需要信息量大的方法，往往需要大量的工作，实施难度大；越是需要复杂的程序设计才能得当应用的方法，实施难度越大。但是，越是提供了翔实客观数据的方法，且越是采用事实数据说话的方法，越容易为大家所认可和接受，实施效果越好。

表3－10　各类定员方法的实施难度和员工认可程度分析

<table>
<tr><td rowspan="3">实施难度</td><td>高</td><td>实施难度高，员工认可程度高
定额定员法
设备定员法
工作量核定法</td><td>实施难度高，员工认可程度低
预算控制法
比例定员法
博弈定员法</td></tr>
<tr><td>低</td><td>实施难度低，员工认可程度高
劳动效率定员法
服务对象定员法
岗位定员法
机构定员法</td><td>实施难度低，员工认可程度低
专家调整法</td></tr>
<tr><td></td><td>高</td><td>低</td></tr>
<tr><td colspan="4">员工认可程度</td></tr>
</table>

三、各类岗位的定员方法

表 3－11 各类岗位的定员方法

岗位分类	定员考虑因素	定员方法
业务（生产）岗位	技术因素：技术水平、设备类型和数量 劳动组织因素：生产定额、劳动生产率、工作班制、出勤率等 生产经营因素：生产任务、销售额等	定额定员法 设备定员法 劳动效率定员法
职能岗位	管理因素：管理模式、管理职能、部门设置、岗位设置、人员比例 劳动组织因素：工作量、分工专业化程度、工作精细要求	比例定员法与岗位定员法结合 工作量核定法与岗位定员法结合 标杆定员法 博弈定员法
辅助支持岗位	劳动组织因素：服务对象、工作班制、出勤率 管理因素：管理模式	岗位定员法 设备定员法 服务定员法等
行政管理岗位	管理因素：组织机构、管理幅度、岗位设置、管理分工等	组织机构定员法 岗位定员法
整体岗位定员	以上全体因素	多种方法的综合

第四节 整体定员方案设计与运作

一、企业整体定员方案设计须考虑的主要问题

（一）考虑当前，还是长远规划

企业定员管理的实质是对劳动效率进行管理。因此定员管理必须立足长远规划，系统考虑以满足企业发展的要求。例如，某集团贸易业务人员的定员采用标杆定员法。当年企业实际的人均经营利润为 44 万元，而国际先进水平为 80 万元；公司职能人员与业务人员之比约为 1∶1.94，而市场参照数据约为 1∶4.85；业务人员中管理人员与非管理人员比例为 1∶4.2，而市场参照比例为 1∶7。从以上数据对比不难看出，该集团贸易人员的人均贡献处于行业下游水平，人员比例严重不合理，职能人员与管理人员比例偏高也是造成人均贡献偏低的原因。那么采用标杆定员法，企业如何合理确定人均经营利润、职能人员与业务人员比例、业务人员中管理人员与非管理人员的比例呢？如果仅考虑企业目前的现实情况，显然企业的竞争地

位不可能有所提高；但如果试图一步到位又是不可能实现的目标。为此，企业设定了长远发展目标、逐步过渡。首先，在人均经营利润目标上，企业希望三年后达到目前水平和国际先进水平的一半，即62万元的目标，此后每年的定员以此设定人均利润增长率目标为基准确定；而三年后的职能人员与业务人员的比例、业务人员中管理人员与非管理人员的比例也将分别达到1∶3.4和1∶5.6。

（二）自下而上，还是自上而下

定员方案设计实际操作时无外乎两种思路，一种是自下而上地逐级汇总，另一种是自上而下地逐级分解。

例如，企业按照自下而上的方式分类确定定员标准，之后汇总出总体定员的程序可按以下步骤进行：

（1）用效率定员的方法确定生产人员和业务人员的数量；

（2）用比例定员的方法确定生产辅助人员的数量；

（3）用职责分工或比例定员的方法确定管理人员的数量；

（4）对人员总量进行适当调整；

（5）分别将生产辅助人员与管理人员定员人数分配到各部门。

而按自上而下的方式制定定员则首先确定总体定员标准，然后再分类定员。可按照下述两种方法进行：

自上而下定员方法一：

（1）用全员劳动生产率或类似的指标确定企业定员控制数；

（2）各单位、各部门分别确定各自需要的人数并上报；

（3）根据定员控制数和上报的人员数量下达各单位、部门的定员数量；

（4）各单位、部门制定定员初步方案；

（5）对各单位、部门的初步定员方案进行平衡、调整。

自上而下定员方法二：

（1）用全员劳动生产率或相当的指标确定企业定员控制范围；

（2）各单位、部门分别制定定员初步方案；

（3）专家小组根据定员控制数和定员初步方案用德尔菲法进行平衡调整，确定各单位、部门合理定员数；

（4）各单位、部门对各自的定员初步方案进行调整。

根据经验来看，自下而上方式往往由于缺乏总体规模限制而虚夸定员，最终仍要由公司高层强力压缩定员。因此，自上而下方式从一开始就确定企业总体规模，并逐次分解，强调企业总规模和部门总规模对岗位定员的总体限制，这样能使各部门自觉按照合理水平确定定员。

同时，任何企业都存在人员总体规模限制的问题，其极限是企业盈亏平衡点所决定的人工成本占企业总销售额的比重。

（三）一家主导，还是多方参与

企业制定定员方案时，有一个认识和操作上的误区，即定员是人力资源部门的事情，不需要也不应由其他部门参与。事实上，这一认识和操作的危害是多重的。首先，打击了其他部门参与定员方案设计的积极性。前面提出，定员管理应坚持专业管理原则，走专家路线。各部门员工都是最熟悉本部门工作的内部专家，各类人员定员方案设计理应吸收他们的经验和专业知识。企业在制定定员方案时不愿意让其他部门介入还有一个顾虑，就是担心这些部门会站在各自立场为本部门争取更多的定员指标，从而使方案制定工作陷入过多的争执而难以推进。这一担心实际上可以通过知识观念培训、程序设计和制度约束得以解决。另外，实际的情况是，部门在方案制定阶段没有充分参与，在方案决策和实施阶段可能会造成更大的阻力。

（四）追求“科学”，还是符合实际

有些企业在设计定员方案时走入了另一个误区，那就是追求“量化、科学”。希望设计的定员方案能用数据说话的就用数据说话，没有数据的要有标杆企业对比。殊不知，定员水平的确定，与企业的发展阶段、管理水平和人员素质高度相关，因此定员绝不仅仅是一个“数量”问题，同时还有“质量”问题，而现实人员的素质一定会影响到定员数量的问题。另外，各种因素的差异也会使对标只具有参考意义。

二、整体定员方案设计的思路分析

经过前面各节的分析，整体定员方案设计思路可总结为下述观点：

以效益为基准，实施总量控制；

多种方法结合，分层分类定员；

主客观相结合，专家综合调整；

坚持程序设计，多方共同参与。

这里强调两点问题，首先，进行总量控制很重要：为后续讨论做出总体性限定；否则，自然加总后的结果必然大大超过实际水平。其次，各类人员定员确定的顺序很重要：业务人员定员数字最客观、最容易确定；职能人员按照一定比例确定；管理人员则按照组织结构确定。

三、定员的基本工作程序

笔者认为，定员是公开透明的博弈程序和科学合理的研究方法的结合。本书提出企业定员方案设计的整体工作程序如下：

（1）成立定员方案设计工作机构。企业的定员方案工作机构可考虑三个层面，最高层面的是定员管理决策委员会，由公司领导、主要部门负责人和适当的外部专

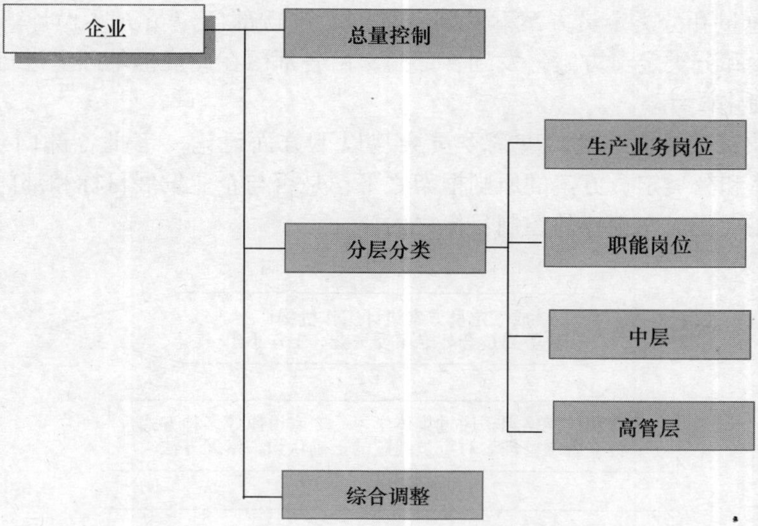

图 3-4　整体定员设计的思路分析

家组成，负责定员方案设计的总体协调、关键问题决策和最终方案审批；专家委员会由各专业骨干、外部专家组成，主要负责定员方案设计过程中关键技术问题的咨询和决策支持；工作小组可按不同专业和岗位分类设置多个小组，负责本专业或岗位定员方案的具体设计工作，由人力源部牵头总体协调。

（2）观念和技能培训。通过多次的外部培训和集体学习，对各层管理者、定员工作小组成员进行系统的定编定员观念、知识和技能培训，使其树立正确的定员观念，掌握定员制定的技术和技能。

（3）基础信息调研、收集和整理。人力资源部协调专家委员会和各工作小组，系统收集、整理企业内部相关信息，包括：企业近年来的人员总量、人员结构、组织机构、部门和岗位设置、部门职责、岗位说明书、劳动定额、全员劳动生产率、生产经营指标、设备总量、发展战略和规划等。通过各种外部调研的方式收集行业和标杆企业的相关数据。

（4）定员总量水平和比例关系确定。通过定额定员、比例定员、效率定员、标杆定员等多种定员方法，在前述信息的基础上，结合企业发展规划和管理目标，由专家委员会提出企业定员总量水平和主要比例关系，报决策委员会讨论通过。

各类定员方案设计：在人力资源部门的协调下，由各定员专业小组依次提出生产业务类岗位、职能岗位、辅助岗位和管理岗位的定员方案。

（5）专家委员会讨论各专业定员方案。举行专家委员会会议，由各小组分别汇报各类岗位的专业定员方案，专家委员会酝酿讨论，提出修改意见。

（6）总量和分类定员方案下发到各部门，进行部门定员方案设计。确定的总体定员方案和分类定员方案下发到各部门，由各部门在此规范基础上进行本部门定员方案的细化设计。

（7）决策委员会审批。决策委员会从以下方面讨论、审批各部门定员方案：是否在总体和分类定员方案的原则框架之下；是否与企业发展目标和部门职能相一致？是否在人工成本预算的控制目标之内？

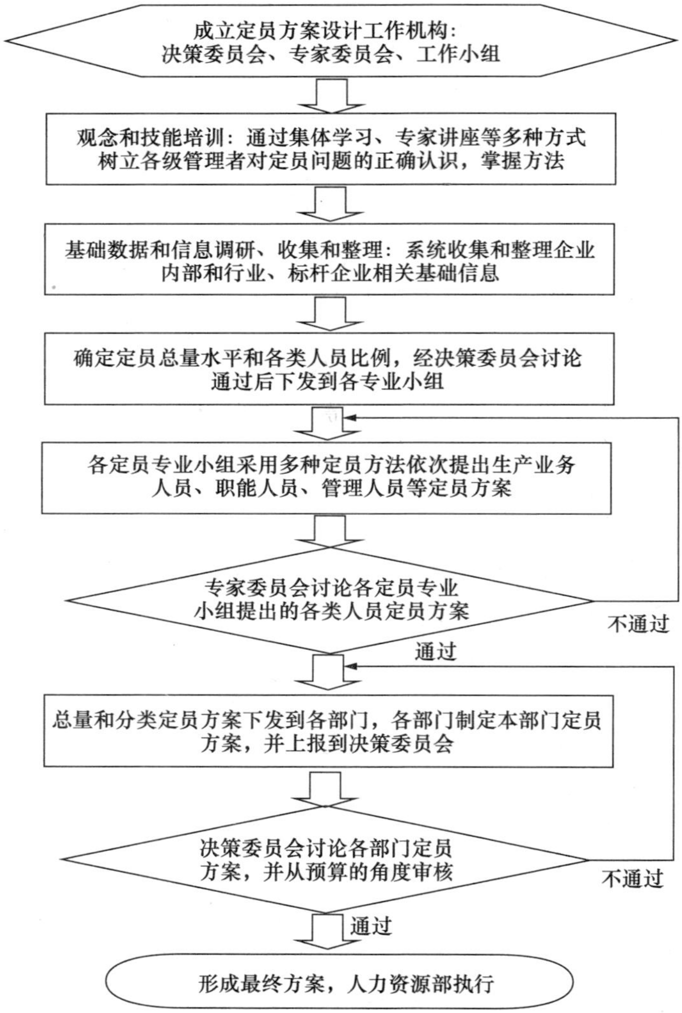

图 3－5　企业定员方案的程序设计

（8）人力资源部实施。人力资源部形成最终的企业总体、分专业、分部门的定员方案，并组织实施。

本设计程序具有以下特点：①系统设计，管理意图明确；②多方参与，主体责任明确；③着眼于发展，强化管理基础；④方法综合，强化操作实务；⑤面向应用，设计实施结合。

第五节　定编定员案例

本节介绍两个企业定编定员的实际案例。

案例一介绍了中国航油公司航空加油站生产岗位的定员思路和具体办法。其中，最值得注意的是飞机加油员岗位工作的标准化思路和方法。在该案例中，以加油架次和加油量为核心将不同的作业量核算为标准作业时间，而加油员的定员确定则是以加油机场高峰月作业量和人均定额工作量为基准，综合考虑加油方式、航班、班组、员工年龄等方式确定，属于典型的定额定员法。设备维修员采用典型的设备定员法。调度员和综合保障员采用比例定员法，比例基准为服务航班数。班组长和主人采用比例定员法，比例基准为每班员工数。该案例介绍的方法对于生产人员定员具有一定的通用性。

案例二介绍了某贸易公司整体定员方案设计的思路和方法。该方案设计以业务人员定员的确定为基准进行。一般业务人员定员采用了效率定员法，以人均利润指标为效率基准，参照行业标杆水平确定人均利润的增长率，根据企业战略规划目标确定业务人员的定员水平。业务管理人员定员采用比例法确定，对照行业水平确定一般业务人员与管理人员的比例。职能人员定员亦采用比例法，对照行业水平确定职能人员与业务人员的比例。最后采用预算控制法进行定员水平复核。该案例综合采用了效率定员法、比例定员法、标杆定员法和预算控制法，对于竞争环境下的服务贸易类企业具有一定的借鉴意义。

一、中国航油生产岗位定员①

（一）背景

中国航油是一个集航油采购、运输、存储、加注服务于一体，兼有石油、仓储、物流企业特性的民航保障企业，与国外航油供应体系有较大的不同。首先，中国航油从国内、外石油公司购买航油，自身要承担价格风险，而国外航空公司与石油公司直接签订买卖合同，由航空公司承担价格风险；对于买入的航油，通过铁

① 邢志强．中国航空油料有限责任公司生产岗位定额定员研究［D］．北京：对外经济贸易大学硕士学位论文，2007.

路、水路、公路或管道运输的方式运送到在机场附近的油库，这个过程由中国航油自己组织运输方式；航油进入油库后，进行沉降、过滤，检测油品质量，确保输入机坪管网或加油车的油料符合飞行标准，中国航油对油品质量负全责；最后通过加油车加入飞机。

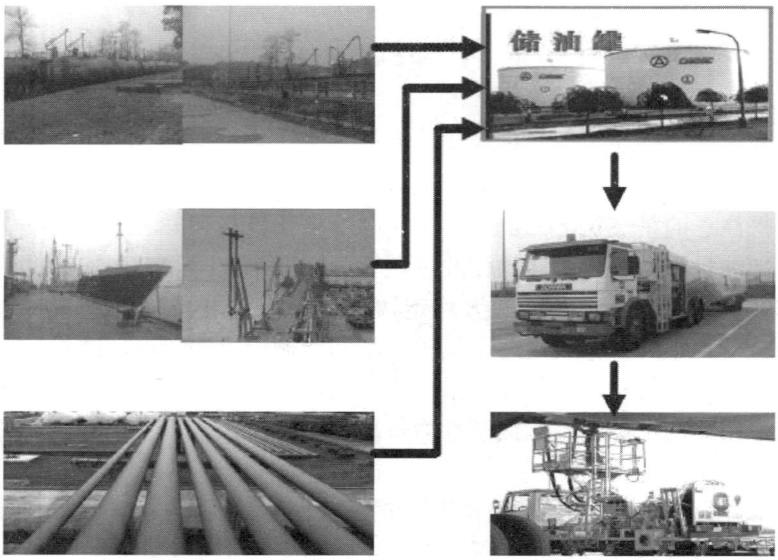

图 3－6 中国航油公司生产流程示意

中国航油目前是一级法人、四级管理的模式。中国航空油料有限责任公司是法人单位，总部设在北京，设有财务、人力资源、企划发展、市场营销、安全技术、基建工程管理等职能部门；在华北、华东、华南、西南、西北、东北、新疆等地区下设 11 个地区公司及控股公司，地区公司下设各省分公司，省分公司在支线机场下设供应站；各级公司设有自己的机关职能部门和加油站、油库等生产部门。

从表 3－12 中可以看出，各单位的劳动生产率差别很大，华北公司的人均加油量是烟台公司的 6.2 倍，人均加油架次是新疆公司的 2.8 倍。即使是劳动生产率较高的单位，也存在大量冗员，我们可以从下面两张表的对比中看出问题：华北公司因为保障首都机场加油任务，且首都机场国际长航线飞机较多，加油量占据得天独厚的优势，单场 2006 年的加油量达到 224 万吨，从表中可以看出其全员人均加油量遥遥领先，但从两表对比可以看出，华北公司的全员人均加油架次为 269 架，与西南公司的 266 架大体相当，但飞机加油员的人均加油架次为 1072 架，仅为西南公司 1449 架的 74%，也就是说，华北公司飞机加油员以外的岗位对加油的直接贡献率大大低于西南公司，存在大量冗员。另外，像新疆、太原、烟台等单位的全员劳动生产率和飞机加油员的劳动生产率均远远低于劳动生产率较高的单位，这说明其劳动组织工作存在问题，与加油无关人员过多。

表 3-12　2006 年各单位人均加油量、加油架次

单位	从业人员（人）	年加油量（吨）	年加油架次（架）	人均加油量（吨）	人均加油架次（架）
华北公司	882	2407628	236914	2729	269
华东公司	1174	1568694	321669	1336	275
中南公司（合资）	693	1423371	261880	2054	378
西南公司	551	689353	146363	1251	266
西北公司	467	305048	77895	653	167
东北公司	543	412316	85137	759	157
新疆公司	244	192997	32580	791	134
太原公司	105	66896	18460	637	176
云南公司	193	324164	73816	1680	382
南京公司（合资）	162	192400	31904	1188	197
烟台公司（合资）	57	25405	8310	446	146

表 3-13　2006 年各单位加油员人均加油量、加油架次

单位	飞机加油员（人）	年加油量（吨）	年加油架次（架）	加油员人均加油量（吨）	加油员人均加油架次（架）
华北公司	221	2407628	236914	10894	1072
华东公司	284	1568694	321669	5523	1132
中南公司（合资）	192	1423371	261880	7413	1363
西南公司	101	689353	146363	6825	1449
西北公司	106	305048	77895	2877	734
东北公司	113	412316	85137	3649	753
新疆公司	72	192997	32580	2680	452
太原公司	39	66896	18460	1715	473
云南公司	65	324164	73816	4987	1135
南京公司（合资）	30	192400	31904	6431	1063
烟台公司（合资）	10	25405	8310	2541	831

（二）主要生产岗位、特点及问题

中国航油的主要生产岗位是在机坪作业的飞机加油员。飞机加油员的岗位特点是生产作业环境差、劳动强度较高。以北方为例，夏天机坪的作业温度高达60℃以上，冬季最低达到-25℃以下，加油地井盖的重量达15公斤，每次加油作业要重复移开和复原地井盖；对一些机型（如Airbus319、320型）加油还要爬升至5米高的梯子上，进行带油加油胶管的接卸作业，劳动强度比较高，需要在机坪连续作业，对体能的要求大。公司成立初期进入公司的员工到今天平均已经45岁左右，随着年龄的增长，长时间在机坪独立完成飞机加油作业的难度越来越大。飞机加油岗位人员的需求是随着飞机加油架次和加油量的增长而增加的，虽然中国航油各岗位普遍存在人员过剩的情况，但由于飞机加油岗位作业人员体能要求比较高，能够从内部调剂到飞机加油岗位的人员数量不足，大量冗员囤积在油库。超前配置的人员，在他们年富力强的时候，工作量的增长没有达到预期水平，当作业量攀升后，他们的体能和精力已过了鼎盛期，难以适应岗位工作连续作业的需要。

（三）定员研究方法和对象

所谓标准，是用于比较的一种大家均可接受的基础或尺度。工作标准（work standards）是指一个训练有素的人员完成一定工作需要的时间，他完成这样的工作应该用预先设定好的方法，用其正常的努力程度和正常的技能（非超长发挥），也称为时间标准。这种标准的建立必须观察一定的时间、做一定数量的工作，并且需要观察若干个人，然后利用统计学方法得出标准时间。对工作标准的研究主要有标准要素法、PTS法、样本法等方法。根据中国航油生产岗位的工作特点，该案例将综合运用上述方法对所涉及的航空加油站的生产岗位定员标准进行研究。

（四）航空加油站生产岗位定员标准研究

1. 航空加油站工作分析

（1）航空加油站的主要职责：负责安全、及时地将油库化验合格的油品通过加油车加入飞机。

（2）航空加油站的主要工作内容及分析，如表3-14所示。

（3）航空加油站生产岗位设置：飞机加油、统计、调度、设备维修、后勤保障、班组管理。

2. 作业量概念的提出

反映航空加油站工作量的主要指标是加油架次和加油量，加油架次增加必然会增加飞机加油员的作业次数，而加油量的增加必然会增加飞机加油员的作业时间。同时，这两个指标之间有一定的内在联系，即加油架次增长，一般来说加油量也会增加。以上分析仅适用于同一机场不同时间段内的纵向比较，对于不同机场之间由于机场的定位和功能不同、航线距离不同、单架次飞机的加油量不同等因素，很难区分工作量的大小。有的机场加油架次较多，但加油量少；有的机场架次不多，但

表 3－14　航空加油站的主要工作内容

主要工作内容	实现途径	相关工作	相关说明
飞机加油作业	管线加油车：作业时一端接头与机坪管网的加油地井连接，一端接头与飞机的加油接口连接，航油通过油库油泵的压力经机坪管网加入飞机	调度：在繁忙的机场，加油车的有效调度对于保障航班正点尤其重要	中国航油飞机加油作业规范要求：管线加油车实行一人作业，即一人负责油车驾驶及飞机加油全过程工作；对于罐式加油车，原则上也为一人作业，但由于罐式加油车体积较大，车身长，转弯半径大，在繁忙机场或机坪繁忙时间段，可以由两人共同完成作业
	罐式加油车：自身带有航油储罐和油泵，主要用于没有机坪管网的机场作业及对停放在没有加油地井接口的停机位的飞机作业	车辆维修：加油车及地井等设备设施的正常使用，保障作业安全和及时供油	
油品计量	通过加油车车载流量计完成	计量统计：将加油单相关数据录入 ERP 系统，要求及时、准确	

加油量却特别大。例如，2006 年，浦东机场加油架次 10.9 万架次、加油量 216 万吨；广州机场加油架次 11.7 万架次、加油量 84.3 万吨。单独比较加油架次，广州机场比浦东机场高 7.4%，但加油量浦东机场却是广州机场的 2.5 倍，两者之间工作量的差距是多少很难衡量。提出作业量的概念，目的是建立一个可以衡量不同机场工作量的指标，并以此为依据，核定航空加油站生产岗位定员。

作业量是参照飞机加油架次和加油量因素，综合考虑作业时间和劳动强度而得出的反映加油员工作量的指标。单位：量。

飞机加油操作主要由两个作业单元组成，一个单元我们称作“接卸单元”，另一个单元称作“加油单元”。

“接卸单元”由加油前及加油后共 14 个步骤组成：

（1）驾车进入加油区域；

（2）停稳车辆放置轮档；

（3）进行测水试验（如机组提出要求）；

（4）连接倒静电线；

（5）移开机坪地井盖，连接油车地井接头与机坪地井接头（管线加油车）；

（6）在适当位置放置梯子或升降油车加油平台至适当位置；

（7）连接加油车加油接头与飞机加油接头；

至此加油前的准备工作完成，在与机组确认加油量后开始加油作业，进入

“加油单元”。

“加油单元”的主要动作就是手握“戴德曼”并监控车载仪表压力及观察油车工作状态，直至航油加注满足机组需求量。“加油单元”结束后，进入加油后收尾阶段，即“接卸单元”的后7个动作：

（8）与机组确认流量表读数、填写加油单交于机组后流量表归零；

（9）拆除加油车加油接头与飞机加油接头的连接并归原位；

（10）收起加油梯子或车载升降台复位；

（11）拆除加油车地井接头与地井的连接并归原位、盖地井盖（管线加油车）；

（12）拆除与飞机连接的倒静电线并归原位；

（13）绕车巡视一周检查所有连接是否复位；

（14）移开轮档，驾车驶离。

“接卸单元”的主要特点是：与“加油单元”比较，环节多、需要一定体力，无论在哪个机场作业均需要同样的动作，需要的时间也基本相同。

“加油单元”的主要特点是：动作单一，以站立姿势为主，不同机场因设备不同、机型种类不同、飞机航线不同造成每次作业的时间不同，同样完成一次加油作业，A任务：北京飞往呼和浩特的波音737飞机需要加油3000升，“加油单元”作业时间约为6分钟，连同“接卸单元”总共作业时间约为12分钟；B任务：北京飞往洛杉矶的波音747航班需要加油16万升，“加油单元”作业时间约为75分钟，连同“接卸单元”作业时间总共作业时间约为81分钟。单从作业时间上分析，B任务的工作时间是A任务的6.25倍，那么认为B任务的工作量是A任务的6.25倍是否合理呢？

项目工作组一同对北京、上海、广州、杭州、成都、昆明、大连、青岛、济南、福州、乌鲁木齐、合肥、宁波、南宁、张家界、呼和浩特、延吉等20余个不同类型的机场进行了调研，通过跟班写实、观察、访谈等方式记录了大量的基础数据，通过分析整理得出以下参考因素：

1）通过培训考核取得操作资格的加油员完成“接卸单元”工作的时间基本相同。因使用管线加油车和罐式加油车的不同、操作熟练程度的不同、机坪加油区域附近其他作业车辆秩序存在差异等因素，“接卸单元”的作业时间从4分20秒至7分5秒不等，计算平均时间确定“接卸单元”标准作业时间为6分钟，并得到绝大多数加油员的认可。

2）所有加油员都认为同等时间“加油单元”操作所付出的体力和精力与“接卸单元”所付出的体力和精力不同；通过访谈和问卷调查等方式，从劳动强度的角度来说，确定2倍的“加油单元”工作时间的劳动付出等同于1个“接卸单元”的工作付出；即每12分钟的“加油单元”作业相当于6分钟（1次）“接卸单元”作业。

3）影响“加油单元”时间的因素主要有两个，加油量的多少和加油时的流速。其中流速受到管网压力、所加飞机的机型和加油量多少的影响。管网压力大，流速高；大型飞机（如波音747、767、777，空客340等），往往设计的加油流速高；同时，航空公司考虑运营经济因素，这些大型飞机往往执行远程飞行任务，加油量较大，在加油过程中能够保持长时间高流速下加油。通过对样本机场调研的数据分析，机场加油的平均流速与该机场单架飞机的平均加油量有一定的对应关系，即不同机场单架飞机平均加油量相同，其平均加油的流速大致相同。在对样本机场流速相关数据分析的基础上，工作组又收集了其他近30个机场的相关数据进行分析和验证，得出了单架飞机平均加油量与机场平均加油流速的对应关系。

4）作业量概念的提出。作业量计算方法就是以加油架次和加油量为依据，以作业时间为魂，基本方法是：对于加油架次，因完成一架飞机的加油操作其“接卸时间”相同，则确认每加一架飞机其作业量确定为1量，一个“接卸时间”为6分钟；对于加油量，确定“加油时间”每12分钟相当于一个“接卸时间”的作业量，按单架飞机平均加油量确定出的不同流速，折算出加油量对作业量的贡献值。将加油架次折算出的作业量值与加油架次折算出的作业量值加总后，确定总体的作业量。即：

作业量：$S = X + Y/B$

式中，X是加油架次，Y是加油量，B是该机场每12分钟各种机型平均流速的加油量，Y/B相当于把加油量折算出的加油架次。

表3－15　全国各机场平均单架次飞机加油量对应B值　　单位：吨

单架次加油量	<2	2～3	3～3.5	3.5～4	4～4.5	4.5～5	5～5.5	5.5～6	6～6.5	6.5～7
B值	4.992	5.568	5.952	6.336	6.72	7.104	7.488	7.872	8.256	8.64
单架次加油量	7～7.5	7.5～8	8～9	9～10	10～11	11～12	12～13	13～14	14～15	15～16
B值	9.024	9.408	9.792	10.368	11.136	11.904	12.672	13.44	14.016	14.592
单架次加油量	16～17	17～18	18～19	19～20	20～21	21～22	22～23	23～24	24～25	25～26
B值	15.168	15.744	16.32	16.896	17.472	18.048	18.624	19.2	19.392	19.584
单架次加油量	26～27	27～28	28～29	29～30	30～31	31～32	32～33	33～34	34～35	35～36
B值	19.776	19.968	20.16	20.352	20.544	20.736	20.928	21.12	21.312	21.504
单架次加油量	36～37	37～38	38～39	39～40						
B值	21.696	21.888	22.08	22.272						

3. 飞机加油员定员

（1）飞机加油员定员考虑因素。

可量化分析因素：

第一，加油架次。

第二，加油量。加油架次和加油量是反映作业量的主要指标。

第三，加油方式。管线加油车、罐式加油车及使用比例；除深圳、广州机场的管线加油车使用比例很高外，其他机场因历史、建设规模等多方面原因，罐车加油作业频率占一定比例，有的比例还是比较高的。罐式加油车具有需要罐油、车辆长、转弯半径大、作业相对难度大、在繁忙机场需要引导等特点，所以对罐式加油车使用频率需量化分析。

第四，国际航班（长航线）情况：加油架次、加油量及所占比例。国际航线加油量从几万升到十几万升不等，加油时间相差较大，对加油员需求影响较大。

第五，专机加油架次。专机加油程序有相关文件规定，作业时间，尤其是等待时间比普通航班长，应量化考虑作业量。

第六，抽油架次。基地航空公司的所在机场有抽油情况存在，抽油作业是靠飞机自身配置的油泵工作，作业速度与正常加油速度有较大差异，应量化考虑作业量。

第七，人员年龄结构。考虑到飞机加油作业条件对员工体力和精力的需求，同时考虑中国航油的实际情况，对 40 岁以上年龄的飞机加油员给予系数补偿。

第八，夜航情况。考虑加油员生理因素，对 0：00 ~6：00 执行的飞机加油任务进行量化补偿。

定性指导因素：

第一，“一人制”加油还是“两人制”加油。根据中国航油飞机加油作业规范，飞机加油作业由一人完成；但对于繁忙的机场，因罐式加油车体积大、车辆长、转弯半径大等特点，对于一人单独作业有安全隐患的，经公司批准，罐式加油车可以实行二人加油。

第二，排班方式。目前国内航空加油站大致有三种排班模式。模式一：每月上班 20 ~22 次，每次不超过 8 小时，根据航班情况弹性排班。这种模式实际是参照标准工时制度方式排班，在保持生产高效的同时，保证员工的正常休息和生活。模式二：“上一休一”模式，每月上班 15 次，基本采取工作一天、休息一天的方式排班，每次上班时间 11 小时左右，根据航班情况安排人员。模式三：“上 24 小时休 48 小时”模式。此种排班模式是机场相关保障单位普遍采用的一种方式。对于航班少的机场飞机密度较小，员工等待时间较多；对于航班密度大的机场影响较大，员工连续作业时间长，存在安全隐患。通过分析，每天加油达到 80 架次以上的机场，按模式一或模式二组织排班是经济的、必要的、可行的，飞机加油员定员标准推荐采用模式一或模式二进行排班。

第三，上班交通方式。有些机场距市区几十公里，机场不具备生活条件，交通问题是排班需考虑的因素之一。

第四，加油带班队长作业量的核定。带班队长、主任必须参加生产作业，但不同机场管理幅度、繁忙程度等因素不同，因此代班队长需要确定不同的作业量。

第五，加油站与油库地理位置、距离、管理幅度等总体情况，考虑是否可与油库合一工作。管理流程优化工作应该持续的过程，条件允许的情况下，单位应该不断进行优化。

其他考虑因素：

第一，年休假时间。除高峰月外，有计划安排职工休年假。

第二，加油站地理位置，距机坪作业距离。有的机场航空加油站距机坪近，甚至在机坪里边，加油作业非常方便、快捷；有的航空加油站距机坪较远，加油车行驶距离长，给加油工作带来很大的难度。

第三，加油设备情况。进口加油车、国产加油车的故障率、加油流速等因素影响加油作业。

第四，学习、培训时间。保证飞机加油员每月有一天的学习培训时间。

第五，加油站组织结构。考虑加油员及其他人员的工作协调情况。

（2）飞机加油员定员核定办法。

第一，机场加油作业任务分布特点。一个机场的年航班总量由城市的功能定位、规模、经济发展水平与发展速度等因素决定；一个年度内机场的航班量分布主要受季节和气候的影响。民航总局每年发布两次航班时刻表，分为夏秋季（3 月 27 日至 10 月 30 日）和冬春季（10 月 31 日至次年 3 月 26 日）。通过对两季时刻表及对各机场供油单位的加油数据分析可以明显看出，各机场的航班普遍受季节影响较大。各机场的高峰加油月份集中在 7 月至 9 月，11 月至次年 2 月的加油量一般较低。对于北京、上海、广州等大型机场，两季差别在 14% ~20%；对于大连、杭州等中型机场差别在 25% 左右；对于小型机场差别较大，有的机场在冬季甚至停航。

第二，加油员定额标准数据量的选取。根据飞机加油作业的特点，确定选取一个机场高峰月的加油架次和加油量为参考数据，作为对飞机加油员定额定员标准制定的依据。主要理由是：如果以全年平均月加油架次和加油量作为依据，则除少数大型机场以外，平均值与高峰值差别较大，按平均值为依据定员，会对高峰期作业带来较大压力；如果以高峰日架次和加油量作为依据，则对于人员配置将造成较大的浪费。因此选取高峰月（以 30 天计算）数据作为依据较为合理。对于高峰日，通过加班或应急方案来解决；对于航班量较低的月份，可以安排员工轮流休年休假和组织业务学习和交流。

第三，飞机加油岗位采用综合计算工时工作制，根据《劳动法》规定，每月工作时间不超过 167.33 小时。对于高峰月日加油架次达到 80 架以上的机场，员工每月上班不少于 15 天，对于日加油不足 80 架次的机场，可根据实际情况安排班制。通过对作业时间的分析和对加油员的问卷调查结果分析，确认加油员一个班次完成 13 ~ 15 架国内航班的加油任务是适合的。对于国际航班，其超过国内航班加油量的部分已在作业量的计算中得以体现。

第四，不同类型机场飞机加油员月标准工作量表。表的横轴是把平均单架次加油量分为 10 档，根据各机场加油实际情况，绝大多数机场单架次加油量在 2 ~ 6 吨。纵轴是把每天加油架次分为六类，每天加油架次越多，越有利于组织连续作业，作业量标准相应越高。低限标准基本是相当于每天上班加油 10 ~ 13 架飞机（长航线已经进行了折算），高限标准相当于每天上班加油 14 ~ 15 架飞机（长航线已经进行了折算）。但是加油架次少的机场，不能形成连续作业，两次作业之间的等待时间长，同时需要考虑最少在岗人员数以及排班需要，因此作业量标准比繁忙机场有所降低。

表 3 – 16 中飞机加油员月标准工作量数据低限是指该机场加油员高峰月最低作业量标准，高限是指该机场加油员高峰月最高作业量标准。

表 3 – 16　不同类型机场飞机加油员月标准工作量

高峰月日均架次（架）	平均单架次飞机加油量（吨）					
	0 ~ 2	2 ~ 3	3 ~ 4	4 ~ 5	5 ~ 6	6 ~ 7
10 以下	机场规模小，飞机加油员与油库作业人员综合考虑					
10 – 30	130 – 180	140 – 190	150 – 215	160 – 225	170 – 235	175 – 245
31 – 80	170 – 210	180 – 230	185 – 240	200 – 255	205 – 260	210 – 270
81 – 150	230 – 270	250 – 300	270 – 325	290 – 345	300 – 355	310 – 365
151 – 300	250 – 300	260 – 310	290 – 340	310 – 360	315 – 375	325 – 390
300 以上	260 – 310	270 – 320	300 – 350	320 – 370	330 – 380	340 – 395

高峰月日均架次（架）	平均单架次飞机加油量（吨）				
	7 – 8	8 – 10	10 – 15	15 – 20	20 吨以上
10 以下	机场规模小，飞机加油员与油库作业人员综合考虑				
10 – 30	180 – 250	180 – 255	180 – 260	185 – 265	190 – 270
31 – 80	215 – 275	215 – 280	220 – 285	225 – 290	230 – 300
81 – 150	320 – 375	325 – 390	335 – 400	345 – 410	350 – 415
151 – 300	335 – 395	340 – 405	345 – 415	350 – 420	355 – 425
300 以上	345 – 405	350 – 410	355 – 420	360 – 425	360 – 430

第五，飞机加油员月实际作业量计算方法。

作业量计算：

$S = X + Y/B$

$X = X_0 + 9X_1 + 5X_2 + 0.5X_3 + X_4$

式中，X_0 为月加油架次（架）；X_1 为月专机加油架次；X_2 为月抽油架次；X_3 为月罐车加油架次；X_4 为月夜航（00：00～06：00）加油架次；Y 为月加油量（吨）；B 为不同流速下 2 倍平均操作时间（12 分钟）的加油量。其中，$X_1 \sim X_4$ 为对专机、抽油、罐式加油车作业和夜航因素对加油架次的补偿。按照专机加油规范，专机加油按每次 2 人执行任务，每次作业时间 2.5 小时计算。对于普通航班按 1 人、30 分钟完成加油任务计算，每架专机折合为 10 架普通航班的作业量，因在加油架次统计时已计算一次，所以补偿系数为 9。抽油按每次 2 人作业执行任务，每次作业时间 1.5 小时计算，折合 6 架飞机，因在加油架次统计时已计算一次，所以补偿系数为 5。因使用罐车加油需要给罐车装油，罐车车身较高，一些机型不能钻到翼下加油，如 A320 系列飞机，需用 5 米高的梯子，一人作业比较困难，给人身安全、生产安全带来隐患，需要辅助人员，这类飞机加油架次约占罐车总加油架次的一半，所以罐车补偿系数为 0.5。夜航航班密度较小，数量少，与人体工作、休息的生物钟不一致，补偿系数为 1。

第六，加油员人数测算。

加油员（MJ）测算人数：

$MJ = S/S_0 + 0.1R_1 + 0.2R_2 + 0.4R_3$

式中，S 为加油机场高峰月作业量；S_0 为月每人标准作业量；R_1 为年龄在 40～45 岁的飞机加油员人数（此年龄段每个加油员按 0.9 人工作量计算）；R_2 为年龄在 46～50 岁飞机加油员人数（此年龄段每个加油员按 0.8 人工作量计算）；R_3 为年龄在 50 岁以上飞机加油员人数（此年龄段每个加油员按 0.6 人工作量计算）。

4. 设备维修员定员标准

（1）加油车及设备维修岗位主要考虑因素。加油相关设备主要有加油车（含车辆底盘及车载加油上装系统）、其他生产车辆、加油地井和阀井。定员主要考虑设备数量、设备完好率、作业标准要求的维护保养频率等因素。

（2）根据加油车数量（A）和状况，分为 4 类，加油车数量越多，维修人员力量应越强，需要专业化程度越高，互相交叉作业越多，每人维修标准相应有所增加。其他生产车辆（B）包括多功能车、引导车、指挥车等，如表 3－17 所示。

地井检查、清洗、维修人员作业 2 人一组作业。根据统计数据测算，每天检查、洗 50 个为标准，如表 3－18 所示。

表 3-17 设备维修员定员标准一

加油车数量（A）（台）	其他生产车辆（B）	维修员 M_{X1}
≤2	B	加油员兼
3~7		A/3+B/6
8~20		A/3.1+B/6
21 以上		A3.2+B/6

表 3-18 设备维修员定员标准二

地井、阀井、高低点排污井数量（C）	维修员 M_{X2}
<50	1（与车辆设备维修员一起作业）
50~100	1+C/100
101~200	1.5+C/200
201~300	2+C/300
301~400	3+C/400
401~500	4+C/500
501~600	5+C/600
601~700	6+C/700

维修员人数等于加油车辆设备维修员与地井阀井维修员之和，维修人员采用标准工时制度排班。即：

$M_X = M_{X1} + M_{X2}$

5. 调度统计定员标准

（1）调度统计定员主要考虑因素。调度工作的主要任务是根据航班加油需求，合理安排加油员和油车执行加油任务；统计员的主要职责是负责每日航油密度的测量，负责将每张飞机加油单录入 ERP 系统。调度统计员的定员主要考虑因素为航班数量。

（2）调度统计员定员标准如表 3-19 所示。

6. 综合保障人员定员标准

综合保障人员负责主要加油站员工的生产生活后勤保障工作，如表 3-20 所示。

7. 加油队长、维修队长、调度主任、计量主任配置标准

队长、主任一级带班干部主要负责班组建设和人员的管理，但必须参加直接生产作业。一是熟悉了解生产运行情况；二是给职工起到带头示范作用；三是促进班组管理工作；四是在员工休假期间负责替班，如表 3-21 所示。

表 3－19　统计调度员的定员标准

年日均架次	调度员 M	计量统计员	备注
500 架以上	加油架次过多，应分设两个加油站		
401～500	8	7	专机较多机场计量统计员可适当增加 1～2 人
301～400	6	5	
151～300	合并共 6 人以上		
81～150	合并共 4～5 人		
31～80	2～3 人（调度统计与综合保障合并，应及时加油）		
30 架以下	0		

表 3－20　后勤保障人员定员标准

年日均架次	综合保障人员 M_X
500 架以上	分设加油站
401～500	4
301～400	3
151～300	2
81～150	1
31～80	0
30 架以下	0

表 3－21　队长、主任定员标准

每班职工人数	队长主任职数（M_F）	队长主任每人工作量与班组其他成员比较	备注
4（含）人以内	0		分队长必须参加直接生产作业
3～4	1	≥90%	
5～15	1	≥70%	
16～30	2	≥50%	
31～45	3	≥30%	
46 以上	4	≥20%	

8. 航空加油站生产岗位定员总数

航空加油站定额生产岗位定员总数（M）是上述各岗位相加，分队长人数和相应的岗位有重复计算，属宽泛范围，各机场供油单位可根据实际情况掌握。定员总数用以下公式表示：

$$M = M_J + M_X + M_T + M_B + M_D + M_F$$

二、某贸易公司的定编定员思路①

（一）定编定员的总体设计思路

定编定员服务于明确战略、盈利模式和年度业务目标。

确定了以一般业务人员定员水平确定为基础，依次确定业务管理人员、职能人员的定员，从而确定企业整体定员，并考虑人工成本等因素进行综合调整。

效益的集中体现为企业的盈利水平。因此确定业务人员定员的核心指标为人均利润水平。该指标目标值由企业历史水平、行业水平和发展目标、可实现程度综合确定。

业务管理人员、职能人员（一般职能人员和职能管理人员）比例综合企业实际水平和行业先进水平，考虑可实现程度最终确定，体现了管理的前瞻性和现实的可操作性。

定员水平的最终确定还考虑了人工成本约束、人员流动等因素，综合考虑其实际可操作性。

（二）定编定员流程

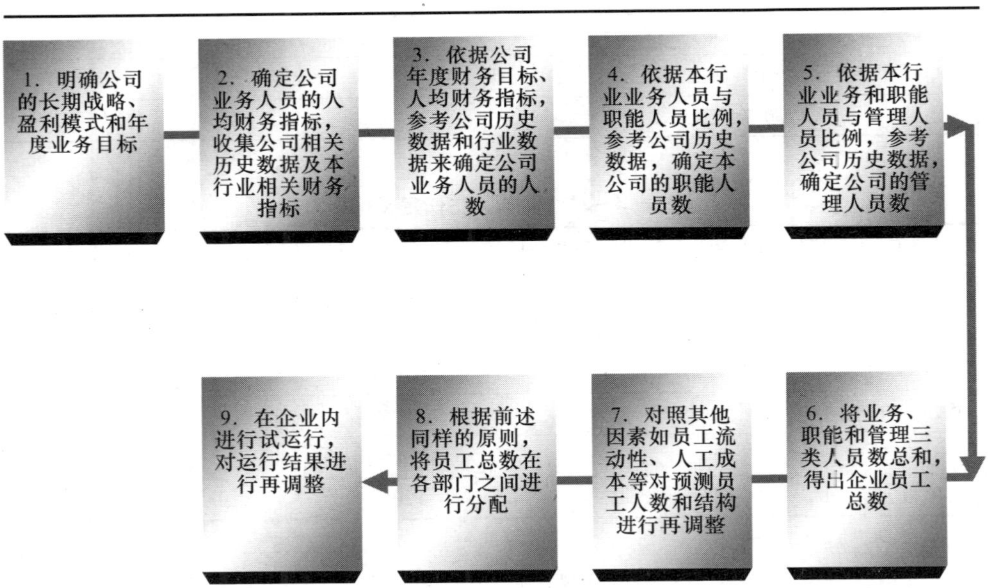

图 3-7 某贸易公司定编定员方案设计流程

---

① 华信惠悦咨询公司．定岗定编原理与操作［EB/OL］．百度文库，http//wenku. baidu. com.

（三）定员设计的前提条件

与员工数量有关的历史数据。通过分析历史数据，分析员工数量评价指标与员工数量之间的关系，分析以前员工工作的饱满程度或劳动生产率。

对将来业务发展情况的预测数据。对业务发展数据作出预测，业务发展数据可以来自商业计划书、业务发展纲要等方面。

员工劳动生产率或工作模式的假设。这分为两种情况，一种是员工工作模式不发生转变，对员工劳动生产率作出假设；另一种是员工工作模式转变（如向项目管理方式转变）情况下，不基于原有的劳动生产率假设，而是对新模式下的人员需求作出分析。

某贸易公司定员设计的前提条件和数据来源如图3－8所示。

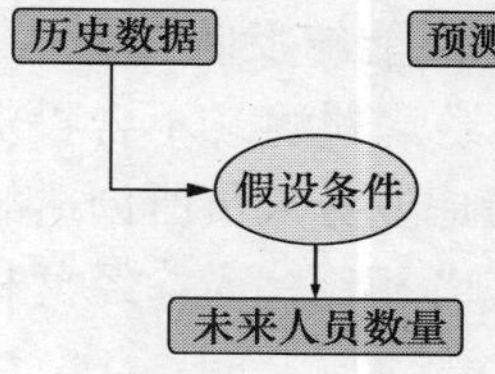

图3－8　某贸易公司定员设计的前提和数据来源

（四）定员设计的方法与原则

某贸易公司各类人员定员设计方法如图3－9所示。

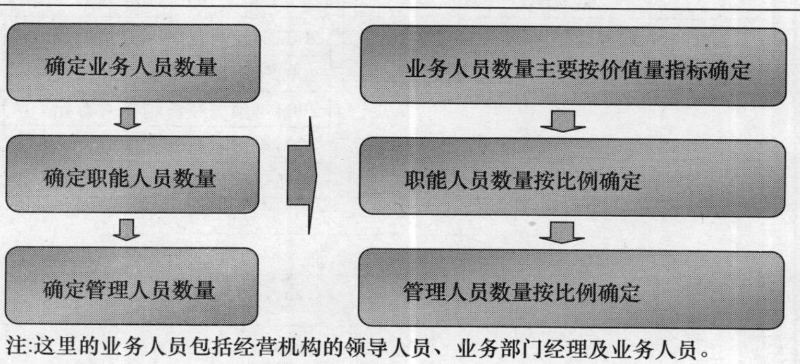

注:这里的业务人员包括经营机构的领导人员、业务部门经理及业务人员。

图3－9　某贸易公司各类人员定员的设计方法

（五）选择人均经营利润作为业务人员效率指标

某贸易公司业务人员效率指标的选择如图3－10所示。

量化目标
经营收入
经营成本
经营毛利
经营费用
经营利润
投资收益
管理费用
财务费用
税前利润
人员费用
各业务板块业务目标

图 3－10 某贸易公司业务人员效率指标选择

选择经营利润作为价值量指标。能够反映业务人员创造价值的指标主要有两个：经营毛利（不含投资收益）、经营利润（不含投资收益）。前者只反映了业务人员所创造的价值；而后者不仅考虑业务人员所创造的价值，同时还考虑了创造这些价值的直接经营费用。为此，二者相比，人均经营利润作为衡量业务人员创造价值的指标更为全面、合理。

经营利润指标不包括投资收益、利息等收入。其定义为：

经营利润＝经营毛利－经营费用。

(六) 贸易类业务人员定员数量预测

某贸易公司业务人员定员预测值如图 3－11 所示。

假设条件	
2005年人均经营利润比2002年提高	41%
按照相同的年增长率	12.2%

已知条件	
2002年经营利润（万元）	52060
2002年业务人员数（人）	1189
2003年预测经营利润（万元）	64461
2004年预测经营利润（万元）	72525
2005年预测经营利润（万元）	80063

人员数量预测

预测结果	2002	2003	2004	2005
总经营利润(万元)	52060	64461	72525	80063
人均经营利润(万元)	44	49	55	62
人数(人)	1189	1312	1315	1294

图 3－11 某贸易公司业务人员定员预测值

数据来源：2002 年数据来自财务部。

（七）业务人员定员假设条件说明

2005 年人均经营利润比 2002 年提高 41%。这主要是基于以下两个方面的原因：公司 2002 年业务人员人均经营利润 44 万元，市场上服务行业业务人员人均经营利润 80 万元（资料来源是基于 Saratoga Institute 数据调查，按照经营利润口径计算出结果。这里没有参照国内同行业数据，主要原因在于国内公司人员结构比较复杂，各公司的业务人员数量难以确定，因此我们采用国外服务行业数据作为参照），目标是到 2005 年，达到二者的平均值 62 万元。

年平均增长率。是指相邻年度按照同等比例的增长速度，如果 2005 年人均经营利润比 2002 年提高 41%，2003～2005 年，年平均增长率为 12.2%。计算过程如下，设定年增长率为 p，则：

$$44\times(1+p)^3=44\times(1+41\%)$$

所以，$p=12.2\%$。

某贸易公司业务人员定员预测的假设条件如图 3－12 所示。

图 3－12　某贸易公司业务人员定员预测的假设条件

（八）各类人员比例关系的说明

职能人员与业务人员比例。我们主要参照两方面数据，一是员工历史数据，公司职能人员与业务人员之比约为 1∶1.94；二是市场上的参照数据，市场上的参照数据约为 1∶4.85（数据来自 Saratoga Institute），取二者的平均值，2005 年职能人员与业务人员比例为 1∶3.4。

业务人员中管理人员与非管理人员比例。我们采用同样的方法，如表 3－22 所示，2005 年目标比例为 1∶5.6。这里管理人员指二级经营机构领导班子、业务部门经理、副经理。

职能人员中管理人员与非管理人员比例。我们采用同样的方法，如表 3－22 所示，2005 年目标比例为 1∶5.5。这里管理人员指二级经营机构内非业务部门的经理、副经理。

说明：市场数据是人员队伍结构规划的长远目标，2005 年目标是结合集团现状后的折中目标。

某贸易公司非业务人员定员预测的假设条件如表 3－22 所示。

表 3－22 某贸易公司非业务人员定员预测的假设条件

各类人员比例	数据比例	
职能人员与业务人员比例	历史数据	1:1.94
	市场参照数据	1:4.85
	2005 年目标数据	1:3.4
业务人员中管理人员与非管理人员比例	历史数据	1:4.2
	市场参照数据	1:7
	2005 年目标数据	1:5.6
职能人员中管理人员与非管理人员比例	历史数据	1:3.9
	市场参照数据	1:7
	2005 年目标数据	1:5.5

（九）2005 年各类人员定员预测

某贸易公司各类人员预测如图 3－13 所示。

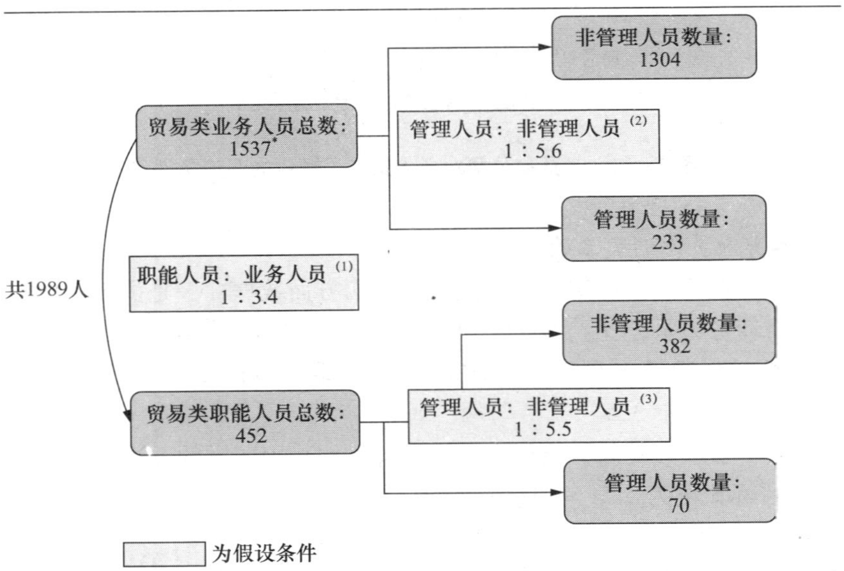

* 2005年预测数为1294人，考虑出勤等因素调整为1304人，业务人员总数为1537人。

图 3－13 某贸易公司各类人员定员预测

最后，企业还需要对照人工成本预算进行调整，如果远高于预算，则需对总定员进行调整。

某贸易公司定员方案的人工成本核算复核见表3－23。

表3－23　某贸易公司定员方案的人工成本核算复核

费用单位：万元；人数单位：人

类别	2003年			2004年			2005年		
	人数	人均费用	总费用	人数	人均费用	总费用	人数	人均费用	总费用
在岗人员费用	2095	×	×	2045	×	×	1989	×	×
新退休人员费用	14	×	×	28	×	×	43	×	×
新分流人员费用	140	×	×	280	×	×	421	×	×
外部招聘费用	159	×	×	159	×	×	160	×	×
培训费用	2095	×	×	2045	×	×	1989	×	×
合计		×			×			×	

第四章　工作分析的基本方法

第一节　工作分析的概述

一、工作分析的概念

工作分析是采用科学的方法，通过收集、综合、分析有关工作信息，就岗位的基本职责、任职资格、工作关系、工作环境等做出规范的描述与说明。

工作分析的对象是岗位，岗位是组织中的最小组成单元，是人力资源管理的依据。工作分析为组织的人员甄选、绩效管理、员工培训、薪酬设计、工作设计等一系列基础职能活动提供支持。

三种情形下需要进行工作分析：第一，当企业新成立时；第二，设置新的岗位，或者岗位合并、拆分；第三，由于新工艺、新技术的采用，岗位的工作内容、对任职者的要求等发生变化。

二、工作分析的术语

（1）工作要素。工作中不能再分解的最小动作单位。如开启电脑、盖上瓶盖。

（2）工作任务。工作活动中为了达到某种目的所从事的一系列活动，由 1 个或 1 个以上工作要素组成。

（3）工作职责。个体在工作岗位上需要完成的一项或多项相互联系的任务集合。例如，人力资源管理人员的职责之一是进行员工招聘。

（4）职位。又叫岗位，根据组织目标和部门职能所确定的一组责任的集合。职位与个体一一匹配，组织中的每一个人都对应着一个职位。

（5）工作。一组主要职责在重要性和数量上相似或相同的职位。企业中通常把所需的知识技能、工具类似的一组任务和责任视为同类职务，导致同一职务、多个职位的现象。

（6）职权。组织赋予职位的某种权力，特定的职责等同于特定的职权，以保障履行职责。例如，具有支配一定上限的资金和固定车辆的权限。

（7）职业。指不同组织中，工作要求相似或职责平行的职位集合，如教师、秘书职业等。

三、工作分析的内容和结果表达形式

（一）工作分析的内容

工作分析的内容可以用“5W1H”表示：用谁做（Who）、做什么（What）、何时做（When）、在哪里做（Where）、如何做（How）、为什么做（Why）。

用谁做（Who）：对任职者的要求，包括学历要求、专业知识要求、技能要求、经验要求、个性特征要求等。

做什么（What）：包括岗位职责、工作标准。

何时做（When）：工作的时间安排，如工作时间班制。

在哪里做（Where）：工作的环境。

如何做（How）：工作活动涉及的工具与机器设备、工作的协作关系等。

为什么做（Why）：岗位在整个组织中的存在价值。

（二）工作分析结果的表达形式

（1）工作描述：对岗位性质、岗位职责、工作环境、工作关系等的说明。岗位描述的显著特征在于，它以一种概括简明的形式向人们描述的工作是什么、做什么、怎么做、在哪里做等基本信息。

（2）资格说明书，又称工作规范，是对胜任某岗位需要具备的资格条件的说明。

（3）工作说明书，它包括工作描述与资格说明书中所有的内容但不限于二者，包括岗位基本信息、职责概要、岗位责任、任职资格条件、工作关系、工作权限、工作过程与方法、工作环境等。

以上几种工作分析结果的表达形式的特点及比较如表4－1所示。

表4－1　工作分析结果的表达形式的特点及比较

	工作分析结果表达形式		
	工作描述	资格说明书	职务说明书
概念	对工作性质、工作职责、工作环境、工作关系等的说明	在工作描述基础上对任职资格条件的界定与说明	对工作相关岗位概况、工作职责及其任职资格的完整说明
内容复杂程度	简单	比较简单	相对复杂
表现形式	以事为中心	以人为中心	以事和人为中心
作用	为工作设计、工作安排等提供依据	为人员招聘、培训、考评、甄选与任用等提供依据	人力资源管理的基础

四、工作分析的作用

工作分析是人力资源管理工作的基础，其分析结果对整个人力资源管理体系具有举足轻重的影响。人力资源管理过程包括人力资源规划、人员招聘与配置、人员培训、绩效考核、报酬管理等环节。工作分析是这些环节的前提和基础，是整个人力资源管理制度的基石。

（1）工作分析为人力资源规划提供依据。人力资源需求预测的重点，是关键岗位人员需求的预测。除了预测关键岗位人员的数量，还要明确岗位的任职要求，以便于通过外部招聘或者内部培养增加人员的供给。

（2）通过工作分析，可以了解岗位的工作内容、工作负荷程度，分工协作的状况，确定岗位的存在价值，为岗位调整和合理化提供依据。

（3）工作分析为人员的招聘与录用提供明确的标准。从发布招聘信息、简历筛选到考试、面试，每一个过程都要以工作说明书中的任职资格为依据。

（4）工作分析是培训需求分析和培训课程设计的前提。将员工的现有条件与工作说明书中的任职资格进行对照，是培训需求分析的方法之一，属于差距分析法。基于任职资格标准设计员工培训课程是培训课程设计的基本方法。

（5）工作分析是绩效考核指标体系设计的基础。只有明确了岗位职责，分解的关键绩效指标最终落实在岗位，才能据此提炼岗位职责指标。

（6）工作分析是薪酬设计的基础。岗位设置的合理性，影响薪酬设计的合理性，而通过工作分析可以使岗位设置合理化。根据工作分析的结果编写出岗位说明书，而岗位说明书是进行岗位评价的依据。

（7）工作分析可以对工作的内容、工作职责、工作关系、工作流程、工作环境等各个方面进行系统的审视，通过系统的工作改进和优化提高员工的工作满意度。

（8）在进行员工职业生涯设计中，工作分析可以提供职业发展的路径与具体要求。岗位说明书明确了具体岗位的上级岗位和下级岗位以及同级岗位的关系，为员工明确晋升和发展的路径。岗位说明书对上岗人员的知识、技能、能力、经验等做出了明确的规定，便于员工根据组织的目标来制定个人的发展规划。

第二节　观察法

一、观察法的概念

观察法是一种传统的工作分析方法，指的是有经验的工作分析人员到工作现场，在不影响被观察人员正常工作的条件下，用直接观察或借助其他工具（如照相机、录像机），针对特定对象（一个或多个任职者）某一特定时间内的工作活动进行观察，收集有关工作的信息。

二、观察法的分类

（1）根据工作周期和工作突发性的不同分为直接观察法、阶段观察法和工作表演法。①直接观察法：工作分析人员直接对员工工作的全过程进行观察，适用于工作周期很短的岗位。如保洁员，他的工作以一天为一个周期，工作分析人员可以一整天跟随着保洁员进行直接工作观察。②阶段观察法：有些员工的工作具有较长的周期性，为了能完整地观察到员工的所有工作，必须分阶段进行观察。如行政文员，他需要在每年年终时筹备企业总结表彰大会，工作分析人员就必须在年终时再对该职务进行观察。③工作表演法：对于工作周期很长和突发性事件较多的工作比较适合。如保安工作，除有正常的工作程序以外，还有很多的突发事件需要处理，如盘问可疑人员等；工作分析人员可以让保安人员表演盘问的过程，而不一定要进行该项工作的观察。

（2）根据观察者所处的情景特点分为自然观察和控制观察。自然观察是在完全自然的情景下，工作分析人员对任职者工作的观察，被观察者并不知道自己正处于被观察之中。为了进行时间—动作分析，观察者需要系统地观察工作的操作模式。控制观察是在限定条件下所进行的观察。例如，职位分析人员可通过观察机场安检人员处理突发事件的演习过程，来收集该项工作的信息。

（3）按照观察对象的不同分为直接观察与间接观察。直接观察是指研究人员通过直接观察以研究行为或现象本身；间接观察是通过观察行为或事件发生的结果来研究行为或事件。

（4）根据观察者和被观察者之间的关系分为参与观察与非参与观察。参与观察是指观察者直接参与被观察者的活动，与被观察者发生关系并在共同活动中进行观察的方法；非参与观察是指观察者以旁观者的身份进行观察的方法。

（5）按观察过程是否事先确定具体观察项目和观察程序的严密程度，可分为结构观察和非结构观察。结构观察也称为正式观察，是指在观察前根据明确的观察目标及组织条件，制定详细的观察提纲和指标，能对整个观察过程进行系统、有效的控制，并要求有完整的观察记录的观察。非结构观察实行开放的方式，不事先制订计划、设计观察提纲，调查人员随看、随听、随记，简单易行。

（6）按照观察时间周期可以分为连续性观察和非连续性观察。

（7）连续性观察是指在较长的一段时间内，对被观察对象持续观察；非连续性观察是选择被观察对象某一段工作时间进行一次性观察或选择几个时间段反复进行观察。

三、观察法的特征和适用范围

（一）观察法的特点

观察任职者的工作过程是最直接的信息收集途径，观察法还可以用于对其他工作分析方法所获取的信息进行检验。国内外相关研究表明，由问卷调查法和访谈法获得任职者对岗位的认知往往会和观察法所获的信息相冲突。

由于观察法对分析师的观察、语言表达和文字整理能力的要求很高，通常观察分析师应由外部专业人士担任，其选聘及培训的费用相对较高。观察尽量不要引起被观察者的注意，更不能干扰被观察者的工作。根据被观察岗位工作的重复程度，选择不同时间段进行观察，以全面了解岗位工作的内容。

（二）观察法的优缺点

（1）优点。

1）深入到工作现场直接了解整个工作过程的全面情况，对工作任务、工作程序、工作方法、工作要求、工作环境等有较多相对直观、客观、准确的了解。

2）可以了解广泛的信息：包括工作内容、工作中的正式行为和非正式行为，工作人员的工作态度等。

3）可以测定任务的实际完成时间，对作业过程进行动态分析。

4）可以在观察过程中与任职者面对面地交流，避免信息二次加工带来的失真。

（2）缺点。

1）容易干扰工作者的正常工作行为。

2）在观察状态下，由于被观察者的自我表现心理或掩饰心理，观察到的工作者的行为表现可能与正常表现有出入。

3）适用范围小，受时间、空间等客观条件的限制。

4）无法观察记录任职者的内在心理活动；无法感受或者观察到特殊事故；另外不能得到有关任职者资格要求的信息。

5）工作量大，结构化的观察法可能会产生庞大的数据。非结构化观察法可能由于难以量化而同样难以分析整理。

6）花费时间多。对每一个工作人员工作的观察都需要持续一段时间，而且观察前需要对观察人员进行系统的培训，因此，同等规模的工作分析采用观察法所需的时间要远远多于采用访谈法、问卷分析法。

7）使用频率较低，可参照的案例、经验较少，给观察法的操作带来极大的不便。

（三）观察法的适用范围

（1）适用于工作任务标准化、程序化，从事可操作性工作的岗位（如流水线上的岗位、机械维修岗位）。

（2）适合于被观察对象的工作相对稳定，在一定的时间内工作内容、程序、对工作人员的要求不会发生明显的变化，如记账会计的工作。

（3）适合用体力活动来完成的工作。

四、观察法的流程

观察法的流程如图4－1所示。

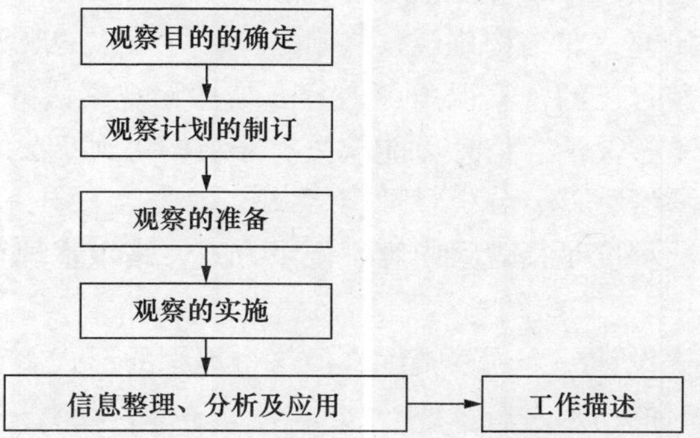

图4－1 观察法的基本程序

（一）观察目的的确定

观察法所提供的信息具有两方面的作用：一方面是描述，根据观察到的信息，对任职者的工作内容和工作环境等进行客观描述；另一方面是验证，通过对工作活动的实地观察，验证通过其他方法收集来的信息的真伪，对信息进行加工修订。

针对不同的目的，将会有不同的观察客体、结构化程度、观察的关注点与之对应，因此必须首先明确观察法的基本目的。

（二）观察计划的制订

观察计划的制订包括选择确定观察对象，选择合适的方法，确定观察内容和观察提纲，确定观察的时间、地点和所需设备工具等环节。

1. 选择确定观察对象

根据观察法的目的以及客体的定位，从目标职位任职者中选择合适的观察对象。若目标职位任职者较多，从经济和便利的角度出发，一般选择3～5位典型的任职者作为观察对象。当然也可以采用“标杆瞄准”的原则，选取绩效水平较高的任职者作为观察对象。

对于选定的对象，进行相关的培训是十分必要的。通过培训向他们说明工作分析的目的、操作程序以及最终的影响等，力图消除其戒备心理。工作分析组织者切忌采用“暗中观察”的方式：虽然这种方式能最大限度地排除分析人员的“介入效应”，但这种方式也会降低组织成员对组织的信任感，导致工作分析的失败和削弱工作分析对于帮助组织成员自我改进的优势。[①]

2. 选择合适的方法

在实际操作中经常综合使用结构化与非结构化两种方法，在两者之间寻找恰当的平衡点，既能避免观察的盲目性又能保证观察的灵活性。

结构化观察法预设明确的目标、所要观察的问题以及大致范围，有较详细的观察计划、步骤以及合理设计的可控性观察，能获得翔实的材料，并能对观察资料进行定量分析和对比研究；非结构化观察法则是一种开放式的观察活动，允许观察者根据当时的情境调整自己的观察视角和内容。结构化观察法的优点是规范、连贯、可信度高，缺点是不够灵活、信息可能缺失。非结构化观察法的优点是灵活、信息收集面宽，缺点是参考性差、分析整理难度大。

观察法的结构化程度是指观察内容、记录方式、结果整理等环节在多大程度上得以事先确定和统一。

观察者可以事先设计一个观察提纲，但这个提纲的形式比较开放，内容也比较灵活，可以根据当时的情形进行修改。

3. 明确观察的内容

（1）确定观察内容。阅读现有的文件资料，与相关人员进行面谈，了解岗位的基本情况，形成对岗位的整体概念。准备一个初步的观察任务清单，作为观察的框架。对现有资料和数据不清楚的项目作出重点的标注。

（2）设计观察提纲。在设计观察提纲时，应从工作分析的目的出发，从工作过程的各个角度提示工作分析人员如何观察，应观察哪些方面，观察的重点在哪里。只有这样，收集的信息才会更全面、更准确。观察提纲实例如表 4－2 所示。

表 4－2 观察提纲

被观察者姓名：	日期：
直接主管：	观察时间、地点：
工作类型：	工作部分：
具体工作项目：	工作职位：
观察内容：	
①什么时候开始正式工作	
②上午工作多少小时	

① 高艳，靳连冬．工作分析与职位评价［M］．西安交通大学出版社，2012.

续表

③上午休息几次	
④第一次休息持续时间	
⑤第二次休息持续时间	
⑥其他休息时间	
⑦上午完成产品多少件	
⑧平均多长时间完成一件产品	
⑨与同事交谈了几次	
⑩每次交谈大约多长时间	
⑪室内温度	
⑫上午抽了几根烟，约多长时间	
⑬上午喝了几次水，约多长时间	
⑭上午什么时候开始午休	
⑮出了多少次品	
⑯搬了多少次原材料	
⑰工作地噪声的分贝是多少	
……	

资料来源：陈庆．岗位分析与岗位评价［M］．北京：机械工业出版社，2015.

4. 确定观察的时间、地点

时间、地点的确定应遵循典型性、经济性、全面性、民主性的原则。

典型性：观察的时间、地点应为该岗位工作的典型、常规的工作时间、地点。

经济性：在选择时间和地点时，尽量不要影响组织的日常工作活动，同时在收集完整信息的前提下，尽量减少时间跨度和空间的转移。

全面性：观察的时间、地点尽可能全面、完整，尤其是在描述性观察法中，地点、时间的完整性对结果会产生重大的影响。对于周期性工作岗位，应从多方面收集其典型工作活动发生的时间段，在这些时间段中，对其进行观察。例如，可通过与上司、本人进行沟通讨论，确定典型时间段，作为观察时间。同时在收集完整信息的前提下，尽量减少时间跨度和空间的转移。

民主性：观察的时间和地点的选择可以征求本人和其上司的意见，在双方沟通交流的基础上确定，这样做可以增加观察对象的参与程度，降低其抵触情绪。

5. 所需设备工具

在观察过程中，有大量的信息需要观察人员进行快速的整理记录，有必要采用一些辅助的手段帮助观察员进行记录，常用的设备包括录音机、摄像机等，如果要对任职者的工作活动进行录音、录像，那么应事先告知其目的及方式，避免各种负面影响。

但同时设备的运用会给任职者造成工作压力，从不知不觉中改变自己惯常的行为方式，造成信息误差。因此在观察过程中，宜采用隐形记录的方式，各种记录设备尽可能放置于较为隐蔽、任职者无法看到的位置；过于外显的设置会给任职者造成较大的工作压力，从而会造成工作人员工作行为的“失真”。同样，观察、记录人员也应处于不显眼的位置，以免影响正常的工作。另外其他计时、度量的工具应根据实际观察的需要予以配备。

（三）观察的实施过程

（1）进入观察现场。观察开始之前，重申工作的目的，打消被观察者的疑虑。与任职者建立良好的相互信任关系是观察工作能否顺利开展的基础。为了保证任职者积极主动地配合观察工作，工作分析人员应承诺尊重隐私权并保证信息的匿名性。同时，安装必要的观察记录设备。

（2）现场记录。在观察记录的过程中，观察分析员一定要严格遵守观察记录的流程要求，本着严肃、敬业的态度完成对目标岗位工作每个环节的记录。在现场记录中应注意保持距离、加强交流、及时反馈三个问题。最好的观察环境是观察者能清晰地观察工作者的工作活动，而工作者无法看见观察者。在条件无法满足的情况下，观察者应选择便于观察且不影响工作者的位置进行观察。

对于观察过程是否应与工作者及时交流的问题，人们的看法不一。通常来看，观察者可以在工作者的工作间歇（如喝水、短暂休息等）与其就观察过程中的某些疑问进行探讨，但应避免过于频繁。观察结束后，应及时与工作者就观察所获的信息进行沟通、确认。

表4-3　超市理货员的现场观察样本

被观察者姓名		观察日期		观察时间	上午7：30～11：30
观察者		岗位名称	超市理货员	所属部门	百货部
一、观察内容					
1. 工作地点：超市卖场					
2. 准备的内容：按时打卡上班（上午7：30），更换工作服、整理着装、佩戴胸卡于左胸口处（7：30～7：35）					
3. 理货员正式开始工作，时间（上午7：35）					
4. 工作的主要内容及时间安排					
工作的主要内容					时间
（1）查看交接班记录					7：35～7：38
（2）电脑查询所在部门的变价商品并打印新的价签					7：34～7：45

续表

工作的主要内容	时间
(3) 将打印好的新的价签摆放到该商品对应的位置	7：46～7：50
(4) 检查所在区域内货物摆放是否整齐、商品和其对应的价签是否相符	7：51～8：05
(5) 检查货架上的商品是否需要补货、是否有过期或破损包装的商品	8：06～8：15
(6) 若货架上需要补货，按照商品的补货原则处理：重量沉的、体积较大的商品放在下面，重量轻的、体积小的放在上面；生产日期相对长的放在外侧，生产日期较新的放在里侧；有过期商品或包装破损的商品立即下架，放回库房处理	8：16～8：25
(7) 做好迎宾准备	8：26～8：40
(8) 服务顾客：为两位顾客提供商品方面的信息、引路	8：41～8：50
(9) 商品补货	8：51～8：55
(10) 查看电脑库存，并向主管报告库存不足的商品并建议订货	8：56～9：00
(11) 主管进行工作任务分配	9：01～9：10
(12) 呼叫保洁员做地面清洁——因顾客不小心打碎了一个杯子	9：11～9：20
(13) 到仓管收货处收货	9：21～9：30
(14) 库房整理	9：31～9：45
(15) 商品销售	9：46～11：30
(16) 销售工作期间离开卖场一次，员工休息室休息片刻	10：05～10：15
(17) 准备用餐	11：35～12：35
二、所处的工作环境	
卖场，相对一般环境较嘈杂	

资料来源：百度文库，http//wenku. baidu. com。

（四）信息整理、分析及应用

观察结束后应对收集的信息进行归类整理，形成观察记录报告。数据整理根据采用的方法有不同的整理要求。检查最初的任务和问题清单，确保每一项均已被观察到和得到确认。对于结构化的观察结果，应该按照计划要求，对收集的数据进行编码、录入计算机，以便分析；对于非结构化调查，应按照一定的逻辑顺序（如发生时间）进行整理排列，补齐观察过程中的缩写、略写，使信息完整、清晰、有序。

（五）形成工作描述

在观察记录报告的基础上形成工作描述。一般而言，仅依据观察记录报告编写工作描述是不够的，可以再对被观察者和其直接上级进行访谈，获得用观察法没有得到的信息，在此基础上完成工作描述的撰写。

做出工作描述初稿并征求岗位任职者及其直接上级的意见，根据反馈意见进一步分析观察信息，补充遗漏，改正错误的地方，形成完整的工作描述。

第三节 访谈法

一、访谈法的概念与作用

（一）访谈法的概念

访谈法又称面谈法，是分析人员访问任职者本人或对任职者的工作熟悉的人员，通过面对面的谈话来收集相关工作信息的一种工作分析方法。

访谈的成果不仅仅表现在书面上，在整个访谈过程中，任职者对工作进行的系统思考、总结与提炼也具有十分重要的意义。

访谈一般分为个别员工访谈、集体访谈。

个别员工访谈适用于各个员工的岗位有明显差别、工作分析时间又比较充分的情况。个别员工访谈可分为结构化访谈、半结构化访谈和非结构化访谈。集体访谈适用于多个员工的岗位相同或岗位职责近似的情况。采用这种方法时，可以事后征求被访谈者的直接上级对所收集资料的看法。

通过访谈法收集的岗位信息不仅是工作分析的依据，而且可以为其他工作分析方法提供第一手的真实资料，例如，通过访谈法获取的信息可以帮助我们设计工作分析问卷。

（二）访谈法的特点

访谈是深入收集工作分析信息的一种方法，工作分析人员可以与在职人员进行面对面的交流，被访谈者可以向工作分析人员提问，工作分析人员可以向其反馈从工作分析中得到的信息。

访谈法可以获得观察法和问卷调查法所不能获得的资料，另外还可以将其他途径获得的资料加以证实。尽管它不像问卷调查法那样具有标准化的结构，但它具有问卷调查法不可替代的作用。访谈法也可以用于核实调查问卷中填写内容的真实性，补充调查问卷中遗漏或不够清晰的内容，使之更加准确、具体。

二、访谈法的基本要素

要顺利地展开访谈，就要确定访谈的参与者，明确访谈者的角色定位，确立访谈的结构化程度。

访谈法的基本要素包括：访谈者、访谈的结构、访谈的主要内容。

（一）访谈者和访谈对象

访谈者可以是企业内部的工作分析小组成员，如人力资源部的人员；也可以是外部的咨询顾问。

为了收集更为全面完整的工作分析信息，访谈的对象除岗位的任职者之外，还可以包括任职者的直接上级以及同级、下级。从不同角度获得的信息，能够更全面、客观地反映目标岗位的相关信息。但从成本和效率的角度考虑，多数情况下，我们仅选择岗位的任职者作为访谈对象。

（二）访谈的结构化程度

工作分析人员可根据实际需要选择结构化或非结构化的方法。结构化访谈信息收集全面，但不利于任职者的思考和发挥。非结构化访谈可以根据实际情况灵活收集岗位信息，但在收集信息的完备性方面存在缺陷，实际应用中往往将二者结合起来，以结构化访谈问卷收集基本信息；访谈过程中，根据实际情况就某些重要问题进行深入探讨。

（三）访谈的主要内容

访谈的内容要根据访谈的目的确定。在岗位数量较少，由工作分析小组撰写工作说明书的前提下，访谈的目的是收集岗位的全面信息，或补充问卷调查的不足，为撰写工作说明书提供依据。在岗位数量较多，由岗位直接上级或任职者撰写工作说明书的前提下，访谈是为了就工作说明书的修改进行交流，形成具体的修改意见。

（四）访谈法的优缺点

（1）优点。

1）访谈法是适用范围广泛的一种调查方法，适应于各类岗位的信息收集，可以将所有任职者作为访谈对象。

2）在较短的时间内深入收集到大量的信息，包括一些不易被观察到或书面表达不清的内容。

3）获取的信息具体、深入。由任职者亲口讲出的内容更具体；访谈者具有适当解释、引导和追问的机会，可探讨较为复杂的问题，鉴别回答内容的真伪。

4）方式亲切，能拉近访谈者与员工的关系；可进一步与员工沟通观念，以获取谅解和信任，使其最大限度地参与其中。

（2）缺点。

1）访谈的效果受访谈者的专业知识、经验、沟通能力的影响，有时候可能达不到预期效果。

2）与问卷调查相比，访谈法要付出更多的时间、人力和物力。

3）可能对组织的正常工作造成影响。访谈双方需要充足的时间进行沟通，在大规模的访谈过程中尤为明显，会妨碍员工正常工作甚至是组织的日常运转。

4）易受任职者主观意识和认知的影响。任职者如果对工作分析有疑虑和不理解，或者受个人认知水平的局限，就可能提供不真实或错误的信息。

5）记录较为困难。尤其是在采用非结构化访谈的情况下，问题的答案较随意，缺乏统一的模式和标准，容易遗漏信息，为随后的整理也增加了难度。

三、访谈法的操作步骤

（一）访谈准备阶段

（1）制订访谈计划。在访谈进行前，对有关信息进行全面了解，如之前相关的访谈记录，涉及公司岗位有关信息的文件。除此之外，访谈之前我们还需要完成以下几个事项：

1）明确访谈目的，明确需要提取的工作信息。是要全面地收集岗位方面的信息，还是有针对性地收集信息。

2）成立访谈小组，确定小组成员。

3）确定访谈对象。如果是对任职者访谈，在一岗多人的情况下，应选择具有一定工作经验、工作表现优异的员工作为访谈对象。

4）明确访谈方法，确定访谈的结构化程度及访谈的形式。

5）确定访谈的时间、地点，访谈时间安排应避开公司工作异常繁忙的工作日或时段。访谈地点可以安排在固定的工作室或会议室。

6）准备访谈所需的工具，如笔记本电脑、录音机。

7）准备访谈所需要的资料，如部门职责说明书、部门内岗位设置图。

访谈计划的实例如表 4 -7 所示。

表 4 -4 访谈计划

一、访谈目的			
为了更好地明确各个岗位的工作职责和任务，保证各个岗位之间相互协调、配合，共同实现企业的目标，现企业人力资源部门对企业各个岗位进行一次全面的工作分析活动			
二、访谈小组的构成			
姓名	职务	所在部门	联系方式
三、访谈对象（具体访谈时间安排另附页）			
姓名	职务	访谈日期	联系方式
四、访谈问题（另附页）			
五、访谈的方法			
□个别访谈法　□集体访谈法			
六、访谈的时间、地点			

续表

七、访谈所需的材料和工具
八、访谈注意事项
1. 访谈人员要创造和谐、良好的访谈氛围，使工作者感到轻松愉快
2. 访谈人员应注意及时做好详细的记录
3. 保证信息的真实性、准确性
4. 尊重工作者，访谈应热情、态度要诚恳，用语得当
5. 访谈人员应适当引导与启发工作者的回答方向，避免其发表个人看法

资料来源：百度文库，http//wenku. baidu. com。

（2）编制访谈提纲。如果访谈的目的是收集岗位的全面信息，为撰写工作说明书提供依据，需要先将收集的信息分为几个大类，包括岗位基本信息、岗位职责、任职资格、工作环境等；然后在每一个大类的基础上具体设计提问的问题。例如，工作环境方面，可以就工作环境中的不良因素有哪些，工作中是否存在危险性等提问。至于具体设计哪些问题，可以根据事先确定的工作说明书的具体内容而定。如果访谈的目的是对工作说明书的初稿进行修改，则应先仔细审阅工作说明书初稿，找出疑问和问题，然后设计出提问的问题。如果访谈的目的是对问卷调查进行补充，则应先仔细审阅回收的问卷，找出疑问和问题，然后设计出提问的问题。访谈提纲分为非结构化访谈提纲和结构化访谈提纲。前者一般由开放式问题组成；后者一般由封闭式问题组成，形式上类似于工作分析问卷。

下面是一个非结构化访谈提纲的例子。

某集团公司岗位分析访谈提纲[①]

1）请问您的姓名、岗位名称、岗位编号是什么？

2）您所在的部门？直接上级是谁？部门经理是谁？

3）您所在岗位的目标是什么？

4）您岗位的主要职责是什么？请列举1~5个实例。

5）您在工作中具有哪些管理权限？（建议权、审核权、监督权、考核权、参会权等）

① 资料来源：百度文库，http//wenku. baidu. com.

6）您在工作中遇到的最大挑战是什么？有其他人员的协助吗？

7）您在工作中需要和哪些部门的人员接触？

8）您在工作中最容易出错的地方有哪些？请列举1～3个实例。产生错误的原因主要是什么？对其他工作有什么影响？

9）岗位的任职资格要求大致有哪些？如教育背景（学历、专业）、综合能力、工作经验、专业技术职称等。

10）您的主管经常从哪些方面对您的工作绩效进行考核？您认为从这些方面来考核是否合理？有无改进的建议？

11）请描述一下您工作的环境，有什么需要改善的吗？

12）您在工作中需要用哪些工具或设备？使用频率高吗？

13）您工作中有什么不安全的因素吗？

14）如果企业进行培训，您觉得自己需要补充哪方面的知识或者提升哪方面的技能？

（二）访谈初始阶段

在访谈初始阶段帮助被访谈者建立平和、互信的心态显得格外重要。这一阶段工作分析人员要营造访谈气氛，介绍访谈要求，说明访谈的目的，做出访谈承诺。

（1）营造访谈气氛。如果工作分析人员是外部的咨询顾问，应首先进行自我介绍，与被访者建立良好的相互信任关系。

（2）介绍访谈要求。工作分析人员应向被访谈者介绍在本次访谈中对被访谈者的要求。如果在访谈过程中需要进行录音，应向被访谈者事先说明。

（3）说明访谈的目的。工作分析人员应说明本次工作分析的目的及预期目标、所收集信息的用途。需要强调，工作分析是分析岗位本身，而不是从事岗位的人员。

（4）做出访谈承诺。工作分析人员应承诺，访谈的内容除了作为工作分析的信息，不用作其他目的；访谈内容对工作分析小组以外的人员保密。

（三）访谈主体阶段

访谈时，按照访谈提纲或访谈问卷的顺序提问。为了达到良好的访谈效果，应当让访谈提纲或者访谈问卷在访谈之前让被访谈者看到，以便其有所思考和准备。

岗位的职责具体有哪些，是访谈时要收集的主要信息之一。有的被访谈者一时很难全面地概括出自己所从事岗位的职责。遇到这种情况，访谈者可以换一种问法，要求他按照重要顺序和发生频率罗列出平时工作中必须完成的所有事项。但被访谈者所陈述的这些事项，并非每一项就是一条职责，有可能是几个事项属于同一项职责；需要访谈后由工作分析人员再归纳和概括出岗位职责，由被访谈者和其直接上级确认。

为了工作说明书的修改而进行访谈，之前要求弄清楚工作说明书中职责部分的问题所在。问题常常集中在两点，一是职责写得过于简单，二是职责写得杂乱。杂乱的表现是缺乏逻辑关系，包容关系表达成并列关系；或者有的职责仅是工作事项的罗列，缺乏必要的概括。了解存在的问题，访谈时就可以有针对性地提出问题。例如，如果是第一个问题，同样可以要求被访谈者按照重要顺序罗列出平时工作中必须完成的所有事项。如果访谈是在问卷调查之后、作为问卷调查的补充，也会面临类似的问题。

岗位的任职资格方面有哪些具体要求，也是访谈时要收集的主要信息之一。被访谈者可能担心，如果自己提出的岗位任职条件（如学历要求、经验要求）高于自身条件，等于承认自己不具备上岗条件。同时，被访谈者在考虑任职资格时，常常不能将岗位的要求和自身的条件区别开来，正所谓“不识庐山真面目，只缘身在此山中。”由于上述原因，被访谈者对其所从事岗位的任职资格的看法，有可能是自身某些条件的说明。这时候，访谈者的经验很重要，访谈者要善于发现问题，及时提出疑问、恰当追问，以便掌握客观、真实的信息。

由岗位任职者或其直接上级编写工作说明书，任职资格的描述同样有可能是自身某些条件的说明。所以，工作分析人员也要善于发现这方面的问题，在访谈时有针对性地提问。如果访谈是在问卷调查之后、作为问卷调查的补充，也应注意这方面的问题。

对于任职资格中的要素（专业知识、经验等），适合采用封闭式问题进行提问，具体问题的形式可参见附件1。如果采用开放式的提问方式，被访谈者可能无从回答。

（四）访谈结束阶段

在按照访谈提纲或访谈问卷完成提问后，工作分析人员应再次询问被访谈者，还有什么需要反映或说明的。另外，要判断通过本次访谈，是否所有需要收集的信息都收集到了。如果还有问题需要沟通并且访谈已经超时，应与被访谈者另约定访谈的时间。

附件 1

工作分析访谈提纲[①]

岗位名称：　　　　　　　　　　　　主管部门：
所属部门：　　　　　　　　　　　　工作地点：
间接主管：　　　　　　　　　　　　监督者：
直接主管：

一、岗位设置的目的

企业为什么要设置本岗位，它的使命与基本性质是什么？

二、基本职责描述

按顺序列举说明本岗位的工作责任及其重要性
（责任分为每日、一定时期内与偶尔担负三种类型）
1. 每日必做的工作，完成该任务花费的时间占全部工作时间的百分比
（1）
（2）
（3）
（4）
2. 一定时间内必做的工作，完成该任务花费的时间占全部工作时间的百分比（季/月/周）
（1）
（2）
（3）
（4）
3. 偶尔需要做的工作，完成该任务花费的时间占全部工作时间的百分比
（1）
（2）
（3）

三、教育状况基本要求

对于本岗位的工作来说，哪些教育或知识是必需的？这些教育与知识可以从学

① 资料来源：萧鸣政．工作分析的方法与技术［M］．北京：中国人民大学出版社，2015.

校获得，也可以通过自学、在职培训或工作实践获得。请确定下列教育或知识哪些是必要的，并在每一条后面打钩。

任职者能够读写并理解基本的口头或书面指令。

任职者能够理解并执行工作程序，以及理解上下级的隶属关系，能够进行简单的数学运算和办公室设备的操作。

任职者能够理解并完成交给自己的任务，具备每分钟打50个文字的能力；

具备本岗位工作需要的专业知识；

具备相近专业领域的一般知识；

具备商业管理与财政方面的基础知识与技能；

具备商业管理与财政方面的高级知识与技能；

其他方面要求。

四、岗位工作经验要求

本岗位要求任职者具备哪些工作经验？请标明下列哪些经验是必需的：

需要1个月的相关实习期或在职培训期；

需要1~3个月的相关实习期或在职培训期；

需要4~6个月的相关实习期或在职培训期；

需要7~12个月的相关实习期或在职培训期；

需要1~3年的相关实习期或在职培训期；

需要3~5年的相关实习期或在职培训期；

需要5~8年的相关实习期或在职培训期；

需要8年以上的相关实习期或在职培训期；

其他方面的经验要求。

五、担负的管理职责

任职者担负的管理责任有哪些？下列每项工作所花费时间的百分比是多少？

1. 工作指导；
2. 布置工作；
3. 检查工作；
4. 制订计划；
5. 目标管理；
6. 协调活动；
7. 解决雇员问题；
8. 评价下属。

任职者直接管理的职工人数。

六、工作关系

本岗位的工作者有哪些关系？在描述这些关系时，要考虑这些关系是怎样建立的？在部门内部还是部门外部？联系次数是否频繁？联系中包括信息收集判断，还是仅仅作为一种服务形式？哪些联系对部门有用？这里的联系对象包括本部门与外部的所有人员。

七、本岗位所受到的监督与管理

本岗位需要接受哪些监督和管理？接受的程度如何？通过下列情况加以确定：

直接。任职者的工作简单重复进行，工作处于明确、具体的指导下，基本上每天都接受指导。

严密性。任职者要求按程序工作，接受上级部门任务安排。

一般性。任职者可以有计划地安排自己的工作，但需要不定期地与上级商讨例外的、复杂的问题。

有限性。任职者在一定目标与指导下，计划自己一定时期（每月）内的工作。

宏观指导。任职者可以独立地计划与实施自己的主要工作，只需要在目标方向上与主管者要求保持一致。

自主性。任职者可以自主地确定工作目标。绩效标准只需与他人协商即可，不需要征得上级的同意。

八、决策责任

任职者独立决策的权限与范围有多大？他做出的决定是否要由他人审核？如果要，那么由谁审核？

九、错误分析

1. 最易犯的错误有哪些？举例说明，并指出它们是操作上的，还是观念上的或两者皆有。

2. 这些错误多长时间才能被发现，谁能发现，常在哪些工作环节被发现？

3. 这些错误存在哪些障碍？在纠正错误过程中可能出现什么枝节问题？

十、数据保密

任职者是否要对一些数据加以保密？保密的程度如何？保密对公司的利益有无影响？请对下列情况予以确定：

不保密。工作中没有任何数据需要保密。

有一点儿保密。偶尔有些数据需要保密。

一般保密。一般情况下，需要保密，泄密将对公司起负作用。

绝大部分工作都需要保密，泄密将对公司有重大影响。

完全保密。稍加泄露，便会有损公司的名声和地位。

十一、工作条件

描述工作顺利进行时必需的生理条件、物理条件，如任职者工作期间站、走、负荷的时间各是多少等。

十二、心理要求

为了使岗位工作顺利进行，对任职者在心理方面有哪些要求?

十三、岗位工作中所使用的机器或设备

设备名称，一直使用、经常使用还是偶尔使用。

十四、附加说明

本岗位还有哪些方面需要补充说明，请列出。

附件 2

某电子科技公司工作分析信息收集的步骤[①]

某电子科技企业拥有员工 270 多人，集研发、生产加工、维修、销售于一体。其组织结构如下图所示。

一、公司的组织结构图

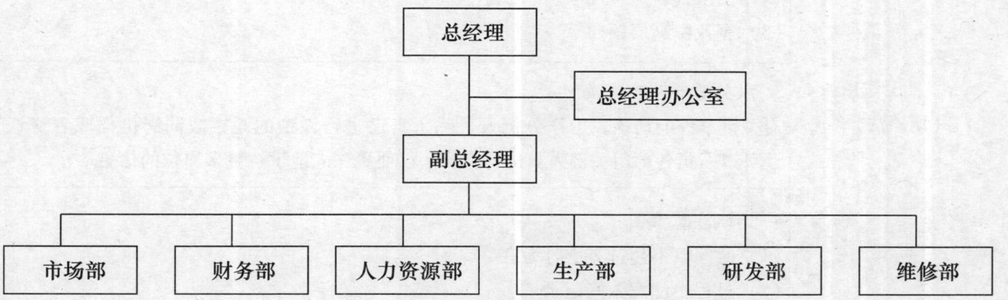

公司的组织结构图

① 资料来源：百度文库，http//wenku. baidu. com。

二、工作分析信息收集的步骤

该企业工作分析混合采用了观察法、访谈法、关键事件法，其具体实施步骤如下表所示。

工作分析实施步骤分析表

步骤	内容
step 1：各类岗位信息的初步调查	1. 初步取得岗位的基本信息；根据企业已有的各种相关的文件和资料（如组织结构图、部门职能图等），初步了解企业各岗位的职责、工作流程及各部门的职责
	2. 列出各个岗位的主要任务、工作职责、特点、岗位任职资格要求等相关内容
	3. 准备访谈提纲 （1）确定访谈的内容。访谈的内容主要包括岗位的基本信息、工作的内容与职责、工作目标、完成工作所需的知识和技能 （2）列出几个关键的工作岗位和事件，作为深入访谈和重点观察分析的对象
step 2：工作现场的初步观察（观察法）	1. 对预先确定的关键或不太熟悉的工作岗位 （1）工作分析人员到现场进行初步观察，目的在于熟悉所分析岗位的工作环境 （2）工作分析人员观察的内容包括岗位任职者使用的工具、设备、所从事的工作内容、所处的工作环境等
	2. 进行现场观察时，最好有熟悉相关工作岗位的人员或任职人员的直接上级陪同，这样可随时得到有效的咨询，便于工作分析人员更详细地了解该工作岗位的情况
step 3：工作访谈（访谈法）	1. 对收集到的相关信息进行归纳、整理
	2. 根据事先拟订好的访谈提纲，找相关人员进行访谈 （1）岗位的任职者 （2）员工代表 （3）企业中高层领导
	3. 对关键事件的访谈 对关键事件的访谈，工作分析人员除了自己进行详细的观察或同岗位任职者交谈，还可以召集各部门关键人员进行座谈，以便更深入地了解更多岗位的信息
	4. 访谈注意事项 （1）时间以不超过 2 小时为宜 （2）过程中注意做好记录 （3）注意访谈和谐气氛的创造、提问的语气、方式等

续表

步骤	内容
step 4：工作现场的深入观察	1. 拟订需要进一步明确或补充的问题
	2. 到工作现场进行深入观察，其目的在于对从前期调查和访谈中获得的信息进行澄清、明确或补充
	3. 观察时，最好仍有最初陪同观察的人员一同参加
	4. 深入观察时，在不影响岗位任职者正常工作的情况下，应与工作人员多交流，并咨询相关人员
step 5：岗位信息的综合处理	1. 对从文件查阅、现场观察、访谈及关键事件分析中得到的信息，进行分类整理，得到每一个岗位所需要的各种信息
	2. 工作分析者在遇到问题时，还需随时与公司的管理人员和某一岗位的工作人员进行沟通
	3. 对整理好的信息进行职位描述，形成初步的职位说明书
step 6：职位说明书的修订与存档	1. 将初步编制的职位说明书分发给整个工作分析中所涉及的人员，一起探讨
	2. 根据讨论的结果，对职位说明书进行完善

第四节　问卷调查法

一、问卷调查法的概念

问卷调查法是一种书面调查的方法，它是根据工作分析的目的、内容等设计有针对性的调查问卷，通过被调查对象填写调查问卷的形式收集工作分析所需要信息的一种方法。

问卷调查分析法是运用最为广泛的工作分析方法之一，便于广泛调查、收集的信息完整。问卷法与访谈法具有极高的互补性，二者结合使用，是目前工作分析的主流方法。

二、问卷调查法的优缺点

1. 优点

（1）具有广泛的适用性，可以突破时空限制，对众多调查对象同时进行调查；

（2）提供更为全面的工作分析信息，可以用于不同岗位间的比较；

（3）员工有参与感，有助于对工作分析的了解；

（4）调查过程花费时间少，调查效率高；

（5）调查信息可以量化，便于统计处理和分析。

2. 缺点

（1）所提问题一旦设定无法改变，收集信息较为限制；

（2）对填写问卷的人员的文字理解能力与表达能力要求较高；

（3）设计高质量的调查问卷要花费较多的时间和人力；

（4）缺少互动过程，针对一些问题很难做深入的调查。

三、调查问卷的分类

调查问卷分为结构化问卷、非结构化问卷、半结构化问卷。

结构化问卷又称封闭式问卷，问卷中的每个题目提供有限的答案，填写者只能选择作答。

非结构化问卷又称开放式问卷，问卷中的每个题目不设答案。半结构化问卷，问卷中既有开放式题目，又有封闭式题目。

职位分析问卷（PAQ）等属于结构化问卷，是在相应的理论前提下设计的标准化问卷。

四、问卷调查法的操作步骤

通常问卷调查法的操作流程包括五个环节：问卷设计、问卷测试、问卷填写者选择、问卷发放与回收、问卷处理与运用。

（一）调查问卷设计

（1）设计问卷的一般原则。调查问卷的设计直接关系着问卷调查的效果，需要遵循以下原则：

1）问卷表前面要有前言，说明调查的目的、填写要求等。

2）语言简洁明确，措辞规范准确。措辞要认真推敲，避免使用含糊不清的、自己编造的、生疏的名词术语；措辞要简洁，能够清晰表达工作分析者的意图。

3）调查题目服从于调查目的，并按照一定的规律排列。

4）尽量采用半结构化问卷。选项有限的调查内容适合设计封闭式问题，否则适合设计开放式问题。例如，任职资格方面的内容适合采用封闭式题目。职责方面的内容适合采用开放式题目。

（2）调查问卷的内容。调查问卷分为前言、填写者信息、调查内容 3 个部分。问卷设计首先要考虑工作分析的内容是什么，一般是先确定工作说明书的格式和内容，然后再设计问卷。例如，工作说明书的任职资格中，需要有学历要求、经验要求、综合能力要求。相应地，调查问卷中也要设计出调查上述要素的题目。

（3）问卷的题型。

1）开放式问题。例如，用简单的语言描述一下您所从事的工作。您任职的岗位主要需要哪些方面的知识和技能？

2）两项选择题。例如，您的工作是否要求精力高度集中？A. 是；B. 否。

3）单项选择题。例如，您认为胜任您所在职位的最低学历是：A. 初中及以下；B. 高中或中专；C. 大专；D. 本科；E. 硕士及以上。

4）多项选择题。例如，您对下属所负的主要责任是什么（多选）？A. 指导工作；B. 指派任务；C. 检查工作；D. 甄选新人，协调彼此的工作，解决员工问题；F. 其他。

（二）问卷测试

正式下发问卷之前，选取部分有代表性的岗位填写问卷初稿以测试问卷，针对测试中的问题及时修订和完善，以保证问卷的质量和调查达到预期目的。

（三）问卷填写者的选择

针对某一具体岗位进行分析时，若任职者不止 1 人，应选择具有一定工作经验、工作表现优异的员工作为问卷填写者。但填写的人数也不宜太多，3～5 人比较合适。

（四）问卷发放与回收

工作分析人员可以通过公司 OA 系统发放工作分析调查问卷；在问卷填写过程中，工作分析人员要及时跟踪填写状况，解答疑难问题。如果由工作分析小组编写工作说明书，问卷需要按规定时间回收。填写者提交前，应将填写的问卷交直接上级审阅。

（五）问卷处理与运用

如果工作说明书的编写者是岗位的直接上级，则填写者将填写的问卷交其直接上级，直接上级根据自己对岗位的认知和问卷的内容编写工作说明书。如果工作说明书的编写者是工作分析小组，编写者往往需要针对问卷的填写情况再进行访谈，综合问卷得到的信息和访谈得到的信息编写工作说明书。

五、问卷调查内容的分类

问卷的调查内容不是固定不变的，基本内容有以下几个方面：

（1）岗位基本信息，主要调查要素包括岗位名称、岗位所属部门、岗位直接上级和直接下级等内容。

（2）岗位职责概述，要求岗位任职者用简短的语言概括岗位的职责。

（3）岗位职责，要求任职者按照职责的重要性逐一列出本岗位的职责。有的问卷要求说明每一项职责占其全部工作时间中的百分比，各项工作职责的百分比之和为 100%，见附件 1。

（4）任职资格，任职资格方面的调查要素包括岗位所需的学历、工作经验、专业知识、工作技能、工作能力等。

（5）工作关系，工作关系主要包括内部关系和外部关系两个调查要素。内部关系，就是工作中需要与企业内部的哪些部门、上级机构的哪些部门发生联系；外部关系，就是工作中需要与哪些组织、政府部门发生联系。

（6）工作环境，工作环境包括工作不良因素（如高温、噪声、粉尘等）、工作危险性等调查要素。

附件 1

职位分析调查问卷①

前言

职位分析又叫工作分析或岗位分析，是人力资源管理乃至整个企业管理的基石，是一项专业性很强的技术。职位分析的根本目的在于完整地收集一项工作的所有信息，客观地确认工作活动的内容、性质、所承担的责任、工作环境和任职资格。感谢您在紧张而繁忙的工作中抽空填写本调查表，您填写的完整性和真实性对我们进行职位分析非常重要，因此请留意每个项目后的说明和示例，尽量列举，并可将内容较多的部分写在表格之外，甚至附页说明。如果职位没有此项内容则可以跳过。尤为重要的是，身兼数职的人员必须将多个职位的职责分开来，最好用不同的颜色标明，在每一部分都分开填写。有不清楚的地方可向职位分析项目组询问。

请于×年×月×日前交至人力资源部××处。

一、职位基本情况

表 1 职位基本情况

姓名		职位名称		年龄	
学历		所学专业		职称	
目前工资			本公司工龄		
所在部门					

二、本职位设置的目的

填写说明：

1. 这一栏目的主要目的是用一个简短的、具有高度概括性的语句来揭示一个

① 高艳，靳连冬. 工作分析与职位评价［M］. 西安：西安交通大学出版社，2012.

职位在组织中存在的目的和作用。

2. 具体填写格式为：工作依据 + 工作内容 + 工作成果。

3. “工作依据”填写格式：根据______________________。

4. “工作内容”填写格式：动词 + 工作对象，其中动词的使用需经过仔细提炼，确保准确概括本职位在工作中发挥的作用，动词的选择参见后附《参考动词表》。

5. “工作成果”填写格式：主要描述工作达到的目的。

6. 例如，某公司办事处系统部的客户经理职位设置的目的是：根据公司有关客户服务的规章制度和公司战略发展需要，拓展本系统客户关系，确保本系统销售目标的完成和客户关系的提升。

（请填写你的工作目的）

三、工作职责（请尽量列出本职位的职责，并按照其重要性加以排序）

1. “重要性排序”是指按照每项工作对于达成本职位目标的重要程度将全部职责排出顺序，最重要的排在第一、其次排第二，依次类推。注意：投入时间多的工作不一定重要。

2. 工作职责书写格式：动词 + 工作对象 + 工作需达到的目标。其中动词的选择需根据工作实际情况仔细斟酌，请参考附件《参考动词库》。

3. “时间比重”请你大致计算某一工作职责占你全部工作时间中的百分比之后填写，注意各项工作职责的百分比之和为100%。

4. 任多职位的人员请注意分别开来，将两个或多个职位分开书写，并予以标明。

5. 以下是某公司办事处系统部的客户经理填写的内容，请将其作为参考：

表2 工作职责表填写示例

重要性	应负责任	时间
1	了解本系统客户要求，及时反馈市场信息，挖掘并组织项目实施，提高项目成功率，确保销售目标与回款的完成	40%

续表

重要性	应负责任	时间
2	安排本系统客户到公司考察、管理交流、用户恳谈会以及日常拜访等市场公关工作，建立均衡、稳固的客户关系平台	30%
3	通过组织、参与技术交流、技术推广、样板点来考察等多种宣传活动，促进公司和产品品牌的提升和市场目标的实现	30%

请填写你的工作职责。填写空格不够时，可以另附表格。

表3　工作职责表

重要性	工作职责	时间比重
1		
2		
3		
4		
5		
6		

填写下面的图表，表明本职位在整个组织中所处的层级：

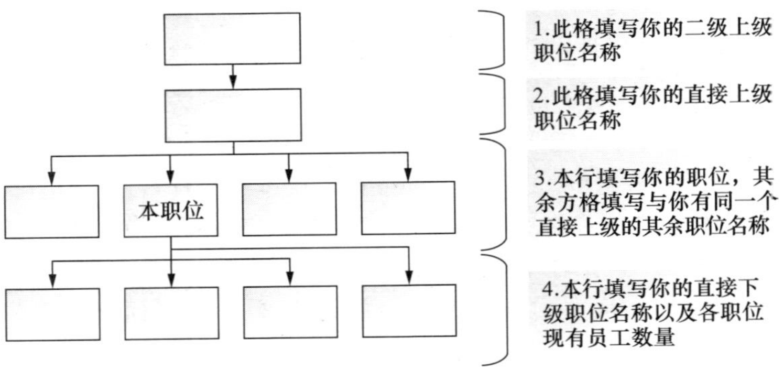

图1　本职位组织结构位置

注：根据所担任的职位在整个组织中的位置填写空框，尤其要注意填写清上下级职位名称，此部分可以参照公司已有的组织结构图，身兼数职者（如管理者代表）要特别在图上标明，或者自己画出结构图。

四、工作联系

填写说明：

1. 请你填写在从事本职工作时，与你发生业务关系的部门、子公司、外部单位，并列举出联系的主要内容（不够可以在表外标明、填写）。

2. 有关“业务关系”的界定：本表格列举的工作联系为你的工作中经常发生的关联，而非突发事件，具体界定为每周至少发生一次或在一个业务周期内定期发生的关联。

3. “联系的主要内容”请你简单界定。如“财务部审计主管”对“分子公司财务部门”的工作联系为“内部审计”。

表 4 工作联系

内外	联系对象（部门或单位）	联系主要内容
与内部各部门的联系		
与外部单位的联系		

五、工作特征（请在符合你的工作特征后画“√”）

表 5 工作特征

维度	具体界定	选择
工作时间	定时制：一个工作周期内（管理人员一般为一个月，或者更长）基本上，工作量没有太大的变化，如出纳员	
	适度波动：一个工作周期内，出现以天计算的工作忙闲不均的情况。如工资发放的主管，在月末比较忙，而平时工作则比较简单	
	周期性：在长期的工作过程中，出现强烈的反差，如市场人员，在投标前期工作极其紧张，但是交接工程部门以后，相对轻松	
工作负荷	轻松：工作的节奏、时限自己可以掌握，没有紧迫感	
	正常：大部分时间的工作节奏、时限可以自己掌握，有时比较紧张，但持续时间不长，一般没有加班情况	
	满负荷：工作的节奏、时限自己无法控制，明显感到紧张，出现少量加班	
	超负荷：完成每日工作须加快工作节奏，持续保持注意力的高度集中，经常感到疲劳，有经常的加班现象	
出差	占总时间的%（填写百分比）	

六、任职资格

任职资格指任职者履行该职位的职责所应具备的资格条件（不是填写该职位现在的工作人员情况，即应当从职位的角度而非从任职者自身的角度来考虑担任这一职位的人所应具备的资格条件）。

1. 学历—工作经验替代表。

表 6 任职资格

	中专以下	中专、高中	大专	本科	硕士
毕业生					
1 年					
2 年					
3 年					
4 年					
5 年					
6 年					
学习专业					
应具备资格证书					

注：请将所有符合你职位条件的学历、工作经验组合用阴影填涂。

2. 专业培训。

表 7 专业培训

培训内容	培训方式	每年的计划时间

注：其中培训方式选择为：在职培训（离岗半天以内）、长期脱产培训（离岗半月以上）、短期集中培训（离岗一天到半月）

3. 工作技能（画“√”选择完成工作必须具备的技能）。

表 8　工作技能

维度	表述	选择
外语能力	不需要	
	国家英语四级，能读写简单的英语文章	
	国家英语六级，能进行简单的英语交流，看懂专业文章	
公文处理能力	熟悉一般公文写作格式，符合行文要求	
	能抓住要点，并加以归纳整理	
	具有较强的文字表达能力，言简意赅，行文流畅	
计算机	熟练使用办公室工作软件	
	熟练使用本专业的专业软件	
	能针对需求编程	

4. 能力与素质（请选择完成工作必须具备的能力与素质）。

表 9　能力与素质

素质或能力项目	等级
1）业务能力：掌握本职位的工作所具备的专业知识和技能，能有效地发现问题并及时加以解决	1　2　3　4　5
2）学习能力：善于读书学习，能总结经验教训，汲取他人的长处，接受新知识，注重自我提升	1　2　3　4　5
3）创新能力：在工作中不断提出新设想、新方案，改进工作方式和方法，开拓新局面的能力	1　2　3　4　5
4）协调能力：与人融洽相处，在人际交往中随和大度，能坚持立场，有效化解冲突。与上司、下属、客户保持友好关系的能力	1　2　3　4　5
5）沟通能力：通过口头语言准确、简洁地表达自己的思想和感情，根据表述内容和沟通对象的特点采取适当表达方式和技巧的能力，在人际交往的情景中，能通过各种途径和线索准确地把握和理解对方的意图，抓住关键信息，做出恰当反应的能力。使别人接纳自己意见和建议的能力	1　2　3　4　5
6）公关能力：采取恰当的方式与媒体、政府部门及公众沟通，以达到预定的目标	1　2　3　4　5
7）适应性：能根据不同的环境和条件及时调整自己的心态和工作方法，在新的自然和人文环境下能很快胜任工作要求，采取相应的应变措施	1　2　3　4　5

注：上述的各项能力或素质，从低到高共分为 5 个等级，5 表示要求非常高，4 表示要求比较高，3 表示要求一般，2 表示要求不太高，1 表示要求不高。在对应的下方画“√”，代表胜任该职位对各项能力或素质的要求程度。

七、职业通道

表 10 职业通道

	职位名称	所需培训项目
能晋升至本职位		
本职位能晋升至		
可轮换的职位		

八、备注

附件 2

某有限公司职位分析调查问卷[①]

指导语

这是一项有关公司职位分析方面的调查，本问卷收集的是目前岗位的情况，而非个人的信息。这不是对您工作表现的评估。回答请详细、准确，不要有所保留或夸大；所提供的回答应适用于最为典型的通常情况，而不仅仅适用于短期活动或临时工作。本次调查旨在通过您对您所在职位的理解与描述，明确员工的岗位职责、职权、绩效标准、任职资格，实现职位责权分明，为员工提供职业发展方向的规划，建立一套完善的职位说明书体系，从而进一步规范与完善公司职位管理，提高公司管理成熟度与组织绩效。

您的回答将帮助我们更加准确、客观地描述您所在的职位并评价其价值，希望您尽可能地提供深思熟虑、客观诚实的答案。如果有些地方不能确定如何填写，请您向您的上司或者人力资源部咨询。

谢谢您的合作!

(调查问卷后附填写模板，可作参考)

---

① 资料来源：百度文库，http//wenku. baidu. com。

表 1　基本信息

职位名称：　　任职人：

所属一级部门/二级部门：

直接主管职位：　　主管上级职位：

进入公司时间：　　从事本工作时间：

下属总人数：

直接下属职位（人数）：

现工作地点：

直接主管意见：
我已阅读并认可此职位分析调查问卷的所有信息。

主管签字：
签字日期：

表 2　职责/工作内容与标准

1. 职位目的：（请描述您所在职位的主要工作任务是什么）

2. 工作职责：（请按重要性程度描述您现在工作的主要职责，列出 5～10 项）
职责一：
职责二：
职责三：
职责四：
职责五：
职责六：
职责七：
职责八：
职责九：
职责十：
（1）其中每天必须做的职责是哪些：（写序号）

（2）其中需要定期做的职责是哪些（周、月、季）：（写序号并说明）

续表

(3) 其中哪些是不定期的职责：(写序号)

3. 工作内容与标准：(您认为该项工作职责的具体工作内容有哪些，如何衡量您完成该项工作职责，该标准须量化、可实现)

职责	工作内容与标准
职责一：	
职责二：	
职责三：	
职责四：	
职责五：	
职责六：	
职责七：	
职责八：	
职责九：	
职责十：	

表 3 工作职权/职业发展

4. 工作职权：请描述在此职位上员工为了完成工作职责、达到工作标准所需的权限范围。

□建议权 □审核权 □复核权 □审批权 □否决权 □监督权 □执行权 □组织权

□其他权限

建议权：员工提出可实施方案与计划，报上级审批。

审核权：公司管理层就下级提出的方案与计划进行审核，报上级审批或职能部门复核。

复核权：某些特定职位按规定对某些审核通过的文件进行复核，以保证其符合公司的规定。

审批权：审批权一般在部门的高层领导，重要的事项需总裁甚至董事会审批。

否决权：某些特定职位，在某项特定的职责上具有否决性的职权。

监督权：不具体实施，但是能对实施过程和实施结果进行监督，提出相应的建议。

执行权：该职位任职者按照规定执行与实施该项工作。

组织权：该职位任职者需组织落实该项工作，并将其推进。

	该职位现有权限范围	该职位理想权限范围
职责一：		
职责二：		
职责三：		
职责四：		

续表

	该职位现有权限范围	该职位理想权限范围
职责五：		
职责六：		
职责七：		
职责八：		
职责九：		
职责十：		

5. 该工作需要主管监督的程度。（相对所叙选项，根据各职责情况，勾选一项）

A. 所有异常状况均需向主管报备。

B. 每天向主管报告若干次，听取其指示。

C. 因为大部分的工作内容都是重复性的，所以遇有重大异常状况时才向主管报告。

D. 监督有限。工作指派之后，大部分的工作内容决定于任职者，有时候甚至由任职者来决定工作方式。

E. 只列出工作目标，由任职者自行决定工作方式。

F. 直接监督几乎没有。在公司一般政策的指导下，工作方式与协调均由任职者自行负责。

职责一：

职责二：

职责三：

职责四：

职责五：

职责六：

职责七：

职责八：

职责九：

职责十：

6. 您认为您理想的职业发展途径是怎样的？

（1）该职位在行政上的职位升迁途径；（2）该职位在业务上的专业发展途径。

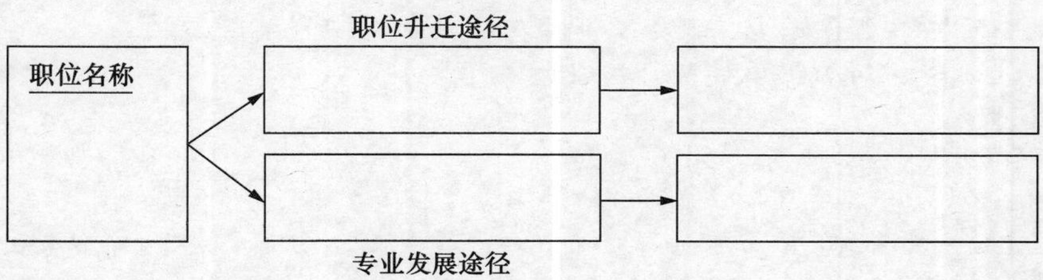

7. 为了实现该职位的职业发展途径，您认为需要在哪些方面对任职者进行培训？

1）____

2）____

3）____

4）____

表4 沟通关系/制度流程/劳动强度和工作环境

8. 沟通关系：您在此职位上需要沟通协调的内外部关系有哪些？

1）内部：该职位在公司内部与哪些部门存在什么样的工作关系，请一一列举出来。

部门名称	工作关系

2）外部：为了完成工作，您需要与哪些外部关系进行协调沟通，请列举。

沟通频率：4. 一直　3. 经常　2. 有时　1. 从未

沟通类别	沟通对象名称	沟通频率	主要沟通方式
相关单位、企业			
客户或代理人			
政府部门或机构			
一般大众			
其他			

9. 工作条例/流程：您在此职位上为完成工作职责需要哪些工作条例与流程来指导工作？

1）工作条例________________________________

2）工作流程________________________________

10. 劳动强度和工作环境/条件：描述现在的工作环境以及您认为必需的办公条件。

1）劳动强度和工作环境

您加班频率一般为每月平均__________次，每次平均__________小时。（请填写）

您平均每周在本地外出__________次，平均每次__________小时。（请填写）

您所从事的工作是否忙闲不均？

A. 是　B. 否

您所从事的工作有哪方面的要求？

A. 气力　B. 耐力　C. 坚持力　D. 控制力　E. 调整力　F. 其他（请填写）__________

本岗位的工作是否要求精力高度集中？

A. 是　B. 否

本岗位工作场所是：

A. 只在办公室

B. 在办公室为主，小部分在外

C. 在外为主，小部分在办公室

D. 只在外工作，极少时间在办公室工作

本岗位的工作情况是：

A. 工作任务比较单一，在规定时间内能顺利完成

B. 同时处理多项工作任务

C. 在A的基础上，工作中经常出现新问题、新情况，需提出解决方法

续表

D. 在 B 的基础上，工作中经常出现新问题、新情况，需提出解决办法
您所负责岗位的工作量负荷程度如何？
A. 超负荷　B. 满负荷　C. 半负荷　D. 无负荷
从事该岗位的危险性：
A. 无　B. 有
您的工作环境是：
A. 相对独立　B. 与他人协作
如选 B，请您回答何时与他人协作，以何种方式协作？（请填写）

2）办公条件：（请列举你所使用的机器或设备）

机器、设备、设施名称	一直使用	经常使用	有时候使用

11. 该职位在工作中容易出现什么过失，上述过失如何发现？

如果未发现过失会有什么后果？

表 5　任职资格

12. 您认为该职位任职者应具备的最低要求是什么？
1）性别要求：□男□女□不限
2）年龄要求：□18 ~ 24 岁　□25 ~ 45 岁　□46 岁以上　□年龄不限（18 岁以上）
3）户籍要求：□公司所在地户口　□户口不限　□特殊要求：
4）职称要求：□初级　□中级　□高级　□不限
5）体能要求：□具有完成该职位工作所需的基本体能　□能够长时间加班　□无要求
6）健康要求：□无重大生理心理疾病　□健康状况良好　□不限
7）教育学历：□高中（中专）　□专科以上　□本科以上　□研究生以上
8）专业要求：
9）经验资历：a）相关工作经验：□不需要　□0. 3 ~ 1 年　□1 ~ 3 年　□3 年以上
b）
c）
10）您认为胜任本岗位需要哪些通用知识（政策、法律法规、计算机等）和专业知识，以及它们需达到何种水平？请列举。

11）您认为具备哪些个性和职业素质要求（责任心、奉献精神等）才能胜任本岗位？请列举。

续表

12）特殊要求：A）

B）

C）

13. 您认为该职位任职者理想的性格类型是怎样的？（人的性格均为复合型，在考虑任职人的时候需多考虑几种类型的复合。如管理、社会、研究型）

常规型：严谨、认真、喜欢按常规和既定的程序办事；

社会型：活泼、人际关系较好、协调沟通能力强、喜欢与人打交道并帮助人；

研究型：独立、喜欢思考、对事情总持怀疑态度；

艺术型：创造力强、想象丰富、富有激情、做事没长性；

现实型：喜欢做看得见摸得着的事情、喜欢与物打交道、不喜欢与人打交道；

管理型：自信、果断、喜欢把握事情发展的方向，计划性强、做事坚韧不拔。

答：

14. 请您根据该职位和工作的需要对于以下每一项胜任特征进行评分。（5 分：非常需要；4 分：经常需要；3 分：有时候需要；2 分：极少需要；1 分：不需要）。

专业知识　激励

学习能力　授权

分析能力　客户服务

团队建设　主动性

交流沟通　责任心

计划指挥　诚信

谈判应变　成就动机

协调决策　创新意识

请将得分为 5 分的项目进行详细说明，它为胜任该职位的必备条件（胜任特征）：如：

交流沟通 5 分——优秀的语言与文字交流能力，能有效沟通各部门关系，人际关系较好

1）

2）

3）

4）

5）

15. 不足和建议。

您认为本岗位工作安排有哪些不合理的地方？应如何改善？

不合理处	改进建议

续表

16. 您还有哪些需要说明的问题？ 直接上级评价：（直接上级可对该职位必需的胜任特征做出上级角度的意见与看法） ☐完全同意　☐基本同意，但要修改　☐基本不同意，需大范围调整 上级补充、修改、调整意见：

第五节　工作日志法

一、工作日志法的概述

工作日志法也称现场工作日记法，是任职者在规定的时间内按时间顺序自行实时、准确地记录工作活动的一种工作信息收集方法。

工作日志又称为活动日志、工作活动记录表等。同文献分析法一样，工作日志法的主要用途是作为原始工作信息收集方法，为其他工作分析方法提供信息支持。此方法获得的信息可靠性很高，有利于分析人员了解其实际工作的内容、责任、权利、人际关系及工作负荷。

该方法的基本依据是：任职者本人最了解所从事工作的情况与要求。因此，由任职者本人记录最为直接，而且所获信息可靠性较高，所需费用较少。

例如，纽约一家公共关系公司有几十名业务员，他们每天管理某一方面顾客的业务，进行工作分析时，访谈及其他调查结果经常高估其工作繁重程度。人事部门建议搞工作日记，一开始大多数业务员都拒绝执行，后经过说明同意试一个月，结果不仅人事部门获得了所需信息，业务员们也了解到了所需时间是怎么花费的，从而指出了改进工作的方向。

二、工作日志法的操作步骤

（一）工作日志的设计

（1）工作日志的构成。工作日志一般由前言、任职者信息、填写说明、填写表格构成。

1）前言：解释并强调通过工作日志收集信息的目的；

2）任职者基本信息：岗位的基础信息，如任职者姓名、工作年限、联系方式等；

3）填写说明：明确填写的时间、方法、注意事项、填写样本等；

4）填写表格：记录工作活动的过程和时间、地点等。

（2）设计工作日志填写表格。工作日志填写表格包括的主要内容：

1）活动名称：工作活动概述；

2）编号：记录工作活动的顺序；

3）活动方式：准确描述如何完成该活动；

4）活动对象：工作活动的客体，活动加工的对象；

5）活动结果：工作活动带来的直接成果；

6）活动频次：在此段时间内重复出现的次数；

7）起止时间：工作活动发生的起止时间；

8）活动地点：活动发生的地点以及地点转移；

9）工作联系：与部门内部人员、其他部门人员、外部人员发生工作联系的内容；

10）工作性质：常规或临时，区分常规工作活动与临时性、偶尔发生的工作活动。

（二）工作日志的填写

为了尽可能使收集的信息更加规范与完整，为后期的分析整理工作减轻压力，在工作日志下发之前，应由工作分析小组组织召集填写者进行填写辅导，辅导的内容为如何规范填写工作日志。

（1）选择填写时间。有两个层面的工作日志填写时间需要工作分析人员事先加以规定。

1）填写的总时间跨度。填写的总时间跨度即工作日志填写的时间范围。总体时间跨度应适中，时间太短会造成大量信息的缺失；时间太长则会造成工作分析成本上升，对组织正常工作的开展带来较大的影响。一般来说，对于能划分完整工作周期的工作，在可能的情况下，可以选其一个工作周期作为填写工作日志的总体时间跨度；对于大多数工作，一般选取 1 周到 1 个月作为工作日志填写时间。

2）每日填写的时间间隔。对于填写者来说，确定填写工作日志的时间间隔的原则是，在尽可能不影响日常工作的前提下记录完整准确的工作信息。因此时间间隔的选择不能过长，过长会导致填写者因为遗忘而使信息不准确甚至“创造”信息；但也不能过短，过短会因为填写工作日志而打乱工作节奏，影响工作的正常开展，从而导致信息失真。有专家认为，每日填写时间间隔为半小时，能最大限度地满足工作日志法的填写原则；在工作分析实践中，半小时的填写时间间隔所收集的信息也是相对完整准确的。但许多工作日志的填写要求是，记录每一项活动的起止时间和所消耗时间，不规定填写间隔时间。

（2）过程监控。将空白的工作日志发放给任职者，让他们按照要求认真填写工作内容与工作过程信息。

在工作日志填写过程中，工作分析人员有必要通过各种方法进行过程监控，如，中期讲解、阶段成果分析、工作分析交流会等。

（三）工作日志表的整理

收回工作日志表，并对信息进行分析与整理。

（1）分析整理工作日志法收集的信息。通过工作日志法收集到的信息量是相当巨大的，在整理分析阶段需要专业工作分析人员对所得到的信息进行统计、分类和提炼，以形成较为完整的工作分析文件。

（2）提炼和归纳工作活动。工作日志整理的第二个任务是从繁杂的日常工作活动记录中归纳、提炼出工作描述。一般来说，根据各项活动不同的完成方式，采用标准的动词形式，将其划分为大致的活动板块，如“文件起草”、“手续办理”、“编制报表”等，然后按照各板块内部工作客体的不同对工作任务加以细化归类，形成对各项活动的描述。

描述大致包括以下几项内容：

1）岗位职责：在确定工作活动后，根据各项活动的性质、目的、对象等，归纳出岗位职责。

2）工作任务性质：区分工作活动的常规性和临时性，对于临时性的工作活动，应在工作描述中加以说明。

3）工作联系：将相同的工作联系客体归类，按照联系频率和重要性加以区分。

4）工作地点：对工作地点进行说明，对于特殊工作地点应详细说明。

5）工作时间：工作负荷率、履行每一项职责所用时间占制度工作时间的比重等。

6）审核者、批准者。

三、工作日志法范例

以下是某公司的工作日志，包括任职者信息、填写说明、填写实例 3 个部分①。

某公司员工工作日志（封面）

姓名：

年龄：

岗位名称：

所属部门：

直接上级：

从事本业务工龄：

填写日期：　　年　月　日至　　年　月　日

① 资料来源：百度文库，http//wenku. baidu. com。

某公司员工工作日志（封二）

工作日志填写说明：

1. 请您在每天工作开始前将工作日志放在手边，按工作活动发生的顺序及时填写，切勿在一天工作结束后一并填写。
2. 要严格按照表格要求进行填写，不要遗漏细小的工作活动，以保证信息的完整性。
3. 请您提供真实的信息，以免影响您的利益。
4. 请您注意保存，防止遗失。

感谢您的真诚合作。

工作日志填写示例（正文）
工作日志记录表

5 月 29 日工作开始时间：08：30　　工作结束时间：17：30

序号	工作活动名称	工作活动内容	工作活动结果	所耗时间（分钟）	备注
1	复印	协议文件	4 页	6	存档
2	起草公文	贸易代理委托书	800 字	75	报上级批准
3	贸易洽谈	玩具出口	1 次	240	承办
4	布置工作	对日出口业务	1 次	20	指示
5	会议	讨论东欧贸易	1 次	90	参与
...					
16	请示	贷款数额	1 次	20	报批
17	计算机录入	经营数据	2 屏	60	承办
18	接待	参观	3 人	35	承办

第五章 工作分析的组织与实施

第一节 工作分析流程

一、工作分析的准备

（一）确定工作分析的目的

在工作分析开始之前，需要明确工作分析的结果将用于哪些方面，以免在工作说明书完成之后，发现其内容不能满足人力资源管理的需要。

工作分析的内容，最重要的是岗位的职责和任职资格。对于职责的重要性，人们一般都能认识到，也就是说，企业进行工作分析时，一般都会把合理地界定、描述岗位职责作为工作分析的目的之一。但任职资格需要具体到什么程度，却容易被忽视，这主要是由于对工作说明书具体将用于哪些方面，缺乏明确的认识。有的企业，在进行薪酬改革工作时才着手工作分析，只是把工作分析作为岗位评价的基础，而没有全面地考虑工作说明书如何使用。在此后可能才发现，工作说明书的某些内容描述过于简略，无法满足使用者的需要。

如果要将工作说明书用于员工招聘，则任职资格中的每一项内容都需要详细说明。例如，学历要求不仅要说明是高中、大专还是本科、研究生，还要说明具体的专业。如果要将工作说明书用于员工培训，则任职资格中的专业知识、技能、能力等内容需要明确、具体。若工作分析的目的是岗位评价，那么仅仅通过访谈等方法获得描述性的信息是不充分和不精确的，还需要采用一些定量的方法对与岗位评价要素相关的工作分析内容进行量化的描述，以便于评估每一个岗位的相对价值。例如，对于劳动中采用不同劳动姿势的岗位，可以依据工作观察，得出采用每一种劳动姿势的累积时间占实际工作时间的比重。如果工作分析的目的是确定绩效标准，则要确定具体岗位的常规职责有哪些，针对每一项常规职责，确定便于评估的标准，包括时间要求、准确性要求、数量要求、程序要求。岗位的类别、复杂程度不同，工作分析的精确程度也不同。同时，为了确保所收集信息的质量，还必须事先确定信息收集的种类和范围。

除明确工作分析的目的外，工作分析的顺利开展还需要具备一定的前提条件：

组织结构已经确定，并具有相对的稳定性，近期内不会进行大的结构调整；各部门的岗位划分比较明确。如果在条件不完全具备的情况下进行工作分析，则会事倍功半，工作分析的结果达不到预期；甚至劳民伤财、半途而废。所以，企业在决定开展工作分析之前，还必须就企业是否满足工作分析的各项前提条件进行确认。

（二）制订工作分析计划

（1）工作分析的时间安排。岗位的数量、工作分析的内容、工作分析结果的详细程度、工作分析的方法等决定工作分析所需要花费的时间。在有些企业中，工作分析是人力资源管理咨询项目的一部分，由于项目周期的限制，往往工作分析所投入的时间不充足，影响到工作分析的质量。例如，一个中型企业请咨询公司进行绩效考核与薪酬制度设计方面的咨询，内容包括前期诊断、工作说明书编写、岗位评价、绩效考核制度设计、薪酬制度设计，项目周期一般是 3 个月，工作分析最多 1 个月完成，而公司的岗位一般有 200 ~ 300 个。在时间紧迫的情况下，工作分析常常做得不够细致。为避免这种情况，在进行项目进度安排时，应当充分考虑工作分析的难度和工作量，合理安排时间。

（2）工作说明书编写者。进行工作分析之前，企业应当成立一个工作分析小组，由人力资源部牵头。如果聘请咨询公司开展这项工作，则可以成立一个由咨询顾问、人力资源部成员为主的工作分析小组。编写者的选择有三种。一是由内部的工作分析小组成员编写。由于小组成员经过精心选择，整体素质高，并且其熟悉本企业的业务，能够保证编写的质量；缺点是工作量大、进展慢。二是岗位的直接上级编写，工作分析小组修改、完善。优点是效率高、能够让员工广泛参与。但由于编写者素质有高低，对岗位的认知、文字表达能力也有差别，会造成编写质量参差不齐。三是由外部的咨询顾问编写。优点是保证工作分析过程和结果的专业性，缺点是咨询顾问对具体岗位的业务不熟悉，且需要支付较高的费用。从实际情况看，采用第二种方法的居多。如果企业岗位数量较少，如只有二三十个岗位，则采用第一种方法比较好。

（3）工作分析方法。工作分析方法关系到工作分析的相关信息如何收集。在第四章中，介绍了工作分析的基本方法包括观察分析法、工作日志法、访谈分析法、问卷调查法等。工作分析的实践表明，采用问卷调查法和访谈分析法结合，再根据需要运用其他方法的思路是比较适合的。问卷调查法和访谈分析法结合，一般是先进行问卷调查，后进行访谈。

（4）工作分析的具体步骤。工作分析从相关准备工作开始，以工作说明书修改完毕并经审核结束，这其中包括哪几个环节需要确定。步骤是否合理、细化，关系到工作分析的结果，具体见下一小节。

（5）工作说明书内容与格式的确定。工作说明书的内容与格式是密不可分的，格式是内容显示的具体形式，工作说明书的内容也就是工作分析的内容。确定工作说明书的内容之后，就明确了工作分析需在哪些方面展开。工作说明书内容的繁简，取决于打算把工作说明书用于哪些地方。

（三）选择工作分析信息来源与信息收集方法

信息来源有以下几个方面：书面资料、岗位任职者的口述或记述、岗位任职者同事的口述或记述、工作分析人员的直接观察结果。在工作分析信息来源的选择上，岗位任职者和其同事的口述或记述是最重要的信息来源。其次是书面资料和工作分析人员的直接观察结果。工作分析人员的直接观察结果虽然可靠性很高，但具有局限性，只适用于程序化工作岗位的工作内容、工作环境等方面的信息收集。

（1）书面资料。

1）同行业标杆企业的工作说明书。应选择与本企业的规模、组织结构、岗位设置相近，管理比较规范的企业作为标杆企业。一般来说，生产、研发、营销这类岗位的设置更具有规律性，因此参考意义更大。

2）流程图。岗位流程图可以提供详细的有关岗位方面的信息，清晰地反映现有条件下，组织中各岗位的输入与输出关系，这对了解和分析岗位的设置十分重要，它表明岗位之间是如何彼此联系起来的。

3）部门职能说明书。部门职能说明书规定了组织中每一个部门的具体职责，而岗位职责是部门职责的分解和细化。仔细研究现有的部门职能说明，可以帮助我们了解部门内部各个岗位的职责。

4）现有的岗位说明资料。在没有进行工作分析的企业，有关岗位的说明往往分散在不同的文件中，如有关岗位职责的文件、员工招聘选拔方面的文件、招聘广告等。

（2）岗位任职者的口述或记述。岗位任职者的口述通过访谈取得；岗位任职者的记述，常用的形式是工作分析问卷，还有一种方式是要任职者记工作日志。由于这是在日常工作中完成的，所以可以避免主观性和由于记忆和认知造成的偏差和遗漏，但这是一种很费时费力的方法。

（3）岗位任职者同事的口述或记述。岗位任职者的同事，包括岗位任职者的上级、同级、下级。其中，上级的口述或记述最具有价值。上级一般能够站在系统分工的角度，客观地分析、认识某个具体岗位，而不是像岗位任职者那样，容易受自身经验的局限。

（4）工作分析人员的直接观察结果。工作分析人员的直接观察结果属于第一手资料，但直接能够观察到的信息，只是工作分析需要的信息的一部分。尤其是任职资格方面的信息，通过观察很难获得。

前面提到，岗位任职者和其同事的口述或记述是最重要的信息来源，而这些信息的获取方法包括访谈分析法、问卷调查法、工作日志法等。信息收集方法的选择标准有3个：普遍适用性、收集的信息的质量、花费的时间与费用。普遍适用性，即是否能够适用于所有岗位的工作分析信息的收集，能否适用于所有工作分析要素的相关信息的收集。从这3个标准衡量，问卷调查法是首选方法。尽管访谈收集的信息质量更高，但由于费时费力，不适合大中型企业作为最主要的调查方法，而应作为问卷调查法的补充。

通过问卷调查法收集信息，我们首先关注的是能否得到信息，得到的信息是否完整；其次才是信息的真实性和客观性。凡是能够设计封闭式问题的调查项目，一般都能够获得完整的调查信息，如任职资格中的学历要求、经验要求，而有的调查项目难以设计出封闭式问题，我们会选择开放式问题，如岗位职责，还有任职资格中的知识要求。以知识要求为例，不同部门之间，岗位的知识要求差别很大，同一个岗位需要的知识类别也有好几个。在这种情况下，我们难以针对这个调查问题设计出有限的答题选项。而采用开放式问题，会带来收集的信息不完整。以岗位职责的调查为例，由于有的被调查者对岗位的认识不全面，文字表达能力和概括能力不足，他们对岗位职责的描述往往不够完整或缺乏层次。针对上述问题，我们需要用访谈法进行补充调查。如果访谈法获得的信息仍然不完整或不完全可靠，我们可以采用工作日志法或观察法。

在工作分析中，针对工作环境、体力要求等方面的要素，我们往往需要收集定量化的信息。例如，体力要求可以通过劳动姿势、是否搬运重物来描述。拿搬运重物来说，我们要了解，一个工作日内搬运重物的累计时间，搬运的物体的重量。通过时间和重量，可以比较客观地描述这个岗位的体力消耗。定量化信息的收集，需要采用观察法等方法。许多企业的工作说明书中，并不包含工作环境、体力要求等方面的内容，在工作分析时也就不需要采用观察法等来收集相关信息。

（四）对工作分析人员进行培训

这里所说的工作分析人员，包括工作说明书的编写者和其他配合进行工作调查的人员。如果分析人员不是咨询顾问，而是公司内部的工作分析小组成员或岗位的直接上级，在工作分析开展之前，需要对他们进行培训。培训的内容包括以下几个方面：

（1）工作分析的目的和意义。让工作分析人员了解什么是工作分析，工作分析的作用是什么，具体应用在哪些方面。

（2）工作分析的基本方法。根据制订的工作分析计划，介绍本次工作分析需要运用的方法，使工作分析人员能够掌握和使用这些方法。

（3）工作说明书内容中涉及专业概念，要理解这些概念的内涵和概念之间的区别。例如，什么是工作经验，工作能力和工作技能的联系和区别。要及时掌握受训者的疑惑并进行解答。在某企业一次工作分析培训时，有人提出，“经验要求”没办法写，非常聪明的人半年就能胜任某岗位，而愚笨的人两年也不能胜任，怎么写呢？培训者回答，我们考虑的是一般情况，就是一个正常人（既不是非常聪明，也不愚笨）需要经历多长时间的工作和训练能够胜任。

（4）工作说明书编写技巧和注意事项。在相关信息收集比较充分的情况下，工作说明书的编写难点在岗位职责方面。职责的编写需要恰当措辞，要求能够使用简洁的语言对职责进行有条理的划分并清晰、简洁地进行概括。

对工作分析人员进行培训，需要事先准备培训材料。以下是某公司的《岗位说明书填写说明》，用于对各部门负责人、生产部门班组长进行如何填写工作说明书的培训。

案例：《某发电公司岗位说明书》填写说明

《岗位说明书》的制定过程是规范岗位职责，收集岗位重要信息的过程。

《岗位说明书》将作为岗位评价的重要依据，通过《岗位说明书》反映的岗位信息，评价委员将进行岗位评价，并依据评价点数的多少划分岗位等级。此外，《岗位说明书》在明确岗位职责、避免工作扯皮、提高工作效率，以及招聘、培训员工等方面发挥着重要作用。因此，请各部门负责人和制定《岗位说明书》的同志予以高度重视，在岗位任职人员填写的《岗位信息调查问卷》的基础上，组织岗位直接上级任职人员认真填写。

《岗位说明书》的填写规范说明如下：

第一部分：岗位基本信息

（1）岗位名称：指实际从事岗位的名称。

（2）所属部门：指本岗位所属部门的名称。

（3）岗位编码：此项由工资改革办公室统一填写。

（4）岗位性质：指岗位属于什么工作性质，与从事该岗位的人员身份无关。本公司的岗位性质分为管理、专业技术、生产三大类。

（5）定员：指从事本岗位工作不可缺少的人数。

（6）编写日期：用阿拉伯数字填写，例如：2015－01－18。

（7）分析制定人：指岗位说明书编写人，要求由岗位的直接上级担任。请填写姓名。

（8）审核人：一般由岗位的间接上级岗位负责，请填写姓名。

（9）职责概述：用简要的文字描述岗位的职责内容。一般用一句话为宜，职责较多时用顿号隔开。

例如：“主要负责项目立项、计划、运行、协调、检查、交付及综合统计工作。”

第二部分：岗位职责

根据重要程度按序号分行填写岗位职责。

（1）序号：用阿拉伯数字按1，2，3，4，5，…排序。

（2）岗位职责：是指分配给每个岗位的工作要项。要求按照重要—比较重要的顺序，逐项填写。

第三部分：任职资格条件

岗位任职资格条件，是指胜任本岗位工作，任职人员在学历、经验和专业技术等级（或技能等级）等方面应达到的最低要求，或应具备的最低条件。

（1）学历要求：是指顺利履行工作职责所要求的、通过学校或职业训练所获得的最低学业水平。如“本科”、“大专”、“中专”、“高中/技校”、“初中”等。

（2）经验要求：是指岗位任职人员达到岗位任职的基本要求开始，到胜任本岗位工作所需要经历的最少实际工作时间。高等级岗位应包括任职前必需的“台阶”或“阶梯”时间。

（3）专业技术/技能等级：管理岗位、专业技术岗位，要求任职人员应具备的最低专业技术资格等级；工人岗位，要求任职工人应具备的最低技能等级。

专业技术等级包括：“无等级”、“员级”、“助理级”、“中级”、“高级”、“正高级”。

技能等级包括：“无等级”、“初级工”、“中级工”、“高级工”、“技师”、“高级技师”。

（4）专业知识要求：指从事本岗位工作需要掌握何种专业的理论知识，以及相关专业理论知识和业务知识。

例如：精通人力资源管理专业知识，具备管理学、经济学专业知识以及熟悉国家人事、劳动政策法规，了解基层单位生产情况。

（5）关键能力：能力是人们顺利完成某种活动必须具备的心理特征，它直接影响活动的效率。如“具有较高的协调沟通能力及创新能力”。

（6）技能要求：技能是掌握和运用专门技术的能力，往往与使用某种设备工具有关。如“能够熟练操作计算机”。

第四部分：工作关系

（1）内部协作：履行本岗位职责需要与本公司内部哪些部门及岗位协作。

（2）外部协作：履行本岗位职责需要与本公司外部哪些单位协作。

（3）直接上级：指直接上级的岗位名称。一般情况下，只有一个直接上级。

（4）直接下级：指直接下级的岗位名称。直接下级可能是一个或多个岗位。

第五部分：使用工具与设备

指完成本岗位职责所需要使用的工具及设备。如“计算机”、“汽车”等。

第六部分：转任或晋升岗位

指本岗位任职人员可横向转换、转任的岗位，或者纵向直接晋升的岗位。

提示：填写岗位说明书的版面、格式、字体、字号大小，必须与《岗位说明书（范本)》一致。

二、工作分析的实施

（一）工作分析相关人员的职责分工

工作分析相关人员包括：公司领导、咨询顾问、人力资源部相关人员、直线经理、一般员工。这里所说的人力资源部相关人员是指人力资源部经理和参与工作分析项目的其他人员。

（1）公司领导的职责：工作分析工作动员、工作分析工作协调、工作说明书审核。在工作分析工作启动时，由领导进行工作分析动员，可以让各个部门更加重视这项工作。工作分析开展过程中，会遇到工作分析工作与各个部门本职工作的冲突，可能影响工作分析的完成时间和质量。在必要时，由公司领导出面协调，可以保证工作分析的顺利开展。工作分析是企业内部的重要文件，应当经公司领导审核后颁布。

（2）咨询顾问的职责：制订工作分析计划、设计和编制工作说明书样本、进行工作分析信息的收集、对工作分析工作进行指导、修改工作说明书。以上职责的前提是，工作说明书由直接上级编写。如果工作说明书由咨询顾问编写，上述咨询顾问职责中的“修改工作说明书”则要改为“编写工作说明书”。

（3）人力资源部相关人员职责：除相应承担直线经理、一般员工的职责外，还要承担的职责是：参与工作分析计划的制订，审核工作说明书样本，审核工作说明书，组织、实施工作分析。

（4）直线经理的职责：配合工作分析小组收集和提供相关信息（如填写工作日志、接受访谈)、编写下级岗位的工作说明书、审核本部门工作说明书。在工作说明书统一由工作分析小组或咨询顾问编写的情况下，直线经理的主要职责是第1项。

（5）一般员工的职责：配合工作分析小组收集和提供相关信息，如填写工作分析问卷、填写工作日志、接受访谈。

许多企业在进行工作分析时，工作说明书由岗位任职者编写，而不是仅配合工作分析小组收集和提供相关信息。由岗位任职者填写的岗位说明书，需要由部门负责人进行修改，经人力资源部审核。

（二）工作分析的实施步骤

对于小型企业，工作说明书由工作分析小组统一编写是适宜的方式；对于大中型企业而言，工作说明书由各级直线经理编写比较好。大中型企业岗位有几百个之多，如果由工作分析小组统一编写，工作分析信息的收集和工作说明书编写的工作量很大，而且编写人员也很难完全了解众多岗位的信息。如果聘请咨询公司开展工作分析，并由各级直线经理编写工作说明书，具体步骤如下：

（1）咨询顾问设计《工作分析问卷》、《工作说明书样本》和《工作说明书填写说明》。首先是设计工作说明书样本。工作说明书样本即工作说明书范例，作为直线经理编写工作说明书的参照。设计工作说明书样本，首先要确定工作分析的内容；而确定工作分析的内容，要先明确工作分析的目的。工作说明书样本还涉及工作说明书的格式，将在下一小节说明。设计工作说明书样本时，应当针对岗位类别各设计出1份，如管理岗位、生产岗位、研发岗位、销售岗位。

（2）咨询顾问征求人力资源部对上述文件的意见并进行修改。人力资源部在审核上述文件时，重点是工作说明书样本，要看其是否能满足企业今后使用的需要。其次是工作分析问卷是否便于填写，是否能满足工作分析的需要。

（3）对相关人员进行工作信息收集、工作说明书编写培训。关于如何进行培训，见第1小节。

（4）所有员工填写《工作分析问卷》并交其直接上级。直接上级在编写下级的岗位说明书时，既根据自己对岗位的认知，也参考任职者的问卷。如果问卷所提供的信息仍不充分，需要采用观察法、工作日志法收集信息，可以由咨询顾问统一安排，并将收集的信息提供给岗位的直接上级。

（5）由岗位直接上级填写工作说明书。在编写之前，直接上级应认真阅读岗位任职者的工作分析问卷。如果有与自己的认识不一致的地方，则应当与岗位任职者进行交流。按照步骤，部门经理的工作说明书应由其主管领导写。但由于主管领导通常比较忙，常常让部门经理自己写，主管领导审核。

（6）咨询顾问审阅工作说明书，并对各岗位直接上级进行访谈。审阅工作说明书，重点是职责和任职资格。职责的审阅，要看职责的描述是否有过于简单的问题，是否有杂乱、条理不清、界限不清的问题。笔者曾为一家企业做工作分析的项目，在审阅一份司机班长写的岗位说明书时，职责只写了两个字："开车"。我们对这位司机班长进行访谈时对他说，仅写"开车"太简单了，司机还有平时车辆状况检查、日常维护等职责。他受到启发，对司机的职责进行了详细的叙述。由于直接上级和岗位的任职者担心，如果岗位任职资格超过了任职者的自身条件，等于宣布任职者不能胜任该岗位的工作，写岗位任职资格时往往按照任职者本身的条件写，而不是岗位的要求。例如，岗位任职者是高中学历，任职资格中的学历要求就写"高中"。这是审阅时要关注的地方。经验要求一项，可能反映的是任职者自身的工作经历，而不是岗位的经验要求。笔者曾审阅过一份部门经理的工作说明书，"经验要求"写的是2年。由于这份工作说明书是部门经理本人写的，我们对他进行访谈。我们问，工作2年就能胜任部门经理工作吗？他说我就是工作2年后被提拔的。后来我们了解到，该公司人员流动频繁，经常出现管理岗位空缺，为保证工作正常进行，有时会破格提拔。这也是审阅时要关注的地方。

（7）咨询顾问修改工作说明书，征求各岗位直接上级的意见并再次修改。依据访谈收集的信息，咨询顾问对工作说明书进行修改。在征求意见时，可以采用和相关部门集体讨论的形式。

（8）人力资源部、公司有关领导审阅岗位说明书。首先是人力资源部进行审核，审核后提交公司领导班子讨论。如果企业自己进行工作分析，上述步骤中咨询顾问做的工作，由工作分析小组或人力资源部承担，步骤将有所简化。如果是一家小型企业，工作分析由自己做，采用工作说明书由工作分析小组统一编写的方式，具体步骤如下：

1）工作分析小组设计《工作分析问卷》、《工作说明书样本》和《工作说明书填写说明》；

2）工作分析小组对全体人员进行工作分析方面的培训；

3）岗位任职人员填写的工作分析问卷并交工作分析小组；

4）工作分析小组审阅工作分析问卷并对岗位任职人员进行访谈；

5）工作分析小组编写工作说明书初稿；

6）工作分析小组征求各部门对工作说明书初稿的意见并进行修改；

7）工作分析小组将修改的工作说明书提交公司领导审阅。

在第 2 步中，全体人员进行工作分析方面的培训，侧重于工作分析问卷如何填写和其他工作分析方法的使用。在第 4 步中，访谈的重点也是岗位职责和任职资格，关注的重点与直接上级编写工作说明书的步骤中的访谈所关注的重点基本相同。如果问卷、访谈收集的信息不够充分或无法收集到某方面的信息，则应当另采用观察法、工作日志法等方法。

三、工作分析结果的形成

前面提到，工作说明书经公司领导班子审核通过后，要以公司文件的形式颁布。全部工作说明书一般以部门为单位按照一定的顺序排列，以便于查阅。文件中应当有颁布的时间、编写者、审核者等项信息。

工作说明书的格式，一般采用表格的形式，而不建议采用单纯文字描述的形式，表格形式看上去更直观、清晰。

工作说明书按照内容繁简，可以分为简单型、较复杂型、完备型三类。简单型工作说明书，一般只包括岗位基本信息、岗位职责、任职资格三部分内容。从实际情况看，采用较复杂型的比较多。下面是一个较复杂型工作说明书的实例。

表 5－1 某企业人力资源部部长工作说明书

<table>
<tr><td colspan="6">一、岗位基本信息</td></tr>
<tr><td>岗位名称</td><td>人力资源部部长</td><td>所属部门</td><td>人力资源部</td><td>岗位编码</td><td>0301</td></tr>
<tr><td>岗位性质</td><td>管理</td><td>定员</td><td>1</td><td>编写日期</td><td>2004－01－02</td></tr>
<tr><td>分析制定人</td><td colspan="2">万××</td><td>审核人</td><td colspan="2">郝××</td></tr>
<tr><td>职责概述</td><td colspan="5">协助上级主管部门管理公司级领导工作，负责人力资源部全面工作</td></tr>
<tr><td colspan="6">二、岗位职责</td></tr>
<tr><td>序号</td><td colspan="5">岗位职责</td></tr>
<tr><td>1</td><td colspan="5">协助上级主管部门管理公司领导班子。组织公司进行公司后备干部队伍建设，制订并落实培养计划</td></tr>
<tr><td>2</td><td colspan="5">组织制订并落实人力资源规划，组织人员招聘，负责人力资源配置及职业生涯设计的管理工作</td></tr>
<tr><td>3</td><td colspan="5">组织薪酬管理，审查薪酬设计方案，组织综合考核，落实工资总额计划，控制工资总额使用</td></tr>
<tr><td>4</td><td colspan="5">组织开展社会保险工作，审核制度、报表</td></tr>
<tr><td>5</td><td colspan="5">审核员工教育培训规划、计划，组织举办培训，审定送外培训人员</td></tr>
<tr><td>6</td><td colspan="5">组织制订本部门工作规划、计划、报告、总结及各项规章制度，负责部门各类报表审核把关工作</td></tr>
<tr><td colspan="6">三、任职资格条件</td></tr>
<tr><td>学历要求</td><td colspan="5">人力资源管理或相关管理专业本科以上学历</td></tr>
<tr><td>经验要求</td><td colspan="5">从事人力资源管理工作及相关管理工作 6 年以上</td></tr>
<tr><td>专业技术/技能等级要求</td><td colspan="5">中级专业技术水平</td></tr>
<tr><td>专业/知识要求</td><td colspan="5">精通人力资源管理专业知识，具备管理学、经济学理论知识，熟悉国家劳动、人事政策法律法规，了解基层单位生产业务知识</td></tr>
<tr><td>关键能力要求</td><td colspan="5">具备较高的协调沟通能力、文字表达能力、分析判断能力</td></tr>
<tr><td>技能要求</td><td colspan="5">熟练使用办公软件</td></tr>
<tr><td colspan="6">四、工作关系</td></tr>
<tr><td>内部协作</td><td colspan="5">行政部、财务部、经理办公室</td></tr>
<tr><td>外部协作</td><td colspan="5">上级单位人力资源部、劳动和社会保障局</td></tr>
</table>

续表

直接上级岗位	人事行政副总经理
直接下级岗位	教育培训主管、劳动工资主管、社会保险主管、绩效考核主管
五、使用工具与设备	
计算机、打印机、电话	
六、转任或晋升岗位	
行政部部长，人事行政副总经理	

该工作说明书包括岗位基本信息、岗位职责、任职资格条件、工作关系、使用工具与设备、转任或升迁6项内容，不包含工作环境、劳动强度方面的内容。由于这6项内容基上不需要定量描述，因此相关的工作分析信息的收集，主要采用问卷调查法、访谈法就可以达到目的。

由于组织面临的情况总是在不断地变化，组织中的岗位和职责也需要在适当的情况下进行调整，这势必会影响到先前所获得的各种工作分析成果的有效运用。如果组织机构改变，而岗位说明书没有进行相应的调整，其作用就得不到发挥，岗位重叠、职责混淆、管理分配不平衡的问题就会出现。因此，经过工作分析形成岗位说明书等成果要进行动态维护。

人力资源部平时应当关注岗位内容的最新变化与调整，收集相关的岗位信息。在组织结构调整或组织变革的时期，更需要不断获取各种反馈意见，修正或更新工作说明书以及其他工作分析的成果。

第二节　工作说明书的编写

前文所述的6项工作说明书的内容，是所有工作说明书中最重要的内容。下面，我们针对这6项内容，详细说明如何编写工作说明书。

一、岗位基本信息

在岗位基本信息的各个项目中，岗位名称、岗位编码、职责概述3项的填写要遵循一定的规则。

（1）岗位名称。岗位名称要简单明了、容易记忆，而且能够反映该岗位所处的层级。有的企业用经理、主管、员这3个词区分部门内的岗位层级，如某制造企业工模部，有工模部经理、工模主管、测量员。有的岗位，如综合办公室的岗位，承担的任务比较多，各项任务之间的关联不是很大，岗位名称如何起？可以用综合业务主管、综合事务管理员给这类岗位命名。

（2）岗位编码。以表5－1为例，岗位编码采用4位数，前两位代表部门编号，后两位代表部门内岗位编号。

（3）职责概述。职责概述，就是用简要的语言说明具体岗位的职责。岗位职责单一，概述比较容易；岗位职责繁杂，概括起来会有困难。遇到这种情况，我们可以将各项职责分为几个大类，分别提取各大类职责的关键词，并把这些关键词放到职责概述中。如某发电企业综合部主任的职责概述是："协助总经理处理日常行政事务，负责行政事务、信息网络、法律事务、公共关系、档案管理等工作。"

从这个职责概述可以看出，综合部主任的职责分为两大项，一是协助总经理处理日常行政事务，二是部门内部管理，具体又包括5项。

二、岗位职责

岗位职责的编写，需要强调以下几点：

（1）职责按照重要性排序。重要的职责排在前面，次要的职责排在后面。一般而言，以动词"负责"开头的职责是相对重要的，以动词"协助"开头的职责是相对次要的。但也有例外，如表5－1中的第1项职责。有人有这样的疑问，职责明确后，是否职责以外的工作可以拒绝做？为了体现岗位职责的一定弹性，便于工作安排和协作，有的企业的岗位职责最后都加上一条"完成领导交办的其他工作"。

（2）岗位职责较多的情况下，可以将职责划分为两个层级。所谓划分两个层级，就是先将职责划分为几个大类，在每一个大类基础上再进行细分，如表5－2所示。

表5－2 某供电企业电网调度处处长岗位说明书（摘录）

岗位职责	
1. 编制、修订调度运行标准	1.1 编制、修订调度运行技术规程、管理制度
	1.2 贯彻调度运行技术规程、管理制度及公司相关规定
2. 负责处室管理工作	2.1 调配处室资源
	2.2 制订工作计划、员工培训计划
	2.3 指导、督促员工开展工作
	2.4 负责工作总结
	2.5 负责处室员工绩效评估工作
	2.6 制定、实施处室工作改进措施
3. 开展电网调度运行工作	3.1 指导电网调度运行、事故处理工作
	3.2 落实保证安全的技术措施、组织措施
	3.3 监督电网运行计划的执行情况
	3.4 负责电网重大操作方案的审核、落实工作
	3.5 组织分析电网运行中存在的问题并采取措施

续表

<table>
<tr><th colspan="2">岗位职责</th></tr>
<tr><td rowspan="3">4. 开展电网调度技术管理工作</td><td>4.1 组织调度专业技术培训</td></tr>
<tr><td>4.2 负责电网联合反事故演练、大面积停电演练</td></tr>
<tr><td>4.3 组织开展新技术应用工作</td></tr>
<tr><td rowspan="3">5. 开展电网调度运行专业管理工作</td><td>5.1 组织供电企业调度运行专业管理与考评</td></tr>
<tr><td>5.2 组织直调厂站调度业务考核管理</td></tr>
<tr><td>5.3 参与统调电厂并网调度协议的签订</td></tr>
<tr><td rowspan="2">6. 协调外部工作</td><td>6.1 负责与其他处、部门的工作协调</td></tr>
<tr><td>6.2 负责与直接上级的沟通</td></tr>
</table>

（3）任务单一、重复的岗位，其职责以作业程序为核心进行描述。

先看一个实例：

表 5－3　某机械制造企业机加部车工岗位职责

岗位职责详述
1. 根据生产进度要求，操作机床对工件进行切削加工，确保制件按期、保质完成
2. 编写一般的加工工艺，正确执行工艺规程
3. 根据工件材料和加工要求合理地选用车刀和钻头，并能刃磨较复杂的成形刀具
4. 进行机床的维护和保养，防止并能排除自用车床的一般故障
5. 零件的加工和测量
6. 数控车床的编程和一般的故障排除
7. 应用新工艺、新技术、新材料和新设备
8. 工作区域的卫生清扫和保持
9. 完成领导交办的其他工作

车工的劳动具有任务单一、重复的特征。以上岗位职责，除了第 1 条工作任务的总的要求和第 4 条、第 7 条、第 9 条职责，其余的职责实际上就是车工的作业程序，从编写加工工艺、数控车床编程到加工零件，最后工作结束时清扫工作区域。只不过职责排列是按照重要程度，作业流程中的各项任务并不是按照自然的顺序排列。

三、任职资格

（一）学历要求

如前所述，学历要求不仅要说明具体的学历层次（高中、大专、本科、硕士研究生、博士研究生），还要说明具体的专业。或者，在任职资格中加上“专业要求”一项，这样学历要求就不需要说明具体专业了。有的岗位，如综合办公室主任，涉及多个专业的工作，其专业要求难以明确。

对学历要求进行审核时，我们可以采用横向对比和纵向对比的方法，判断学历要求的描述是否合理。横向对比，就是将同一层次若干岗位的学历要求放在一起比较；纵向对比，就是把不同层次若干岗位的学历要求放在一起比较。例如，某烟草进出口公司的工作说明书中，担任办公室主任、副主任的学历要求是大专，而秘书等岗位是本科，很可能是受到了任职者现状的影响。

（二）经验要求

对于这一项内容，除表明时间长短外，还要表明具体的工作经历，以便于人员的招聘。例如，某建材制造企业财务部经理的工作说明书中，经验要求是“大型建材制造企业 5 年以上财务管理工作经验，其中 2 年以上成本管理工作经验”。这里，除了 5 年的时间要求，还需要有大型建材制造企业的财务工作经历、从事过 2 年成本管理。

对经验要求进行审核时，我们也可以采用横向对比和纵向对比的方法，判断经验要求的描述是否合理。横向对比，就是将同一层次若干岗位的经验要求放在一起比较；纵向对比，就是把不同层次若干岗位的经验要求放在一起比较。以下是咨询顾问在审核上面提到的烟草进出口公司的工作说明书时，所提的修改意见摘录，其中涉及横向对比和纵向对比：

“（1）在同一个部门内不同层次的岗位之间，任职资格中经验要求与正常晋升所需要的经验积累有矛盾，建议修改。矛盾表现为两个方面：①担任主任和副主任所需要的工作经验相同；②担任主管或主办所要求的工作经验高过本部门的主任、副主任。岗位的经验要求应与岗位层次成正比，如办事员需要 1 年工作经验，主办 2 年，主管 3 年，副主任 4 年，主任 5 年。

（2）担任综合办、办公室主任的工作经验要求与担任业务部门主任的工作经验要求差 2 年，是否符合实际？建议再进行研究。”

（三）专业知识要求

专业知识要求的描述，需要表明所需要的专业知识的类别和掌握的程度。掌握程度可以用精通、掌握、熟悉、了解等动词加以区别，需要精通的放在最前面，需要了解的放在最后，如表 5 - 1 中的描述。

（四）能力要求

程序化工作、技术工作对能力的要求往往比较单一，而部门经理这样的岗位，则需要多方面的能力。能力要求与岗位职责密切相关，如部门经理需要较高的协调沟通能力，计划管理岗位需要较高的计划能力或规划能力。

四、工作关系

在工作关系中，对内协作、对外协作一般是比较明确的，但直接上级和直接下级有时需要具体分析。例如，如果一个部门除正职外还有副职，需要弄清楚，是否部门副职以下的岗位，其直接上级有两个。某水力发电集团公司人力资源部共有9个岗位，除经理岗位和副经理岗位外，其余7个岗位的说明书中，直接上级一项都写的是“经理、副经理”。

五、使用工具与设备

这项内容比较容易描述。生产岗位所使用的工具与设备因岗位分工不同而有所不同，行政和管理岗位所使用的工具与设备基本相同，包括计算机、打印机等。

六、转任或晋升岗位

转任可以在部门内部，也可以在部门之间，但具体可以转任哪个岗位，实际工作中往往不明确。能够晋升的岗位，取决于企业的晋升通道。企业如果有针对不同类别岗位的晋升通道，晋升岗位就比较容易说明。

第三节 工作说明书的应用

工作说明书可以应用于人力资源管理的各个方面。工作说明书在薪酬管理中的应用，在第七章有阐述，这里不提及。下面，我们介绍工作说明书在人力资源规划、员工招聘选拔、员工培训、员工绩效管理中的应用。

一、工作说明书在人力资源规划中的应用

（一）人力资源规划的概念和程序

人力资源规划是指根据组织发展战略，科学地预测、分析组织在未来一定时期人力资源的供给和需求状况，制定适合的政策和措施，以确保未来组织人力资源供给和需求的动态平衡。

人力资源规划的程序是：①制定组织发展战略；②人力资源需求预测；③人力资源供给预测；④制定人力资源供求匹配的政策和措施。

（二）工作说明书在人力资源需求预测中的应用

第四章第一节中提到，人力资源需求预测的重点是关键岗位人员需求的预测。除了预测关键岗位人员的数量，还要明确关键岗位的任职要求，以便于通过外部招聘或者内部培养增加人员的供给。下面，以A公司的人力资源规划的实例加以说明。

以家庭装饰、装修服务业务为主营服务项目的A公司成立于1997年。经过4年的奋斗，A公司已经在北京市家庭装潢行业内小有名气。由于业务的不断提升，A公司计划将经营范围扩散到全国各主要城市。因此，A公司需要一些既了解公司发展经历、运作模式，又懂得管理的经营管理型人才，来支持自身的全国发展计划。很显然，招聘“空降兵”的方案无法缓解A公司面临的燃眉之急。A公司的人力资源部与管理层进行了探讨与沟通，决定邀请企业外部的人力资源专家（顾问）协助解决问题。经过一段时间的研究，外部的人力资源专家（顾问）协助人力资源部总结、归纳了A公司急需的核心人员素质要求标准及不同级别人员的任职要求，决定从企业内部选拔并培养自有人员。人力资源部针对公司的经营计划和企业本身的特点设计了培训内容，同时进行了企业内部培训讲师的筛选和培训，然后安排合格的讲师进行课程开发。各项工作准备就绪后，率先推出的是为期一周的全封闭式“黄埔”基础培训班，培养对象是基层管理人员。凡是在公司服务两年以上、年度业绩考核良好、有志从事业务管理的相关业务部门员工均可报名参加；同时部门负责人也可进行推荐。在报名、推荐结束后，所有人员还需参加人力资源部组织的考核（主要考核管理意识和管理潜能），通过后方可参加培训。因受训人员来自不同部门，为使培训更有针对性，在基础培训班的内容设计上分为：公共课程和专业课程。公共课程大家共同参加，专业课程分开学习。培训讲师由两部分组成：内部讲师和外聘教师。第一期受训人员为20人，经实习、考核后有12人出任管理岗位，另外6人出任副职，基本满足了A公司当时的人才需求。[①]

在这个例子中，A公司针对未来经营管理型人才的短缺，决定采用内部选拔并培养的策略。首先确定了未来所需要人才的素质要求，然后挑选有潜力的员工加以培养。未来所需要人才的素质要求，成为确定培训内容的依据。未来所需要人才的素质要求来源于工作分析。如果有相关岗位的工作说明书，相关的任职资格条件可以直接拿来使用。

（三）工作说明书在人力资源供给预测中的应用

替换单法是人力资源供给预测的方法之一。替换单如图5－1所示。

以上替换单的背景可以假设为：2年后总经理位置将出现空缺，李副总经理是继任人选。公司根据可晋升到副总经理的岗位、晋升副总经理的条件、现有可晋升岗位人员的基本情况，确定可接替李副总经理的人选有3个，供给大于需求。

在确定可晋升的岗位时，工作说明书中的“转任或晋升岗位”的信息可以提供依据。

① 刘蕾．选拔培训13步［J］．企业管理，2003（5）．

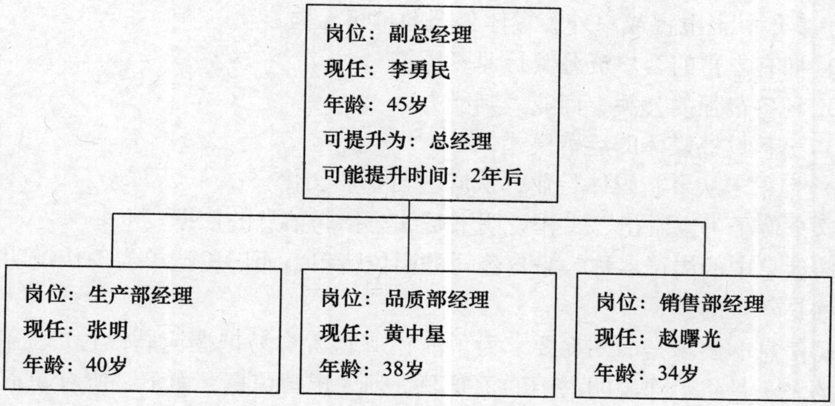

图5－1　替换单法示例

二、工作说明书在员工招聘中的应用

员工招聘分为内部招聘和外部招聘。员工外部招聘的流程一般是：用人部门提出用人需求，人力资源部制订招聘计划并报公司总经理审批，选择招聘渠道并接受应聘者简历，对收集的应聘者简历进行筛选，对经过初步筛选的应聘者进行笔试、面试，根据笔试、面试成绩确定录用名单，通知被录用者报到。

招聘渠道主要有人才交流会、互联网、报纸、中介机构或猎头等。目前，对于一般员工的招聘，企业更青睐于通过互联网发布招聘广告的方式。

工作说明书可以直接应用于招聘广告中的招聘信息编写、简历筛选、笔试和面试3个环节。

（一）工作说明书与招聘信息

招聘广告中的招聘信息一般包括3项内容：岗位名称、职责、任职条件。以某广告公司销售经理的招聘信息为例：

销售部销售经理1名。

岗位职责：

（1）新客户开发和客户关系维系；

（2）制订市场拓展计划，提供行之有效的项目策划方案；

（3）对行业客户进行定期梳理，不断开发有效客户与潜在业务；

（4）了解客户需求，开拓合作机会，完成项目签订；

（5）为公司业务拓展提出建设性的意见和提案。

岗位要求：

（1）专科以上学历，广告、公共关系、媒体传播、市场营销等相关专业优先；

（2）2 年以上电视或户外等媒体公司的销售经验；

（3）拥有丰富的客户资源及行业资历；

（4）具备很强的公关、商业谈判能力；

（5）熟悉户外媒体的运营模式；

（6）有志于从事新媒体行业，认同公司企业文化。

从这个例子可以看出，工作说明书是编写招聘信息的依据。

招聘信息中的岗位名称，来自公司的岗位清单，而岗位清单与工作说明书中的岗位名称是一致的。

招聘信息的要求是简明扼要。为了能让应聘者容易把握应聘岗位的工作内容，比较好的做法是将工作说明书中的重要职责列入招聘信息，而不是所有职责。如工作说明书编写一节所述，重要的职责排列在前面。有些常规工作岗位的职责往往比较简单，只有几条，可以直接用到招聘信息中。

在任职条件部分，突出和强调学历、专业、工作经历、资格证书等“硬条件”，专业知识、能力、技能等“软条件”需要通过考试或面试等进行评价，招聘信息一般仅写明最重要的内容，而不需要详尽地说明。“硬条件”和重要的“软条件”均可以从工作说明书中提取。以前面的招聘信息为例，岗位要求中第 1～3 条是硬条件，分别规定了学历、专业、经验、资历方面的要求；第 4 条“具备很强的公关、商业谈判能力”，提出了销售经理最重要的一项能力要求。但如果查阅工作说明书，销售经理的能力要求不止一项。第 5 条“熟悉户外媒体的运营模式”，属于专业知识方面的要求。同样，在销售经理的工作说明书中，专业知识方面的要求也不止一项。

（二）工作说明书与简历筛选

许多企业的员工简历或工作申请表的格式和内容都由人力资源部统一编制。如某中外合资企业的工作申请表有以下内容：

（1）姓名、年龄、户籍、婚姻状况、民族；

（2）家庭住址、联系方式（电话、e－mail 等）；

（3）教育背景、专业、毕业学校；

（4）工作经历及证明人；

（5）个人技能和专长；

（6）外语水平和计算机水平；

（7）奖励、处罚记录；

（8）家庭背景。

从该公司的工作申请表的内容可以看出，涉及招聘信息中硬条件的信息，都已包括在工作申请表中。筛选求职者简历时，首先要审阅每一份简历，并将工作说明书中的学历、专业、经验、资格证书等要求与简历中的描述进行对照，以确定求职者是否符合这些条件。前面提到，某建材制造企业财务部经理的工作说明书中，经验要求是“大型建材制造企业5年以上财务管理工作经验，其中2年以上成本管理工作经验”。如果该企业招聘1名财务部经理，在审阅求职者建立时，就要关注其有关工作经历的描述，是否与工作说明书中的经验要求相符。

（三）工作说明书与笔试、面试

许多集团企业在进行校园招聘时，规定通过简历筛选的应聘者首先要参加笔试。以某银行为例，笔试内容包括：

（1）行政能力测试：包括逻辑推理、数字推理、图形推理、文字推理；

（2）英语测试：包括语法和词汇；

（3）专业知识测试：包括国际贸易基本知识、货币银行基本知识、国际金融基本知识等。

第3项内容是各个岗位的人员都需要了解的专业知识，一般在工作说明书的专业知识要求中说明。如发电企业的工作说明书中，有“熟悉电力生产相关知识”的要求。

行政能力测试属于工作的潜能测试，有的企业还要进行个性测验之类。工作说明书中一般没有潜能、个性方面的要求。由此可以得出，工作说明书与笔试部分相关。

面试是通过交流和观察评价应聘者素质的一种方法。也就是说，面试有两种形式：提问和观察。观察的内容主要是应聘者的衣着、外貌、言谈举止，通过这些外在特征来评价应聘者的内在素质。通过提问来评价的内容来自两个层面，一是企业自身特点和企业的价值观，如外资企业要求应聘者具备流利的英语口语能力，强调团队精神的企业要求应聘者要具有协作意识。二是岗位的任职条件，主要是工作经验、专业知识、工作能力、个性特征。由于面试不是评价个性特征的最好方法，所以很多企业的面试评价内容中没有个性一项，而是借助心理测评来进行评价。第一个方面的评价内容是通用的，第二个方面的评价内容是针对具体岗位类别的。以下是某公司的面试评价表，既有观察的内容，也有通过提问进行评价的内容。

表5-4　应聘人员面试评价表

应聘者姓名				应聘部门及职位			
工作年限				期望薪资			
评价							
评分项	5	4	3	2	1	0	评价说明
1. 仪表、精神、举止							
2. 沟通表达能力							

续表

评价							
评分项	5	4	3	2	1	0	评价说明
3. 学习领悟能力							
4. 应变思维、分析能力							
5. 工作经验吻合度							
6. 专业知识吻合度							
7. 个人发展潜力							
8. 对公司企业文化认同度							
评分小计							

评价意见：

□建议复试 □列入储备 □不予录用 签字： 日期：

资料来源：百度文库，http//wenku. baidu. com。

评价表中的第 2 ~ 8 项内容属于通过提问进行评价的内容，第 2 ~ 6 项与岗位的任职资格有关。由于不同岗位所要求的工作能力不尽相同，面试评价表应当根据岗位类别进行针对性设计。

工作说明书中任职资格的描述为确定面试评价内容提供了依据，同时提示面试评价者从哪个方面向应聘者方面提出问题，在评价时应当关注哪个方面。例如，某机械制造企业的记账会计的工作说明书中，专业知识要求共有 3 项：会计核算及记账程序、企业会计准则、税收的各项法规和政策。当企业招聘记账会计时，对专业知识的提问可以着眼于这 3 个方面。

三、工作说明书在员工培训中的应用

（一）工作说明书与培训需求分析

关于工作说明书与培训需求分析的关系，下面的企业转岗培训的实例可见一斑。

20 世纪 90 年代以来，随着电信技术进步和设备的不断更新，对企业内部人力资源的配置提出了新的课题：一方面，大量下岗人员需要进行安置；另一方面，一些新技术岗位又急需补充素质高的人员。针对余缺并存，且不能完全互补的情况，公司采取了以下步骤：

（1）预测转岗员工的数量。根据企业的发展规划和新技术岗位的定员定额标准，预测“八五”期间，将有2000名左右的机电制交换维护、人工话务等岗位人员面临下岗。

（2）确定下岗人员的分流方向。公司根据电信业务的发展趋向，确定程控、测量、电力、空调、寻呼话务为下岗人员的分流方向。

（3）分析培训需求。通过分析下岗人员的年龄、文化程度、技术结构和新岗位的任职资格要求，掌握了培训的基本内容。有的下属企业将缺人岗位向已下岗或将要下岗的员工公布，由本人填写志愿，自主选择新工作岗位，经领导审批，劳资部门备案后，由教育部门组织培训。

（4）制订培训计划。公司制定了有关规定，要求各单位每年均要上报转岗计划，确定培训时间、培训岗位、培训人数和培训方式。

（5）实施培训。在培训教材的选择、编写上突出针对性和实用性，选择教学经验丰富、专业知识“博、深、新”的教师和技术骨干担任任课老师，严抓员工培训期间的考勤。

（6）考试、考核。考试、考核合格者方可转岗，不合格者需继续接受培训。

上例中，培训需求分析采用的是将下岗人员的年龄、文化程度、技术结构和新岗位的任职资格要求进行对照的方法，而任职资格要求是工作说明书的内容之一。第四章第一节提到，将员工的现有条件与工作说明书中的任职资格进行对照，是培训需求分析的方法之一，属于差距分析法。

采用这种方法进行培训需求分析，首先要明确岗位的任职条件。例如，某邮政信息技术局设有“系统分析岗”，该岗位属于技术类骨干岗位，其主要职责是负责综合网应用软件开发中最高层设计——系统设计，要负责综合网应用系统需求分析、提出软件技术项目的开发计划，并为项目保质保量按期完成提供保障等；其岗位资格有基本素质要求和专业能力要求。基本素质要求从事该岗位工作的员工应具备计算机专业本科以上学历，从事计算机技术工作2年以上，熟悉IT业务、网络知识以及邮政通信业务规程等；专业能力要求从事该岗位工作的员工应对软件工程有深刻理解，熟悉软件开发的主流技术，有大型项目的设计和管理经验，等等。有了这样明确的任职条件，任职者就能够对照这个条件，确定自己的培训需求。

（二）工作说明书与培训课程设计

在企业培训的过程中，往往需要设计一些固定的培训课程。有了固定培训课程，在制订年度培训计划时，员工就可以根据需要选择具体的培训内容，就像就餐时看着菜单点菜一样。

固定培训课程设置的依据是员工的任职资格标准和实现高绩效所应当具备的素质，因此，固定培训课程分为两类：基于任职资格标准的培训课程和基于胜任力模型的培训课程。由于胜任力模型在国内企业尚未得到广泛的应用，依据任职资格标准设计培训课程体系是简单易行的方法。下面以某高科技企业销售代表岗位为例说明。

在该岗位的工作说明书的任职资格中，对应具备的知识有如下描述：

(1) 熟悉所销售产品的特性，具备一定的电源专业知识；

(2) 熟悉用户的采购程序；

(3) 掌握产品销售实务和基本技巧；

(4) 具备一定的经济合同法知识。

假如公司每年都要从市场上招聘一批人员充实销售队伍，其中有一些是大学生。对于没有工作经验的学生来说，“所销售产品的特性”、“用户的采购程序”、“产品销售实务和基本技巧”、“经济合同法知识”都是培训的内容。因此，可以相应开设“产品的形成及其特性”、“销售实务与销售技巧”、“经济合同法入门”几门课程。用户采购程序方面的知识可以放到“销售实务与技巧”中。

四、工作说明书在员工绩效考核中的应用

(一) 工作说明书与关键绩效指标分解

关键绩效指标来自企业战略目标的分解，是对企业战略目标的细化和具体化，并随着企业战略目标的变化而调整。根据岗位说明书的职责描述，我们可以明确，分解的关键绩效指标由哪些岗位承担，或者说，分解的关键绩效指标哪些岗位能够控制。下面是某物业公司关键绩效指标分解的实例，其中说明了职责与关键绩效指标分解的关系。

某物业管理公司当前承担一座写字楼的管理和服务，制定的战略目标是成为高档写字楼和高档公寓范围的物业管理集团，实现战略目标的关键绩效因素（可以理解为实现战略目标的手段或战略目标下的次级目标）有盈利水平、安全保障、服务质量、运营效率等几个方面，在此基础上提炼公司级关键绩效指标，如图 5 - 2 所示。

以公司级关键绩效指标为基础，运用价值链和业务流程的分析方法，确定实现绩效增值的关键控制点（二级关键绩效因素），并提炼部门级关键绩效指标。结合各部门的功能定位和职责分工，从归口管理和履行、实施角度明确各项指标的责任部门。管理部门主要负责对指标的考核，承担部门是考核对象。根据对指标实现的影响程度，指标承担部门可以进一步分为主要责任部门、辅助责任部门和相关责任部门，以进一步区分各部门绩效责任的差异。

以上例中的指标“单位面积成本”为例，在经营面积一定的情况下，单位面积成本的高低取决于各项费用支出，这是关键控制点。可以在此基础上提炼部门级关键绩效指标，如表 5 - 5 所示。

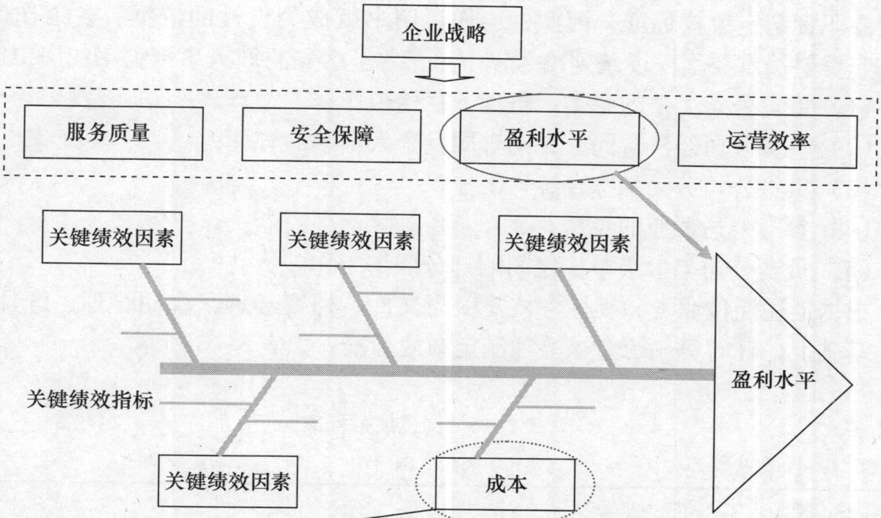

关键绩效因素	公司级关键绩效指标	
成本	写字楼每平方米分摊的成本	单位面积成本
	总成本的降低	总成本降低率

图 5－2 公司级关键绩效指标设计

表 5－5 指标“单位面积成本”分解

业务流程	关键绩效因素	关键绩效指标		责任部门	
设备运行	设备运行消耗	1	能耗费	管理	
				承担	工程部
设备维修	设备维修费用	2	维修费	管理	
				承担	工程部
职能管理	行政办公开支	3	行政办公费	管理	
				承担	物业部

由表 5－5 可知，能耗费、维修费的责任部门是工程部，行政办公费的责任部门是物业部。根据工作说明书的职责描述，部门经理是部门职责的承担者，因此，能耗费、维修费应由工程部经理岗位承担，行政办公费应由物业部经理岗位承担。

（二）工作说明书与岗位职责指标设计

采用岗位职责指标考核，实际上是将岗位的重要职责作为考核内容，针对每一项重要职责制定考核标准，因此，工作说明书就成为设计的依据。在工作说明书中，职责要按重要程度逐条列出。以下是某物业公司行政人事部秘书的岗位职责：

（1）负责公司文件的归类、整理、存档工作；

（2）负责公司经济合同、劳动合同及个人档案的管理；

（3）负责公司劳动、综合统计工作；

（4）参与公司证照的年检；

（5）负责公司与上级单位之间的部分联络工作。

根据上述岗位职责，提炼考核要项为文件、档案管理，合同管理，统计三项。在此基础上，针对每一个考核要项制定绩效标准，如表5－6所示。

表5－6 岗位绩效标准

部门：行政人事部　　岗位：秘书　　制定日期：　　年　　月

考核要项	重要程度	考核标准
文件、档案管理	A	1. 文件分类清楚，有目录 2. 文件及时归档，每月对归档文件核对一次 3. 不得随意将文件外借，借重要文件要写借条，借条必须由上级领导签字 4. 每周对借条清理一次 5. 文件、档案不得丢失
合同管理	A	1. 按质量体系认证标准对每份合同编号登记，随到随编 2. 合同不得外借
统计	B	1. 每月10日前按财务报表数据报送经济指标报表 2. 每周至少登记一次统计台账，并保证数据真实无差错
备注		
制定者：郝云		

第六章 岗位评价的基本方法

第一节 岗位评价及其运用中的实际问题

一、岗位评价的含义

在一个企业中，一个员工所得到的报酬应当与其所从事岗位的价值相匹配，以体现薪酬分配的内部公平性。但问题是，每个员工都认为自己从事的岗位重要。某一个工种的工人可能认为他们从事的工作具有危险性，劳动强度大，应该获得较高的报酬；而另一个工种的工人可能认为他们从事的工作需要较高的技能，应该获得较高的报酬。管理者需要知道，不同岗位之间的工资关系怎样才是合理的。解决这类问题的出路是寻找并使用一种技术，以尽可能地使所有的人员达成这样一种共识，即建立在这种技术基础上的工资制度是公正的、合理的。岗位评价正是提供了这样一种技术。因此，岗位评价可以定义为：对岗位在一个组织内的相对价值进行评估，并根据评估结果进行岗位分级，以便为合理的工资结构奠定基础。它关心岗位的分级，而不去注意谁在做或谁去做这些工作。

岗位评价的核心是给岗位划分级别，目的是实现同工同酬。

岗位评价应遵循的原则是：

（1）岗位评价针对岗位而不是岗位中的员工；

（2）岗位评价方法和标准应当适合企业的实际；

（3）让员工广泛地参与到岗位评价中，使岗位评价结果获得广泛认同；

（4）岗位评价结果应该公开。

二、岗位评价的形成和发展

岗位评价有一个形成过程，它是在西方国家中首先出现和发展起来的。

从 1915 年起，4 种主要的岗位评价体系逐步建立起来，按时间顺序是排列法、分类法、因素比较法和计点法。前两种被认为是非数量的评价体系；后两种被认为是数量的评价体系。

20 世纪 30 年代，美国专家科里斯（Kress）对评分法进行了大量的修改，并于20世纪30年代末在两个美国颇有影响的工业组织——全国电器制造商协会（EMA）和全国金属贸易协会（NMTA）以评分法为基础制定岗位评价方案。科里斯的岗位评价计划与之前的评价方法相比，更加简便易行、更加实用。该评价方法的重大创新点在于将原来众多的评价因素削减为四个因素：技能、干劲、责任和工作条件，通过这四个因素进行岗位评价。通过科里斯的工作，评分法在整个电信机械部门获得了巨大的成功，以至于许多企业和部门竞相效仿。①

第二次世界大战结束后，岗位评价技术在欧美国家得到迅速推广和发展。在欧洲，法国、联邦德国、荷兰、瑞典、英国、丹麦等，纷纷引进岗位评价技术，并在工业中推广使用，以理顺工资结构从而提高生产率。荷兰为重建国民经济实施了一个大型项目，该项目对工资实行冻结，只允许通过岗位评价调整工资以消除工资偏低的现象。1949年，由雇主、工人组织代表和专家组成了一个全国委员会，制订了一个适用于所有行业体力劳动的10要素的评价计划。在欧洲其他国家，岗位评价几乎在同一时间被许多企业或是政府部门引进。如法国的电子电器公司在1948年采用了一项岗位评价计划；英国于1952年在黄麻行业试行岗位评价技术，3年后在矿山开采行业试行该技术。这段时期，岗位评价技术的方法得到了进一步的研究，4种基本评价方法（排列法、分类法、评分法、要素比较法）日趋成熟。②

这一时期，西方国家一些大型管理咨询公司在上述评价方法的基础上，又创造了一些混合型的评价方法。这些混合型的评价方法，大多使用的是定量分析技术。这为确定可与外部劳动力市场相比较的工资水平提供了方便，但在处理资料方面主要依靠计算机，耗资也通常较多。著名的Hay - MSL指导图像表象法，译作海氏法，便是其中之一。

不同的评价方法在实施步骤、优缺点等方面存在着不同，如表6－1所示。

表6－1 不同岗位评价方法优缺点及适用范围比较

	优点	缺点	适用企业
排列法	简单方便，易理解、易操作，节约成本	没有明确的评价标准，完全依靠经验和主观判断 只能排列各岗位价值的相对次序，很难回答为什么一个岗位比另一个岗位等级高	岗位设置比较稳定；规模小

① 韩月娥．关于发电企业职位评价的研究［D］．华北电力大学硕士论文，2005.

② 伍略企业咨询有限公司．论岗位评价的起源与发展［EB/OL］．伍略咨询网，www.vadding.com，2009－01－14.

续表

	优点	缺点	适用企业
分类法	简单明了，易理解、接受，避免出现明显的判断失误	定义等级困难，给主观判断留下相当大的余地	各岗位的差别很明显 公共部门和大企业的管理岗位
因素比较法	能够直接得到岗位的工资水平	应用最不普遍 要经常做工资调查，成本相对较高	能够随时掌握较为详细的市场工资标准
计点法	能够量化 可以避免主观因素对评价工作的影响 可以经常调整	设计比较复杂 对管理水平要求较高 成本相对较高	岗位不雷同 岗位设置不稳定 对精确度要求较高

三、岗位评价与工资等级的关系

岗位评价的结果可以是分值形式，也可以是等级形式，还可以是排序形式，但人们最关心的是岗位评价结果与工资的对应关系。

岗位评价点数与工资的对应关系可以是线性的，如图 6－1 所示中的曲线 A、曲线 B。岗位评价点数与工资的对应关系也可以是非线性的，如图 6－1 中的曲线 M。

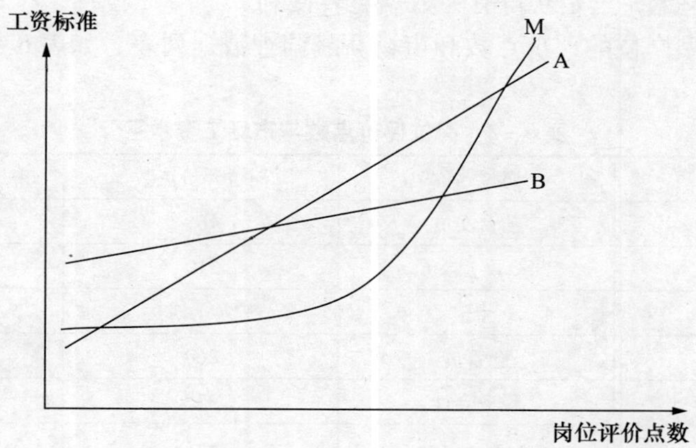

图 6－1　岗位评价与工资的比例关系

曲线 M 表示岗位的相对价值与给付给该岗位的工资并不是按照相同的比率增长，有人用劳动力的供求关系解释：岗级较低的员工工资增加比例相对较小，而岗级较高的员工工资增加比例相对较大，这主要是由于岗级较低的员工社会供应量大，因而付给其相对较低的工资；而岗级较高的员工社会供给量小，因而付给其相对较高的工资，以增加企业对他们的吸引力。

图6－1中评价点数与多种工资线的关系说明，评价点数的多少与工资率的高低两者关系是正相关的，但不是正比例的，有学者认为，评价中所使用的点数是为评价岗位和划分等级服务的，只要划分出了岗位等级，点数法就完成了作为一种评价方法使用的使命。至于测算工资标准所使用的点数或系数，将可能使用其他的办法来确定。在一些情况下，岗位之间评价点数的差距，并不能代表岗位之间应当达到的工资差距。

四、岗位评价结果与工资政策线

在薪酬设计中，我们能够得到两组数据，一是岗位评价点数，二是对应岗位的市场工资水平（存在比较成熟的劳动力市场的情况下），两者之间具有内在关联。将两组数据进行拟合，可以得到一条直线或曲线，称为工资政策线。工资政策线是制定工资标准的基础。绘制工资政策线的步骤如下：

（1）开展岗位评价，制定岗位等级表。如何制定岗位等级表，见第七章第四节。

（2）进行市场薪酬调查，对调查数据进行统计。由于岗位数量众多，不可能对每一个岗位的工资水平都进行调查，一般是从每一个岗位等级中选择若干典型岗位。典型岗位的选择条件，一是岗位在劳动力市场上具有普遍性，二是岗位的市场工资水平相对稳定，三是获得有关数据比较便利。

（3）将典型岗位的评价点数和市场薪酬调查数据列表，如表6－2所示。

表6－2 岗位评价点数与市场工资水平

岗级	岗位名称	岗位评价点数	市场工资水平（元）
1	前台文员	165	2600
2	ISO文控文员	210	3000
3	无		
4	仓管员	260	3380
5	税务会计	335	3830
6	生产计划员 总账会计 采购员	345 355 365	3830 4030 4240
7	设计工程师	405	4830

续表

岗级	岗位名称	岗位评价点数	市场工资水平（元）
8	经理秘书	425	5220
9	采购主管	470	5950
10	无		
11	工程经理 品质经理 生产部经理	545 550 565	7020 7430 7590

（4）绘制散点图并画出趋势线。如图6－2所示，横轴表示岗位评价点数，纵轴表示市场工资水平。用表6－2的数据作图，从图中可以看出，岗位评价点数与市场工资水平之间呈线性关系。

（5）形成工资政策线。用X代表岗位评价点数，Y代表对应岗位的工资水平。如果两者之间呈线性关系，则两者的关系式为Y＝a＋bX。用最小二乘法解出a和b的值，得到代表岗位评价点数与市场工资水平之间关系的线性方程式，每一个X对应一个Y值，进而可以绘制出工资政策线。

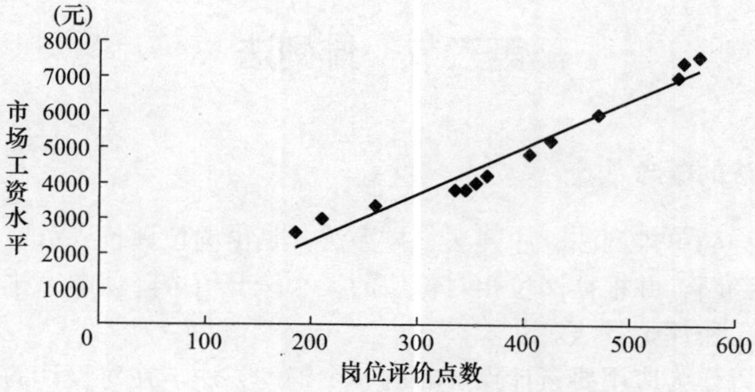

图6－2　岗位评价点数与市场工资水平关系散点图

五、岗位评价的完善与维护

（一）日常维护

日常维护工作之一，是对产生的新岗位无一例外地按照建立起来的评价方案及时地把它们排列到等级结构中去。

日常维护工作之二是复评。复评是实行岗位评价之后，当某些岗位的情况发生变化之后，需要对评价过的岗位进行重新评价，以经常保持岗位评价的准确性。

当下面所说的四种情况出现时，就应做复评工作：

（1）岗位的职责改变了，新的职责加入了已评定的岗位中；

（2）岗位的职责改变了，某些职责从已评定的岗位中移除；

（3）由于领导阶层的不满，应重新评审；

（4）由于员工的抱怨，应该重新评审。

（二）定期检查

为了保持岗位评价制度能适应新情况并根据需要对其进行修改，通常要建立一个定期检查机制。检查内容是：

（1）代表性工作岗位是否还具有代表性，是否需要更新更具有代表性的岗位；

（2）检查岗位的升级和降级情况；

（3）检查各个岗位等级岗位数量分布的变化；

（4）“红圈岗位”的处理情况；

（5）岗位评价要素及权重是否应做必要的修改；

（6）工资结构是否应进行调整，工资标准是否需要提高。这样做，目的是为了保证岗位评价的正常运行。

“红圈岗位”，就是新工资标准低于原工资标准的岗位。

第二节 排列法

一、排列法的概念

排列法也称简单排列法、序列法、排序法，是由岗位评价人员对各个岗位工作的重要性做出判断，并根据岗位相对价值的大小按升值或降值顺序排列，来确定岗位等级的一种工作评价方法。

排列法可以作为应用要素计点法时的一个辅助方法。在对设计的岗位评价体系进行试用时，将试评价的结果与采用排列法的排列顺序进行对照，检验岗位评价体系的信度。在岗位等级表初步制定后，征求各个部门对岗位等级表的意见；各个部门根据本部门自己做的岗位价值排序对岗位等级表提出调整意见。具体见第七章。

二、排列法的步骤

（1）进行工作分析。工作说明书有助于评价人员认识岗位的重要性并做出正确的排序。由于排列法是将被排列的岗位整体上进行相互比较，工作说明书不如在采用计点法进行岗位评价时那么重要。采用排列法的前提是岗位数量比较少，岗位评价人员如果对岗位都比较熟悉，则可以在不进行工作分析的情况下对岗位进行排序。

（2）确定判断因素。所谓判断因素，就是确定岗位之间重要性的依据。判断因素一般是岗位的责任大小、技能高低、工作环境等。采用单一因素如责任大小对岗位进行排序，比较容易排列出顺序，但可能以偏概全，不够客观。在确定判断因素之后，需要对每一个因素进行定义，并在排序之前对评价人员进行说明。

（3）对岗位进行排序。排序有两种方式，一是评委通过集体讨论的方式得出一个统一的岗位排列顺序；二是每个评委独立排序，再将每个评委的排序结果综合为一个统一的顺序。在采用第 2 种方式的情况下，对评委的排序结果进行综合统计，得出每个岗位排序结果的平均值，从而确定排列顺序。

（4）划分岗位等级。岗位排序一般不能作为工资等级序列，即使只有几十个岗位。而需要在岗位排序的基础上，划分若干岗位等级，以确定工资等级数目。

三、排序的方法

（1）卡片排列法。给每一个岗位建一个卡片，上面写上岗位名称和岗位的简要信息，将卡片按次序排列起来。难度或价值最大的工作应排在一等，难度价值第二的排在二等。如果两个或更多个工作难度价值并列同等，则这些工作排列在同一等级。具体做法是：先确定最高和最低的工作，再确定中等的，然后确定最高和中等以及最低和中等之间的等级。

（2）成对比较排列法。将每一个被评价的岗位与其他被评价的岗位一一进行比较，得出每个岗位比较后的得分，根据得分多少排列岗位顺序。计分规则：难度高于比较对象计 2 分，与比较对象相同计 1 分，不如比较对象计 0 分。

举例：某部门有 6 个岗位，分别称为 A、B、C、D、E、F，按成对比较排列法排列这 6 个岗位的重要顺序。

对 6 个岗位进行两两比较，结果如表 6－3 所示。

表 6－3　成对比较排列

岗位	A	B	C	D	E	F	总分
A	—	2	1	2	2	2	9
B	0	—	0	0	1	0	1
C	1	2	—	0	0	1	4
D	0	2	2	—	1	2	7
E	0	1	2	1	—	2	6
F	0	2	1	0	0	—	3

根据以上比较结果，按照得分高低将岗位排列顺序，如表 6 – 4 所示。

表 6 – 4 岗位工作等级排列

得分	工作岗位	岗位等级
9	A	6
7	D	5
6	E	4
4	C	3
3	F	2
1	B	1

成对比较排列法的结果相对可靠，但排列的岗位较多时就要花费比较多的时间，不太适用。例如，有 30 个岗位进行成对比较排列，按照排列组合的公式，比较对数有 $n(n-1)/2=30\times29/2=435$ 对。

（3）交替排序法。交替排序法是从待排序的岗位中挑选出价值最高的岗位和价值最低的岗位；然后从剩余的岗位中再挑选出价值最高和价值最低的岗位，循环往复，直到所有的岗位都排列完毕，如表 6 – 5 所示。

表 6 – 5 交替排序法举例

排列顺序	岗位价值高低	岗位名称
1	最高	销售部经理
2	高	人力资源部经理
3	较高	成本费用主管
…	……	……
3	较低	市场分析调研员
2	低	综合统计员
1	最低	设备材料员

有人提出，在需要排列的岗位较多的情况下，可以选出标杆岗位。标杆岗位占全部待排列岗位的 10% ~15%，要涵盖企业岗位的各个层次。首先对标杆岗位排序，然后对照标杆岗位，排列出全部岗位的顺序。

四、案例：某公司职位排序法实施步骤建议[①]

获取职位有关的信息。职位有关的信息是通过工作分析获得的。通过工作分析，对职位进行清晰描述，包括职位的目的、职责、权限、工作关系、在组织中的位置等信息，同时对职位所需要的任职资格标准进行分析，明确职位所需要的教育水平、经验、专业知识和技能的广度、深度等。开展职位排序前准备好职位说明书，使得对职位的排序能够建立在一个比较客观的基础上。

具体操作：

（1）项目组撰写各岗位职位说明书草稿，经过公司员工的修改确认。

（2）成立职位评价委员会。通常对职位的排序是需要根据多个评价者的意见进行汇总整合的。职位评价委员会中一般包括任职者的代表和管理人员的代表，必要的时候可以邀请外部的专家进行评价，因为外部的专家所进行的评价会更客观，能够避免偏见。对职位评价委员会的人员资格，项目组建议：

1）人数：5～10人；

2）人员组成比例：高层∶中层∶一般员工＝3∶3∶4或3∶4∶3；

3）人员资格要求：较为了解公司业务，较为客观地审视问题，能够保守公司秘密。

（3）对职位评价委员会成员进行培训，对排序的标准达成共识，使成员了解职位评价的目的及意义。尽管职位排序的方法主要是根据职位的整体价值进行排序的，但也需要参与评价的人员对什么样的值为“整体价值”达成共识。一般来说，可以规定几个标准，例如，承担的责任更大，管理的幅度和范围更广泛，工作任务更加复杂，所需要的知识和技能更高，教育水平更高，工作经验更多，等等。选择标准不宜过多，只需选择最为重要的因素。选择因素主要基于两点进行考虑，一是因素必须与工作相关，二是应选择有利于公司发展战略的因素。项目组建议排序标准：责任因素、知识技能因素、岗位性质（岗位的辛苦程度）、工作环境，具体因素定义参见附件1。

（4）进行比较和排序。由职位评价委员会成员依据因素定义对岗位分别进行排序。排序时每位职位评价委员会成员手中备有：因素定义参考、各岗位职位说明书、排序表（见附件2）。需公司领导确定操作时间。项目组建议两种排序方式：①职位评价委员会成员在规定的时间内统一排序；②职位评价委员会成员分别排序，在规定的时间节点汇总。

（5）评价者各自检查排序的结果，对其中不合理的地方进行调整。

（6）综合评价委员会成员排序的结果，得出最终的排序。

---

① 北大纵横咨询公司．某公司职位排序法实施步骤建议［EB/OL］．百度文库，http//wenku.baidu.com.

附件 1　排序因素定义参考

1 责任因素	1.1 风险控制的责任：指在不确定的条件下，为保证贸易、投资、社会稳定及其他项目顺利进行，并维持公司合法权益所担负的责任，该责任的大小以失败后损失影响的大小作为判断标准
	1.2 决策的层次：指在正常的工作中需要参与决策，其责任的大小根据所参与决策的层次高低作为判断基准
	1.3 领导管理的责任：指在正常权力范围内所拥有的正式领导管理职责。其责任的大小根据所领导管理人员的层次和数量进行判断
	1.4 协调责任：指在正常工作中，与内部及外部单位协调、共同开展业务活动所需要承担的责任。其协调责任的大小以协调结果对公司的影响程度作为判断基准
2 知识技能因素	2.1 知识多样性：指在顺利履行工作职责时，学历学科知识之外需要使用多种学科、专业领域的知识。判断基准在于广博不在精深
	2.2 工作复杂性：指在工作中履行职责的复杂程度。其判断基准根据所需的判断、分析、计划等水平而定
	2.3 工作的灵活性：指工作需要处理正常程序化之外事情的灵活性。判断基准取决于工作职责要求
	2.4 专业技术知识技能：指为顺利履行工作职责应具备的专业技术知识和技能
	2.5 管理知识技能：指为了顺利完成工作目标，组织协调相关人员进行工作所需要的素质和能力。判断基准是：工作中进行组织协调的程度和组织协调工作的影响
	2.6 沟通能力：指工作交流中表达自身信息与获取对方信息的能力。主要从沟通的频繁与难度考虑
3 岗位性质	3.1 工作压力：指工作本身给任职人员带来的压力。根据决策的迅速性、工作常规性、任务多样性、工作变动性以及工作是否被经常打断来判断
	3.2 脑力辛苦程度：指在工作时所需脑力辛苦程度的要求。根据集中精力的时间、频率进行判断
	3.3 工作地点稳定性：指工作时是否经常变换工作地点，主要根据出差的频繁程度进行判断
4 工作环境因素	4.1 危险性：指工作本身可能对任职者身体所造成的伤害
	4.2 环境舒适性：指任职者对工作环境的心理或生理感受

附件 2　排序表

岗位名称	初排序号	调整后的序号
总经理		
常务副总经理		
副总经理		
总经理工作部经理		

续表

岗位名称	初排序号	调整后的序号
人力资源经理		
财务总监		
煤炭事业部总监		
业务发展部经理		
煤炭事业部总监助理		
业务发展部经理助理		
行政企划主管		
信息主管		
总务主管		
驻外首席代表		
薪酬考核主管		
人事主管		
管理会计		
国内贸易核算会计		
进出口贸易核算会计		
税务会计		
出纳		
固定资产、保险主管		
营销主管		
货源策划主管		
质量及出口策划主管		
中新产权代表		
大中产权代表		
南梁产权代表		
华储产权代表		
销售执行主管		
采购执行主管		
调度主管		
焦炭业务主管		
乳清粉、原料药业务主管		
行政企划助理		
总务助理		

续表

岗位名称	初排序号	调整后的序号
司机		
驻外员工		
管理会计助理		
营销助理		
广东浙江市场助理		
福建市场助理		
执行助理		
调度助理		
计划助理		
货源及运输助理		
商务执行助理		
乳清粉执行助理		
原料药执行助理		

第三节　分类法

一、分类法的概念

分类法也称分级法或等级描述法，是一种将企业的所有岗位归入事先确定好的岗位等级之中的一种岗位评价方法。

分类法的操作方法类似于先造好一个书架（总体职位分类），然后对书架上的每一行中所要放入的图书用一个标签（职位等级描述）来加以清晰的界定，最后再把各种书籍（职位）按照相应的定义放入不同的横排中。①

① 刘昕．薪酬管理（第4版）［M］．北京：中国人民大学出版社，2014.

二、分类法的步骤

（一）确定岗位等级数目

一般情况下，企业内部的岗位类别越多，岗位之间的差别就越大，需要的岗位等级数目越多。采用传统的金字塔型组织结构的企业和采用扁平化组织形式的企业，岗位等级数目是不同的，前者的岗位等级数目要多于后者。根据一般经验，一个1000～2000人的制造企业，合理的岗位等级数目在15～20个。

确定等级数目可以依据层级原则，分两步进行：先根据企业整体的岗位层次，粗略划分出几个层次；然后在每个层次内部细分出几个等级。例如，某企业将岗位划分为4个层级：决策层、中层、主管层、基层。

有人主张，先将企业内的所有岗位划分为几大类，如管理类、技术类、营销类、辅助类、操作类，然后针对每一类岗位划分若干等级，确定等级标准；最后对不同类别内的各个等级进行相互比较，建立统一的岗位等级数目。这种做法，确定每一类别内部岗位等级数目和等级标准相对容易，但各个类别岗位等级之间进行的比较类比会比较困难。

（二）制定等级定义

即给建立起来的岗位等级做出工作分类说明或标准。首先需要先确定几个基本要素，以便通过这些要素进行等级定义或分类说明。这些要素主要包括岗位所承担的责任、岗位的知识技能要求、岗位所接受的指导监督。选择的要素相对少，如选择2～3个要素，更容易对等级进行描述。可能选择的要素中，最重要的是岗位所承担的责任、岗位的知识技能要求。

接下来的工作是根据选定要素进行等级定义。等级定义要为岗位等级的评定分类提供标准，因此，要清楚地描述出不同等级工作的特征及其重要程度。一般等级定义的做法是从确定最低和最高等级的岗位开始的，这相对容易些。在分类定级中，对低级别的工作要求大致是：能够在领导者指导下处理简单的日常工作，很少或不要求工作人员具备独立判断、处理问题的能力。分级定义要明确具体，不要过于简单，也不要过于烦琐；过于简单或过于烦琐都不利于对岗位进行分类。以表6－6和表6－7为例，表6－6中的分级标准过于简单，表6－7中的分级标准比较适当。

表6－6　某企业的职业级别体系部分定义

一级办事员	工作内容简单，没有监督责任，不需要与公众交流
二级办事员	工作内容简单，没有监督责任，需要与公众交流
三级办事员	工作内容复杂，没有监督责任，需要与公众交流
四级办事员	工作内容复杂，有监督责任，需要与公众交流

资料来源：李文辉．工作分析与岗位设计［M］．北京：中国电力出版社，2014.

表 6 – 7 工作分类说明

工作分类说明
三级职员：集中注意日常工作，快速而准确。在监督下工作，可能或有可能对最后结果承担责任
二级职员：不受他人监督，对工作细节十分通晓，有特别的工作技能。人员：思想高度集中，特别准确、快速
一级职员：必须具备二级职员的特点，承担更多的责任
资深职员：从事技术性和多种多样的工作，偶尔要独立思考并从事困难的工作。这就要求具有特殊的办公室工作能力，并对所在部门的工作原则和业务基础有透彻的了解，在任何范围内都不受他人监督，工作只受有限的检查。人员：可靠，值得信赖，足智多谋，能够制定决策
解释职员：那些从事或有能力完成工作的主要部分的人员。对工作的综合要求是更能独立思考，而且能够超出监督或日常工作的范围去考虑更深入的问题

资料来源：迈克尔·朱修斯．人事管理学［M］．北京：劳动人事出版社，1987.

等级定义是分类法中最重要、最困难的工作，要求很高，它必须使两个相邻等级之间的重要性差别显而易见。相对于其他工作来说，等级定义花费的精力最多、时间最长。表 6 – 6 中的二级办事员和三级办事员的分级标准差别不明显，会造成分类上的困难。

（三）评价和分类

评价人先阅读岗位分类说明，并依据自己对岗位的职责、所需要的知识技能的理解，确定每个岗位应列入哪一等级。

在评价分类中，有一个比较容易的办法，是根据等级定义具体内容，在每个等级中先选择一个代表性岗位，这样，评价委员们便有了评价其余岗位的标杆。随着评价的进行，岗位的划等就变得相对容易了，因为前面划了等的岗位会作为后面未划等的岗位的参照系。

第四节 因素比较法

一、因素比较法的概念

因素比较法是 1926 年由本奇提出的，是在确定代表性岗位和评价因素的基础上制定因素比较尺度表，运用此表将待评价岗位评价因素与代表性岗位进行比较，从而确定待评岗位的工资标准。在因素比较法中，最重要的是先确定岗位评价的因素和代表性岗位。

因素比较法是对岗位排序法的改进，它与岗位排序法的主要区别是：岗位排序法是从整体上对岗位进行比较和排序，而因素比较法则是选择多种评价因素（责任、技能等）并按照各种因素分别进行排序。

二、因素比较法的步骤

第一步，确定岗位评价所需要的因素，一般包括脑力、技能、体力、责任和工作条件 5 项。

第二步，选择若干具有广泛代表性的现行工资比较合理的岗位，作为代表性岗位或关键性岗位，代表性岗位一般是从全部岗位中选出 15～30 个岗位。

第三步，将各代表性岗位按照各因素进行相互比较并排列顺序，形成代表性岗位分级表（这一步可以简称为将代表性岗位按评价因素进行排列），如表 6－8 所示。

表 6－8　代表性岗位级分级表

等级顺序	脑力	技能	体力	责任	工作条件
1	材料搬运工	材料搬运工	计时工	材料搬运工	计时工
2	保卫	保卫	监督工	保卫	监督工
3	卡车司机	记时工	装配工	装配工	装配工
4	装配工	装配工	螺旋机工	油漆工	材料搬运工
5	油漆工	卡车司机	油漆工	卡车司机	保卫
6	磨料工	监督工	制动机工	制动机工	机工
7	制动机工	油漆工	车工	管子工	工具及制模工
8	管子工	管子工	管子工	磨料工	车工
9	车工	制动机工	卡车司机	记时工	卡车司机
10	木工	磨料工	木工	车工	木工
11	机工	车工	保卫	木工	磨料工
12	记时工	木工	工具及制模工	机工	管子工
13	螺旋机工	机工	机工	螺旋机工	制动机工
14	工具及制模工	螺旋机工	磨料工	监督工	油漆工
15	监督工	工具及制模工	材料搬运工	工具及制模工	螺旋机工

注：监督工是生产科的调度工人，他的任务是巡回监督各车间的生产进度。

资料来源：康士勇．薪酬策划与薪酬管理［M］．北京：中国经济出版社，2008.

第四步，进行市场工资调查，将各种代表性岗位现行工资，按照前面确定的五项因素，予以适当地分配，如表 6－9 所示。

第五步，根据表 6－9，即代表性岗位工资资料表，编制因素比较尺度表，如表6－10 所示。

第六步，根据因素比较尺度表，将待评价岗位与代表性岗位进行比较。这一步是一个要素一个要素地判定与代表性岗位中的哪个岗位最接近，求得该岗位具体要素的相应位置，并查出各项因素工资，再将各项因素工资相加，得到该岗位的工资。

表 6－9 代表性岗位工资资料

工作名称	脑力（分）	技能（分）	体力（分）	责任（分）	工作条件（分）	现行工资额 元/小时
装配工	17	15	26	14	9	0.81
螺旋机工	34	40	28	26	25	1.53
制动机工	19	24	29	16	19	1.07
木工	26	32	36	21	17	1.32
监督工	39	19	24	28	8	1.18
保卫	12	10	38	8	12	0.8
机工	29	35	41	22	13	1.4
材料搬运工	9	8	50	6	10	0.83
磨料工	18	25	47	18	17	1.25
油漆工	18	20	28	14	23	1.03
管子工	19	23	33	17	18	1.1
记时工	32	11	24	20	8	0.95
工具及制模工	37	45	40	31	13	1.66
卡车司机	14	17	35	16	16	0.98
车工	24	31	33	20	16	1.24

资料来源：康士勇．薪酬策划与薪酬管理［M］．北京：中国经济出版社，2008.

表 6－10 因素比较尺度

每小时工资（元）	脑力	技能	体力	责任	工作条件
0.50			材料搬运工		
0.49					
0.48					
0.47			磨料工		
0.46					
0.45		工具及制模工			
0.44					
0.43					
0.42					
0.41			机工		
0.40		螺旋机工	工具及制模工		
0.39	监督工				
0.38			保卫		
0.37	工具及制模工				
0.36			木工		

续表

每小时工资（元）	脑力	技能	体力	责任	工作条件
0.35		机工	卡车司机		
0.34	螺旋机工				
0.33			车工、管子工		
0.32	记时工	木工			
0.31		车工		工具及制模工	
0.30					
0.29	机工		制动机工		
0.28			螺旋机工、油漆工		
0.27					
0.26	木工		装配工	螺旋机工	
0.25		磨料工			螺旋机工
0.24	车工	制动机工	记时工、监督工		
0.23		管子工			油漆工
0.22				机工	
0.21				木工	
0.20		油漆工		车工、记时工	
0.19	制动机工、管子工	监督工			制动机工
0.18	磨料工、油漆工			磨料工	管子工
0.17	装配工	卡车司机		管子工	木工、磨料工
0.16				制动机工 卡车司机	车工、卡车司机
0.15		装配工			
0.14	卡车司机			装配工、油漆工	
0.13					机工、工具 及制模工
0.12	保卫				保卫
0.11		记时工			
0.10		保卫			材料搬运工
0.09	材料搬运工				装配工
0.08		材料搬运工		保卫	监督工、记时工
0.07					
0.06				材料搬运工	

资料来源：康士勇．薪酬策划与薪酬管理［M］．北京：中国经济出版社，2008.

例如，对某个岗位评价时，将其5因素逐一和代表性岗位比较为：脑力相当于木工0.26元；技能相当于机工0.35元；体力相当于装配工0.26元；责任相当于机工0.22元；工作条件相当于油漆工0.23元。5项合计1.32元，则该岗位工资为1.32元。

第五节 海氏评价系统

一、海氏评价系统概述

海氏评价系统是美国工资设计专家Hay在1951年开发出来的。他认为所有岗位所包含的付酬因素都可以抽象为三种具有普遍适用性的因素，即知识技能、解决问题能力、承担的职务责任。海氏评价系统包括3个评价量表，将根据3个评价量表所得到的分数加以汇总，得出岗位的评价总分。

该评估系统认为，每一个岗位都具有特定的责任，进而产生特定的产出。岗位的任职人员要实现规定的产出，必须具备一定的知识技能；“解决问题”是实现规定的工作产出的途径，即投入知识技能，通过解决问题这一工作过程，获得最终的产出，履行应负的责任。

海氏评价法具有很强的逻辑指导意义。在知识技能、解决问题的能力和承担责任3个1级评价因素下又分为2~3个子因素，而且每个1级要素均有一张评价指导图指导使用。在指导图表中的每个因素和所对应的数据都是经过科学设计、推导和验证而得的，具有很强的逻辑性，经得住考验和反复使用。①

有专家认为，海氏评价系统是确定管理人员工资的一种方法，因为管理人员不同于从事生产操作性工作的人员。从事生产操作性工作的人员要遵循严格、具体的工作规范，其工作绩效在很大程度上取决于使用的技术设备；而管理人员的工作绩效，则在很大程度上取决于自己的综合能力和努力程度。

从创立时间看，海氏评价法创立之初的社会背景是制造业兴旺发展的资本主义工业化社会。海氏评价法是适应制造业而出现的，它的适用范围，不可避免地被打上了制造业的烙印。据统计，世界500强企业中有1/3以上的企业均采用了海氏评价法，而这些企业几乎都是制造业企业或制造业出身的转制企业。所以海氏评价法的适用范围过于单一，不太适合于新兴企业的职位评估，如IT行业的职位评估，缺乏普及性。海氏评价法的评价也不能反映出工作环境（如噪声、粉尘、有毒有害物质等）、不同班次（如白班、夜班）等因素，仅强调知识技能、解决问题能力和承担的责任，缺乏全面性和综合性。

---

① 职位评价法优缺点对比：海氏vs美世［EB/OL］. 中国人力资源开发网，http：//www.chinahrd.net.

二、评价指标与对应的评价量表

（一）知识技能指标与评价量表

知识技能是岗位任职者达到合格的工作绩效所必需具备的专业知识和专业技能。包括以下 3 个衡量因素：

（1）科学知识、专业技术与操作方法：共分为基本的、初等业务的、中等业务的、高等业务的、基本专门技术的、熟练专门技术的、精通专门技术的和权威专门技术的 8 个等级。这 8 个等级代表知识、专业技术的广度和深度，第 1 ~ 4 个等级所要求的，由受教育程度和工作经验所决定；第 5 ~ 8 个等级所要求的，需要通过比较长期的工作实践和培训获得。办公室文员岗位，评定等级在 1 ~ 4，产品研发工程师一般从第 5 级起评。

（2）管理技巧：为达到要求绩效水平而具备的计划、执行、控制及评价的技巧，分为起码的、有关的、多样的、广博的和全面的 5 个等级。

（3）人际关系技巧：履行岗位职责所需要的沟通、协调、激励等技巧，分为基本的、重要的、关键的 3 个等级。

具体的评价量表如表 6 – 11 所示。

表 6 – 11　海氏职务分析指导表（一）

		管理技巧														
		起码的			有关的			多样的			广博的			全面的		
人际关系技巧		基本	重要	关键	基本	重要	关键	基本	重要	关键	基本	重要	关键	基本	重要	关键
科学知识、专业技术与操作方法	基本的	50	57	66	66	76	87	87	100	115	115	132	152	152	175	200
		57	66	76	76	87	100	100	115	132	132	152	175	175	200	230
		66	76	87	87	100	115	115	132	152	152	175	200	200	230	264
	初等业务的	66	76	87	87	100	115	115	132	152	152	175	200	200	230	264
		76	87	100	100	115	132	132	152	175	175	200	230	230	264	304
		87	100	115	115	132	152	152	175	200	200	230	264	264	304	350
	中等业务的	87	100	115	115	132	152	152	175	200	200	230	264	264	304	350
		100	115	132	132	152	175	175	200	230	230	264	304	304	350	400
		115	132	152	152	175	200	200	230	264	264	304	350	350	400	460
	高等业务的	115	132	152	152	175	200	200	230	264	264	304	350	350	400	460
		132	152	175	175	200	230	230	264	304	304	350	400	400	460	528
		152	175	200	200	230	264	264	304	350	350	400	460	460	528	600

续表

		管理技巧														
		起码的			有关的			多样的			广博的			全面的		
人际关系技巧		基本	重要	关键	基本	重要	关键	基本	重要	关键	基本	重要	关键	基本	重要	关键
科学知识、专业技术与操作方法	基本专门技术的	152	175	200	200	230	264	264	304	350	350	400	460	460	528	608
		175	200	230	230	264	304	304	350	400	400	460	528	528	608	700
		200	230	264	264	304	350	350	400	460	460	528	608	608	700	800
	熟练专门技术的	200	230	264	264	304	350	350	400	460	460	528	608	608	700	800
		230	264	304	304	350	400	400	460	528	528	608	700	700	800	920
		264	304	350	350	400	460	460	528	608	608	700	800	800	920	1056
	精通专门技术的	264	304	350	350	400	460	460	528	608	608	700	800	800	920	1056
		304	350	400	400	460	528	528	608	700	700	800	920	920	1056	1216
		350	400	460	460	528	608	608	700	800	800	920	1056	1056	1216	1400
	权威专门技术的	350	400	460	460	528	608	608	700	800	800	920	1056	1056	1216	1400
		400	460	528	528	608	700	700	800	920	920	1056	1216	1216	1400	1600
		460	528	608	608	700	800	800	920	1056	1056	1216	1400	1400	1600	1840

举例：对高级设计工程师和地区销售经理进行评分：

高工专门技术要求很高，可定为第 7 级（精通专门技术的），但因其工作基本上属纯技术性的，管理性成分少，故管理技巧与人际关系技巧要求较低，分别均为第 1 级（起码的和基本的），所以高级设计工程师分值为 304。

地区销售经理需要有较为深入的专门知识和丰富的经验，具备比较高的人际关系技巧和管理技巧；在科学知识、专业技术与操作方法上定为第 6 级（熟练专门技术），管理技巧定为第 4 级（广博的），人际关系技巧定为第 3 级（关键性的），因此地区销售经理的分值为 608。

（二）解决问题能力指标与评价量表

任何岗位在工作中总要在一定程度上涉及解决问题的过程。典型的过程包括考察和发现问题，分清问题的主次轻重，诊断问题产生的原因，针对性地拟定出若干备选对策；在权衡与评价这些对策各自利弊的基础上作出决策，然后付诸实施等环节。一般说来，在企业中层级越低的岗位，要解决的问题越简单，越有规章制度可遵循，发挥创造性思维的要求也越低；层级越高的岗位则相反。解决问题能力包括以下两个衡量因素：

（1）思维环境：岗位所处环境对担任职务人员的思维所造成的限制，从几乎一切都按既定规则办的第 1 级，到只做抽象规定的第 8 级。

（2）思维难度：岗位需要担任者进行创造性思维的程度大小，从几乎无须动多少脑筋、只需按老规矩做的第 1 级，到完全无先例可供借鉴的第 5 级。

由于人的思维不能凭空进行，必须以事实、原理、方法为依据，即使是从事创造性的工作也是如此。因此解决问题的能力是用其职能的利用率来衡量的，用百分数表示。具体计分方法是知识与技能一项的评分乘以解决问题能力的百分数。解决问题能力的百分数依据表 6－12 评定。

表 6－12　海氏职务分析指导表（二）　　单位:%

		思维难度									
		重复性的		模式化的		中间型的		适应性的		无先例的	
思维环境	高度常规性的	10		14		19		25		33	
			12		16		22		29		38
	常规性的	12		16		22		29		38	
			14		19		25		33		43
	半常规性的	14		19		25		33		43	
			16		22		29		38		50
	标准化的	16		22		29		38		50	
			19		25		33		43		57
	有明确的规定	19		25		33		43		57	
			22		29		38		50		66
	规定较为广泛	22		29		38		50		66	
			25		33		43		57		76
	只有一般规定	25		33		43		57		76	
			29		38		50		66		87
	抽象规定	29		38		50		66		87	
			33		43		57		76		100

举例：对高级设计工程师和地区销售经理进行评分：

高级设计工程师要求高度的创造性思维，思维难度属第 5 级（无先例的），但因其设计受各种技术标准、行业规范及惯例约束，思维环境只能算第 6 级（规定较为广泛的），所以解决问题的能力评为 66%；

地区销售经理因为公司只在各方面给予一定的规定，思维环境属第 6 级

（规定较为广泛的），而他虽然要根据所负责地区的实际市场状况与条件进行判断，但并非无先例，思维难度为第 4 级（适应性的），所以解决问题能力评分为 57%。

（三）岗位责任指标与评价量表

这里的责任不是指岗位所规定的必须履行的职责或所拥有的权限，而是指岗位任职者的行为对工作最终后果可能造成的影响。该指标包括 3 个衡量因素，如表 6-13 所示。

表 6-13 海氏职务分析指导表（三）

职务责任	大小等级	微小				少量				中等				巨大			
	金额范围																
职务对结果的作用		间接		直接		间接		直接		间接		直接		间接		直接	
		后勤	辅助	分摊	主要	后勤	辅助	分摊	主要	后勤	辅助	分摊	主要	后勤	辅助	分摊	主要
行动的自主程度	有规定的	10	14	19	25	14	19	25	33	19	25	33	43	25	33	43	57
		12	16	22	29	16	22	29	38	22	29	38	50	29	38	50	66
		14	19	25	33	19	25	33	43	25	33	43	57	33	43	57	76
	受控制的	16	22	29	38	22	29	38	50	29	38	50	66	38	50	66	87
		19	25	33	43	25	33	43	57	33	43	57	76	43	57	76	100
		22	29	38	50	29	38	50	66	38	50	66	87	50	66	87	115
	标准化的	25	33	43	57	33	43	57	76	43	57	76	100	57	76	100	132
		29	38	50	66	38	50	66	87	50	66	87	115	66	87	115	152
		33	43	57	76	43	57	76	100	57	76	100	132	76	100	132	175
	一般性的	38	50	66	87	50	66	87	115	66	87	115	152	87	115	152	200
		43	57	76	100	57	76	100	132	76	100	132	175	100	132	175	230
		50	66	87	115	66	87	115	152	87	115	152	200	115	152	200	264
	有指导的	57	76	100	132	76	100	132	175	100	132	175	230	132	175	230	304
		66	87	115	152	87	115	152	200	115	152	200	264	152	200	264	350
		76	100	132	175	100	132	175	230	132	175	230	304	175	230	304	400
	受到方向性指导	87	115	152	200	115	152	200	264	152	200	264	350	200	264	350	460
		100	132	175	230	132	175	230	304	175	230	304	400	230	304	400	528
		115	152	200	264	152	200	264	350	200	264	350	460	264	350	460	608
	受到广泛性指引	132	175	230	304	175	230	304	400	230	304	400	528	304	400	528	700
		152	200	264	350	200	264	350	460	264	350	460	608	350	460	608	800
		175	230	304	400	230	304	400	528	304	400	528	700	400	528	700	920

续表

职务责任	大小等级	微小				少量				中等				巨大			
	金额范围																
职务对结果的作用		间接		直接		间接		直接		间接		直接		间接		直接	
		后勤	辅助	分摊	主要	后勤	辅助	分摊	主要	后勤	辅助	分摊	主要	后勤	辅助	分摊	主要
行动的自主程度	受到战略性指引	200	264	350	460	264	350	460	608	350	460	608	800	460	608	800	1056
		230	304	400	528	304	400	528	700	400	528	700	920	528	700	920	1216
		264	350	460	608	350	460	608	800	460	608	800	1056	608	800	1056	1400
	仅有一般性指引	304	400	528	700	400	528	700	920	528	700	920	1216	700	920	1216	1600
		350	460	608	800	460	608	800	1056	608	800	1056	1400	800	1056	1400	1840
		400	528	700	920	528	700	920	1216	700	920	1216	1600	920	1216	1600	2112

（1）职务责任：指可能造成的经济后果，分为 4 级，即微小的、少量的、中等的和巨大的。

（2）职务对结果的作用，分为 4 级。第一级：后勤性作用，只提供一点信息或偶然性服务；第二级：辅助性作用，提出意见或建议，补充、解释与说明或有一定贡献；第三级：分摊性作用，与其他职务共同负责工作结果，与本企业内部（不包括本人的上级和下级）、其他部门的或企业外部的别人合作；第四级：主要作用，本岗位承担主要责任，独立承担或虽有其他岗位参与，但其他岗位是次要的。

（3）行动的自主程度：岗位在多大程度上受到指导与控制，从自由度最小的第 1 级（有规定的）到自由度最大的第 9 级（只有一般性指引）。

举例：对高级设计工程师和地区销售经理进行评分：

高级设计工程师的行动自主程度不算太高，属第 4 级（一般性规范的），对后果形成所起的作用较高，属第 4 级（主要的）或第 3 级（分摊的），经济结果则属局部性影响，为第 2 级（略有的），所以该岗位评分为 115；

地区销售经理是地区负责人，三方面要求都较高，其自主程度、作用与责任分别定为第 6 级（受到方向性指导）、第 4 级（主要的）和第 3 级（中等的），所以该岗位评分为 350。

三、评价指标权重与总分的计算

利用指导表评定各岗位在 3 种主要付酬因素方面不同的分数时，还必须考虑各岗位的“形状构成”，以确定该因素的权重，进而据此计算出各职位相对价值的总分，完成岗位评价活动。所谓岗位的“形状”主要取决于智能和解决问题的能力两因素相对于职务责任这一因素的重要性的对比。从这个角度去观察，企业中的岗位可分为3种类型。

“上山”型。此岗位的责任比智能与解决问题的能力重要，如公司总裁、销售经理、生产经理等。

“平路”型。智能和解决问题能力在此类岗位中与责任并重，平分秋色，如会计、人力资源等职能管理者。

“下山”型。此类岗位的职责不及智能与解决问题能力重要，如科研开发、市场分析等。

通常要由薪酬设计专家分析各类岗位的形状构成，并据此给智能、解决问题的能力这两个因素与责任因素各自分配不同的权重，即分别向前两者与后者指派代表其重要性的一个百分数，两个百分数之和应恰为100%。

以某企业的岗位价值评估数据为例，人力资源经理岗位知识技能得608分，解决问题能力指标得43%，岗位责任得304分；知识技能与解决问题能力权重40%，职务责任权重60%，则该岗位的评价总分为：（608+608×43%）×40%+304×60%=530.2分。

上述企业在进行岗位评价时，根据被评价岗位的“形状构成”，确定了5种权重组合，并在此基础上进行打分。表6-14是5个典型岗位的3个因素指标得分、指标权重分配和评价总分。

表6-14 某企业典型岗位的岗位评价得分

岗位名称	各指标得分			指标权重		评价总分
	知识技能	解决问题能力（%）	岗位责任	前两个指标（%）	后一个指标（%）	
总经理	1600	87	1400	30	70	1877.6
人力资源经理	608	43	304	40	60	530.2
行政主管	304	22	43	50	50	206.9
售前经理	800	57	460	60	40	937.6
云计算部经理	700	57	304	70	30	860.5

资料来源：新华信．某体育用品公司职务分析表［EB/OL］．道客巴巴，http//www.doc88.com.

海氏评价法属于要素计点法的一种。在第七章，我们将以4要素评价体系为基础，介绍要素计点法的操作步骤。

第七章　要素计点法岗位评价流程

第一节　调整组织机构与设置岗位

一、调整组织机构

组织机构调整涉及部门的设置和部门职能，而部门设置和部门职能决定部门内部岗位的设置。因此，岗位评价的准备工作中，包括组织机构调整。如果一个企业有调整组织机构的计划或预计不远的将来组织机构将有所变动，暂时不宜进行岗位评价和薪酬改革，而应等到组织机构调整完成之后进行，避免重复工作和制度的频繁变动。一个组织机构相对稳定的企业，岗位评价工作从编写工作说明书开始。

关于组织机构调整与部门内部岗位的设置关系，下面以北京某市政设计咨询有限公司为例加以说明。

该公司的业务包括工程规划、设计、测量和咨询。公司承接的主要业务是市政设计和测量，主要面对的是原有的老客户和关系客户，但公司要进一步发展必须加强业务的管理，提高业务服务的质量，从而赢得新的客户。公司业务管理方面存在的状况是：测量和设计自然分家，测量由测量队长主要负责，而设计由公司的上层领导直接参与管理，项目的管理随意性大，临时交办问题突出，造成不必要的人力、物力的浪费。非常明显，在公司的领导层和直接的业务承担者之间缺乏必要的中间层级，造成项目管理和公司管理的混乱，公司主要领导忙于项目的具体问题甚至是技术问题的处理，从而忽视或无暇顾及公司经营上的重大问题的决策。另外，业务职能没有专门的部门来承担管理，造成业务水平不能有很大程度的提高，公司业务服务的水平也停滞在一个固定的层面，相关的业务人员也没有相应的发展通道，造成积极性的下降，许多工作都依赖于领导层决策，形成恶性循环。

组织机构调整的思路之一是，依据设计、测量两大业务，分别成立设计室和测量室两个业务部门。在公司领导层和直接的业务承担者之间加设一层机构，从而使公司业务管理明确化，领导层也可以从具体的业务中解放出来思考公司发展等更为关键重要的事项，业务管理也具有明确的管理部门，使公司具有明确的管理层级，理顺业务管理关系。

根据设计室的职能，在设计室内分设两个设计小组，合理分配现有人员，展开小组间的竞争，推动技术进步和创新、服务质量的提高。其岗位设置为：设计室主任1名，设计组长2名，交通工程、给排水工程、暖通工程、园林绿化四方面的主任设计师、设计师和助理设计师各若干名，市政工程规划师、电力工程设计师、工程预算师各若干名，如图7－1所示。

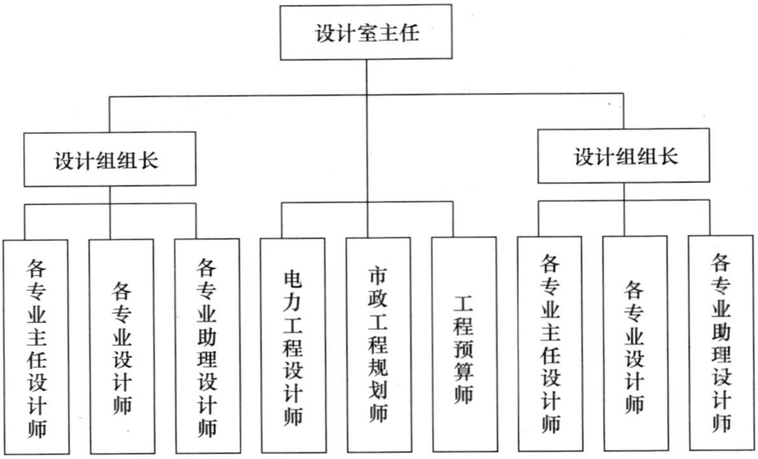

图7－1 设计室岗位设置

根据测量室的职能，在测量室分设两个测量小组，合理分配现有人员及设备，展开小组间的竞争，推动服务质量的提高及业务量的增长。其岗位设置为：测量室主任1名，测量组组长2名，测量工程师、测量技术员、测工各若干名，测量司机1名，如图7－2所示。

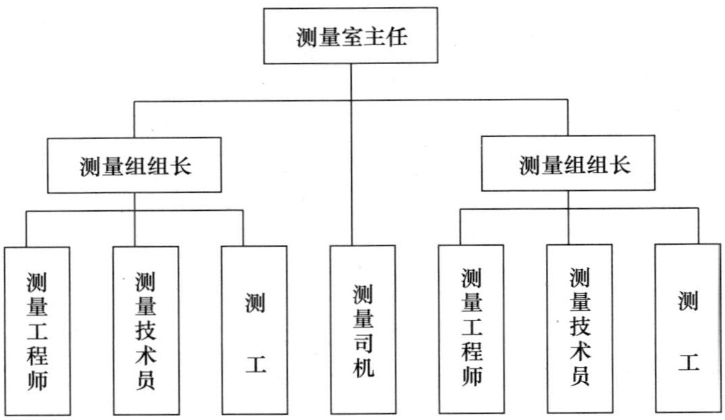

图7－2 测量室岗位设置

二、设置岗位

设置岗位有两种情况：一是设置了新的部门，明确了其职能，进而设置岗位，上面的案例就属于这种情况；二是部门设置没有发生变化，但部门内部的岗位设置不合理，需要拆分或者合并。关于这种情况，以某物业公司为例加以说明。

该公司在成立时，参考其他物业公司设置了组织机构并相应地设置了各个部门的岗位。经过一段时间运行之后，发现岗位设置存在以下问题：岗位是按照高度专业分工的原则设置的，这在工程部、保安部体现得尤为明显。这种高度专业化与公司的规模不够协调，导致用人过多，甚至出现交叉指挥的现象。

以保安部为例，设有保安部经理、保安部秘书、消防主管、警卫主管、警卫副主管、内保主管、保安员、消防员共 8 个岗位。经调查研究发现，保安部秘书实际是打字员，日常工作很少；警卫主管、警卫副主管、内保主管工作职责近似，工作负荷不大。公司决定撤销保安部秘书岗位，要求保安部经理、主管应掌握办公软件的使用；将警卫主管、警卫副主管、内保主管 3 个岗位合并为内外保主管，该部门新的岗位设置如图 7－3 所示。

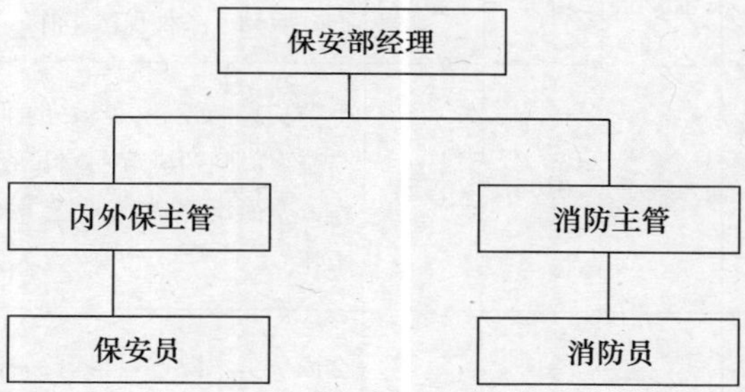

图 7－3 保安部岗位设置

三、初步确定岗位清单

初步确定岗位清单的目的，是搞清楚企业目前有多少岗位，为下一步编写工作说明书做准备。“初步”的意思是，在下一步编写工作说明书的过程中，可能还会发现岗位设置不合理的问题，并可能针对问题对岗位进行个别调整。在初步确定岗位清单时，职责概述通常不写，等工作说明书编写完成后再添上。表 7－1 是某研究院岗位清单摘录。

表 7－1 某研究院岗位清单（摘录）

序号	岗位名称	所属部门	岗位编码	岗位类别	职责概述	定员
1	院长	领导班子	0101	管理	负责全院的全面管理，制订中长期发展规划和年度计划并组织实施，组织制定各项规章制度，检查各项工作落实情况并对奖惩进行决策	1
2	党委书记	领导班子	0102	管理	主持院党委工作，确保上级党的方针政策在企业的贯彻实施	1
3	党委副书记兼纪委书记兼工会主席	领导班子	0103	管理	负责院政治思想、党建、组织、宣传、工会、共青团等工作，对各项工作进行督促、检查	1
4	科研副院长	领导班子	0104	管理	受院长直接领导，组织领导全院的科研活动，保证科技资源为全院的经济目标服务	1
5	行政副院长	领导班子	0105	管理	受院长直接领导，分管全院安技保卫、行政后勤、条件保障工作	1
6	生产经营副院长	领导班子	0106	管理	受院长直接领导，当好助手和参谋，参与院重大问题决策和院长直接交办的工作，全面负责院药业公司的生产经营工作	1
7	总工程师	领导班子	0107	管理	全面负责本院重点科研品种的选题、研究质量及产业化方式的管理；负责院科研成果投资经营的管理；组织建设科研成果产业化平台；参与全院科研、生产中重大技术疑难问题的解决	1

第二节 编写工作说明书

一、工作说明书对于岗位评价的重要性

岗位评价的实质是评估岗位在一个确定的组织中的价值，为薪酬标准的制定提供依据。评估一个岗位的价值之前，要了解这个岗位所承担的责任、任职资格要

求、工作环境，而工作说明书正是这方面内容的说明。因此，工作说明书是岗位评价时评价委员手头必备的材料之一。从大量岗位评价的实践看，评委在对岗位进行打分时，很少翻阅或基本上不翻阅工作说明书，而主要是依据自己在平时工作中获得的认知。这就提出了一个问题，没有工作说明书能否进行岗位评价？

有些人力资源管理基础工作比较薄弱的企业，由于薪酬制度问题较多，亟须进行薪酬制度的改革，希望薪酬制度尽快出台并实施。如果按照先进行工作分析再进行岗位评价的一般步骤，势必使新的薪酬制度出台并实施的时间延后。在这种情况下，可以采取一个简便的做法：不制定工作说明书，只制定一份岗位清单，其中主要内容包括待评价岗位的职责概述、与岗位评价因素相关的几项任职条件。岗位清单作为岗位评价委员打分时的参考资料。表 7－2 是某电力公司岗位清单摘录。

表 7－2　某电力公司岗位清单（摘录）

<table>
<tr><th rowspan="2">序号</th><th rowspan="2">部门</th><th rowspan="2">岗位名称</th><th rowspan="2">岗位编码</th><th rowspan="2">岗位职责概述</th><th colspan="3">任职资格</th><th rowspan="2">定员</th></tr>
<tr><th>学历要求</th><th>经验要求</th><th>专业技术等级</th></tr>
<tr><td>1</td><td>总经理工作部</td><td>总经理工作部主任</td><td>010001</td><td>全面负责总经理工作部的各项工作，保证行政办公体系高效、有序地运转</td><td>本科</td><td>10 年</td><td>高级</td><td>1</td></tr>
<tr><td>2</td><td>总经理工作部</td><td>总经理工作部副主任</td><td>010002</td><td>协助主任负责总经理工作部各项工作的落实，保证行政办公体系高效、有序运转</td><td>本科</td><td>10 年</td><td>高级</td><td>1</td></tr>
<tr><td>3</td><td>总经理工作部</td><td>秘书处处长</td><td>010101</td><td>全面负责秘书处的日常工作；组织起草行政工作报告；负责审核公文，撰写、编发公司总经理工作会、党政联席会会议纪要</td><td>本科</td><td>10 年</td><td>高级</td><td>1</td></tr>
<tr><td>4</td><td>总经理工作部</td><td>文字秘书中级岗［综合秘书（基建）中级岗］</td><td>010102</td><td>负责电网规划、基建专业相关的秘书工作及相关文件校核、汇报材料及讲话稿的起草；编发《北京电力信息》</td><td>本科</td><td>8 年</td><td>中级</td><td>1</td></tr>
</table>

在表 7－2 中，“学历要求”、“经验要求”既是该公司工作分析的指标，也是该公司岗位评价的指标；“专业技术等级”虽不是岗位评价的指标，但与岗位评价中的“专业技术水平”指标密切相关。

在不编制工作说明书的情况下，如何编制岗位清单？第一，人力资源部制定岗位清单模板。第二，公司召开各单位、各部门负责人参加的会议，布置任务，提出具体要求。第三，各单位、各部门编制岗位清单；可以采取直接上级编写，岗位任职者确认的方式。第四，人力资源部审核岗位清单，提出修改意见；必要时，对相关部门访谈。第五，经修改的岗位清单提交公司领导审核，根据领导的意见再次修改。

二、任职资格要求平衡表

上面的例子说明，工作说明书中任职资格方面的指标，主要是学历要求、经验要求等，可能影响到岗位评价相关指标的评分。因此，必要时，可以由人力资源部拟定一个统一的任职资格要求平衡表，以避免各部门根据自己的认识，将任职条件定得过高或过低，并最终影响岗位评价的结果。表7－3、表7－4、表7－5是两个公司在公司范围内平衡任职资格条件的实例。

表7－3　某房地产公司中层及以下岗位任职资格条件平衡表

岗位层级	任职资格条件		
	学历要求	经验要求	专业技术等级/技术等级要求
中层正职	本科	8年	中级
中层副职	本科	6年	中级
重要管理岗位	本科	5年	中级
一般管理岗位（文员、档案、统计、网络、内勤、出纳、资料）	大专	3年	助理级
司机	高中	3年	中级工

表7－4　某发电总厂管理岗位任职条件平衡表

序号	岗位类别	学历	工作经历	专业技术水平
1	中层正职	大学本科	电力企业工作10年以上，担任副职2年以上工作经历	中级及以上职称
2	中层副职	大专学历	电力企业工作8年以上经历，本专业6年以上工作经历	中级及以上职称
3	一般管理（主管）	大专学历	电力企业工作6年以上经历，本专业4年以上工作经历	中级及以上职称
4	一般管理（专责）	中专学历	电力企业工作4年以上经历，本专业2年以上工作经历	助理及以上职称
5	一般管理（业务员）	中专学历	电力企业工作1年以上工作经历	员级及以上职称

表 7－5　某发电总厂发电运行岗位任职条件平衡表

序号	岗位类别	学历	工作经历	技能水平	备注
1	值长	大专	电力企业运行工作 8 年以上经历，发电运行单元长岗位 2 年以上工作经历	高级工	
2	单元长、副单元长	大专	电力企业运行工作 7 年以上经历，发电运行主值岗位 2 年以上工作经历	高级工	
3	主值班员	大专	电力企业运行工作 5 年以上经历	高级工	
4	副值班员	中专	电力企业运行工作 3 年以上经历	高级工	
5	巡检员	中专	电力企业运行工作 2 年以上经历	中级工	
6	辅机值班员	高中	电力企业运行工作 1 年以上经历	中级工	

第三节　设计岗位评价体系

岗位评价体系设计上具有两种不同的观点：一种强调刚性稳定，一般不根据企业情况进行调整，遵循的是通用的思路；另外一种则认为可以在不破坏岗位评价体系原则和基本框架的前提下根据具体企业的情况进行适当调整，遵循的是部分通用的思路。

劳动具有同质性，但不同行业、企业之间又往往存在一定的差异性；而且在某种程度上，岗位评价体系体现了企业的基本目标和价值导向，不同企业具有不同的基本目标和价值导向，因此，采用部分通用的设计思路更符合实际。

岗位评价体系由 3 个要素构成：评价指标、评价标准、总分及在各个指标之间的权重分配。

一、评价指标设计

我们这里讲的要素计点法采用两级指标，首先根据评价目标确定若干 1 级指标（评价要素），然后针对每一个 1 级指标分别确定若干 2 级指标（评价因素）。

1950 年，国际劳工组织在日内瓦会议上把各种劳动对人的要求归纳为劳动的 4 个要素，即智能、责任、负荷、环境。这一归纳被称为“日内瓦范本”。按照我国的习惯，劳动的 4 个要素包括：劳动复杂程度、劳动责任、劳动强度、劳动条件。① 我们把这 4 个要素作为岗位评价体系的评价要素。

在 1 级指标确定的前提下，如何设计 2 级指标？以下进行具体论述。

① 康士勇．薪酬策划与薪酬管理［M］．北京：中国经济出版社，2008.

（一）劳动责任指标的设计

1. 提炼指标的思路

劳动责任指标设计有以下步骤：第一，明确企业的基本目标。劳动责任指标应反映一个企业的基本目标。不同行业、不同所有制的企业之间，基本目标存在差异。例如，国有企业除追求利润外，还强调精神文明建设方面的责任。第二，根据基本目标确定子目标。子目标是基本目标实现的前提，与企业的主营业务流程的具体环节有关。第三，根据基本目标和子目标提炼劳动责任指标。

下面以大连实德化建集团为例加以说明。

该企业是一家生产塑钢型材的民营企业，其基本目标是盈利，据此可以提炼出“经济效益责任”这一指标。从该企业的业务流程看，实现盈利目标，应当以市场开拓、新产品开发、质量控制、安全生产几个方面目标的完成为前提，因此，可以提炼出“开拓发展责任”、“质量管理责任”、“安全生产责任”几个指标。再加上“指导监督责任”这一通用指标，就组成了完整的劳动责任指标。

对于一般企业的（社会公益性企业除外）岗位评价体系设计，可以把“经济效益责任”和“指导监督责任”看作通用指标，重点是设计出反映其生产经营特点、与其子目标密切相关的几个指标。这种半定制式设计的优点是针对性强，但有些情况下反而不便于使用。

以运载火箭研究院某研究所为例，其业务包括军品、民品、三产3项，各项业务之间差别很大。例如，军品业务围绕研究试验展开，而三产业务中有印刷、电器安装等。对于这类企业，如果要求指标有针对性，就要设计几套评价体系，不同单位分别进行岗位评价；但评价后将几个岗位等级表合并为一个统一的岗位等级表就成了难题。如果几个单位放在一起进行岗位评价，则评价指标应当是通用的，即评价哪个单位的岗位都适用。

根据岗位评价指标设计的方法和该研究所各单位工作的特点，设计出以下几个劳动责任指标：工作结果责任、指导监督责任、协调沟通责任。工作结果责任的含义是：衡量岗位任职人员的工作结果，对本单位政治、经济、安全、质量、技术、保密、精神文明等方面的影响程度。另外两个指标的含义见下文。

2. 主要的劳动责任指标

（1）经济效益责任：衡量如果任职岗位发生工作失误，或者工作达不到标准，对本公司生产销售任务的完成、成本费用的降低、利润的实现和增长所造成的负面影响的大小。

（2）技术经济责任：衡量岗位在实现公司年度经济效益目标过程中的贡献大小，或者岗位任职人员工作发生失误，对实现公司年度经济技术目标的负面影响的大小。

（3）风险控制责任：指在不确定的条件下，为保证公司生产经营顺利进行，并维持公司合法权益所担负的责任，该责任的大小以工作失误对公司经营目标的影响大小作为判断标准。

（4）安全生产责任：衡量岗位在实现公司安全生产目标过程中所承担的直接或间接责任的大小，即对生产过程中保证设备安全稳定运行和人身安全应承担的责任。

（5）开拓发展责任：衡量岗位任职人员对公司的持续发展如开发新的项目、产品和拓展市场等承担的责任。

（6）质量管理责任：衡量岗位任职人员对贯彻落实公司质量管理方针、保证质量体系的正常运行所承担的责任。

（7）优质服务责任：衡量岗位在对内部和外部服务中，为保证工作正常、和谐、顺畅进行所应承担责任的大小。

（8）精神文明建设与稳定责任：衡量岗位在企业形象宣传、员工思想政治教育、企业文化建设、企业内部安定团结、党风廉政等政治稳定方面所应承担的责任。

（9）指导监督责任：衡量在正常权限范围内，对他人进行帮助或指导的工作量。其责任的大小根据所监督指导人员的层次和人数进行判断。

（10）管理监督责任：衡量岗位为了保证职责的完成，对所实施管理的层次、幅度或纵向专业管理范围所承担的责任。

（11）协调沟通责任：衡量岗位任职人员在赋予的权限范围内，需要对公司内外协调沟通的范围、难度和频度。

在以上指标中，“经济效益责任”、“技术经济责任”、“风险控制责任”含义基本相同或类似，只是评价着眼点略有不同，因此使用时只能取其一；“指导监督责任”和“管理监督责任”也是如此。

（二）劳动复杂程度指标设计

衡量一个岗位的劳动复杂程度，通常从以下几个方面：从事岗位工作所需要的专业知识的深度和广度、所需要的技能和能力的高低。技能是指通过练习获得的能够完成一定任务的动作系统，一般与使用某种工具相联系，如医生用手术刀为病人做手术，驾驶汽车；能力指人顺利地完成某种活动的心理特性。任何一种单一的能力都不足以使某种活动顺利地进行，而是需要多种能力的有机结合。例如，从事管理工作需要具备协调能力、沟通能力、计划能力、书面表达能力等。

从事岗位工作所需要的专业知识的深度和广度，可以用岗位对学历的要求的角度衡量。还可以从岗位是否需要创造性来衡量劳动复杂程度。常规工作对创造性要求不高甚至不要求创造性，而非常规工作则需要一定的创造性或较高的创造性。

工作技能和工作能力需要一定的训练和实践才能获得和提高，因此，经验要求也是衡量劳动复杂程度的指标。

劳动复杂程度的主要指标如下：

（1）学历：指岗位任职人员顺利履行工作职责所要求的最低文化水平，在从事本岗位工作后所获得的学业水平除外。

（2）经验：指岗位任职人员达到岗位任职要求并胜任本岗位工作所需的工作实践时间。

（3）综合能力：指顺利履行工作职责所要求的综合能力水平。

（4）专业技能：指职工顺利履行工作职责所要求的专业技能水平。

（5）创造性：指工作本身所要求的创造性的高低程度。

（6）岗位空缺替代难度：指岗位出现人员空缺以后，在公司内部或外部寻找合适人员填补岗位空缺的难易程度。

（三）劳动强度和劳动环境指标设计

（1）劳动强度指标设计。劳动强度划分为脑力强度和体力强度。劳动强度的影响因素有以下几个：一是工作负荷率，工作负荷率越高，劳动强度越大；二是工作的均衡性，即工作中是否有忙闲不均，忙闲不均的程度越高，劳动强度越大；三是工作节奏，工作节奏越快，劳动强度越大；四是工作失误的后果，工作失误造成的负面影响越大，心理紧张程度越高。

主要的劳动强度指标如下：

1）脑力强度：指工作时所需要的脑力，即在进行本岗位工作时需要的思想集中程度。

2）体力强度：指工作中所需要的体力支出，强度大小的衡量以固定坐姿、站立或其他非自由姿势持续的时间，搬运物件的重量、工作用力、负重的重量和频率等因素综合确定。

3）工作负荷率：指岗位的确定性工作和不确定性工作所需的纯劳动时间占制度工作时间的比率。

4）工作紧张程度：指工作时限、节奏、工作量等所引起的工作紧迫感。

5）工作均衡性：指工作时间内忙闲不均的程度。

6）心理压力：在完成本岗位所承担的任务时，由于工作范围、工作节奏、责任大小、时间要求等方面的综合因素对岗位任职人员所造成的心理紧张程度。

“心理压力”是一个综合指标，含义上可以涵盖“工作均衡性”、“工作紧张程度”两个指标。

（2）劳动环境指标设计。对于劳动环境的好坏，一般从以下几个方面考察：一是工作场所是否存在污染、噪声等不利于劳动者健康的因素；二是工作中是否存在发生工伤事故的风险；三是工作班制，是长白班还是多班制，工作时间之外是否要经常处理应急事务。设计劳动环境指标之前，需要通过访谈、问卷调查、资料查阅、现场观察等方法了解各个部门尤其是生产部门、工艺部门、质量管理等部门的劳动环境状况。主要的劳动环境指标如下：

1）工作场所：衡量岗位任职人员工作区域的环境状况，包括是否接触噪声、化学污染、高温等以及接触的程度。

2）危险性：衡量岗位任职人员在工作中可能出现的涉及自身的工伤事故的轻重程度。

3）工作班制：衡量岗位工作时间的特征，包括是否倒班，是否存在制度性的应急任务。

二、评价标准制定

（一）岗位评价标准的特点

岗位评价标准采用等级标准，即针对指标的标准划分等级，并对每一个等级进行定义或描述。以表7－6为例。

在标准的分级数目上，岗位评价标准与考核标准有所不同。考核标准大多采用A、B、C、D 4个等级，分别代表优秀、良好、合格、不合格；岗位评价标准的分级，有利于将所有岗位的价值进行合理区分为原则，一般采用4～5个等级，也有个别指标的等级标准多于或少于这个范围。以指标“学历”为例：如果一个公司本部人员中最低学历是本科，最高的是博士研究生，则设计岗位评价标准时，“学历”的评价标准分本科、硕士研究生、博士研究生3个等级就够了。也有可能只需划分两个等级，因为没有一个岗位要求具备博士研究生学历。

（二）岗位评价标准的分类

从定性还是定量的角度，可以将岗位评价标准划分为3类。

（1）定性标准。定性标准采用文字描述的形式，如表7－6所示。由于大多数岗位评价标准指标都是定性的，因此对应的评价标准也是定性的。

表7－6　优质服务指标评价标准

分级	分级定义	点数
一级	岗位要求在保障公司内部和外部服务应承担的责任很小，不能正确履职将产生很小的负面影响	14
二级	岗位要求在保障公司内部和外部服务负有较小责任，不能正确履职将产生较小的负面影响	28
三级	岗位要求在保障公司内部和外部服务负有一定责任，不能正确履职将产生一定的负面影响	42
四级	岗位要求在保障公司内部和外部服务负有较大责任，不能正确履职将产生较大的负面影响	56

续表

分 级	分 级 定 义	点数
五级	岗位要求在保障公司内部和外部服务负有重要责任，不能正确履职将产生重大的负面影响	70

（2）定量标准。采用数字对评价标准进行分级。在岗位评价指标中，只有个别指标能够量化。表 7－7 是某制造企业岗位评价体系中“经验”指标的评价标准。

表 7－7 经验指标评价标准

分级	分 级 定 义	点数
一级	0.5 年及以下	15
二级	0.5～1 年	32
三级	1～3 年	49
四级	3～5 年	66
五级	5～8 年	83
六级	8 年以上	100

（3）混合标准。采用文字和数字对评价标准进行描述，表 7－8 是某制造企业岗位评价体系中的“工作负荷”指标评价标准。

表 7－8 工作负荷指标评价标准

分级	分 级 定 义	点数
一级	工作负荷率较低，即纯劳动时间在 4 小时以下	11
二级	纯劳动时间在 4～6 小时	22
三级	纯劳动时间在 6～7 小时	34
四级	工作负荷率较高，纯劳动时间达 7 小时以上，甚至经常需要加班加点	45

（三）岗位评价标准的制定原则

标准要尽可能具体且容易衡量，这是所有评价标准制定的共同原则，岗位评价标准的制定也不应当例外。但岗位评价体系中有的岗位评价指标比较抽象（如劳动责任指标），具体描述比较困难。

有人认为，劳动责任本身具有一定的模糊性，因此对应的分级标准界限不够清晰也是合理的。他们主张在对岗位的劳动责任进行评价时，采用标杆对比的方法，即针对某个指标，如“经济效益责任”，先评出责任最大的1个或若干岗位并给出评价分数，然后将其他岗位与其比较，确定其他岗位的评价分数。表7－6的评价标准正是按照这一思路制定的。各个标准之间采用程度形容词“很小”、“较小”、“一定”、“较大”、“很大”进行区分。

如果遵循“标准要尽可能具体且容易衡量”的原则，则评价标准制定时要采用具体的描述语句，表7－9是某制造企业岗位评价体系中的“经济效益责任”指标评价标准。

表7－9　经济效益责任评价标准

分级	分级定义	点数
一级	对本公司生产销售任务的完成，成本费用的降低，利润的实现和增长所造成的影响较小	16
二级	对本公司生产销售任务的完成，成本费用的降低，利润的实现和增长造成一定的影响	32
三级	对本公司生产销售任务的完成，成本费用的降低，利润的实现和增长负直接管理责任	48
四级	对本公司生产销售任务的完成，成本费用的降低，利润的实现和增长的关键因素有重要影响	64
五级	对本公司生产销售任务的完成，成本费用的降低，利润的实现和增长负重要管理责任	80

（四）岗位评价标准的制定方法

在制定岗位评价标准之前，要通过问卷调查、访谈、资料查阅了解企业的生产经营目标、主营业务流程、部门职责、工作环境、劳动特征等方面的信息，为岗位评价标准的制定提供依据。以表7－9为例，其中的标准是在充分了解该企业业务流程和部门职责分工的基础上制定的。实际使用表明，标准具有较高的区分度和效度。

除了问卷法、访谈法、资料查阅法，在制定工作劳动环境、劳动强度指标的标准时，观察法也是一个重要的方法。以某制造企业的岗位评价体系为例，其中“体力强度”指标的评价标准的制定，就运用了观察法。

体力要求的标准，应当简单、直观、具体。为此，设计人员在问卷调查和访谈的基础上，到生产车间进行观察，总结出体力要求最高的岗位的劳动特点是“整个工作时间内都需要站立并搬运重物”，其次是“整个工作时间内都需要站立”。

三、指标加权、赋分

加权是确定各个指标的权数，赋分是在各个指标的分值已经确定的前提下，根据指标分数确定指标各个等级的分数。以表 7－10 为例，指标体力要求为 25 分，共分 4 个等级，分数依次为 25、19、13、7。

表 7－10 体力要求评价标准

分级	分级定义	点数
一级	办公室工作或类似工作，体力要求较低	7
二级	工作中操作机械（如叉车），需要一定的体力；或从事相关工作，需经常下车间或户外巡视	13
三级	整个工作时间内都需要站立	19
四级	整个工作时间内都需要站立并搬运重物	25

在岗位评价体系中，指标权重体现价值导向。1990～1993 年，我国国有企业推行以岗位技能工资制为主要内容的企业内部工资制度改革时，提出薪酬分配原则是“特别稳定生产第一线，向苦、脏、累、险岗位和技术高责任重岗位倾斜”；岗位评价体系中，劳动强度、劳动环境指标占有较大的权重。我国建立和推行市场经济体制后，薪酬分配向关键岗位倾斜成为共识；而关键岗位就是劳动复杂程度高、责任重的岗位。因此，劳动复杂程度、劳动责任指标占有较大的权重。

指标加权和赋分的具体步骤如下：

（1）确定评价总分。目前，英国、美国一般使用的总点数为 500 点，我国台湾为 600 点。总点数多少，应以便于使用和划分工作等级为原则。① 笔者在薪酬设计咨询中，采用的总点数一般为 1000 点。

（2）确定指标权重和分数。采用两次加权，即先确定 4 大要素的权重和分数，再分别确定各个因素的权重和分数。下面介绍几种确定指标权重的方法。

1）主观经验法。主观经验法是依据主观经验和判断对指标进行权重分配。这种方法的优点是决策简单、效率高、成本低；缺点是主观性、片面性较强，对设计者的经验和能力要求较高。

2）ABC 分类权重法。ABC 分类权重法是将评价指标按照重要程度分为 A、B、C 3 类，给每一类赋予表示重要程度的数值并据此计算每个指标的权重系数。

以某供电企业岗位评价体系中的劳动责任指标为例，1 级指标下有安全生产责

---

① 康士勇．薪酬策划与薪酬管理［M］．北京：中国经济出版社，2008.

任、优质服务责任、经济效益责任、政治稳定责任、管理监督责任5个指标，现确定5个指标的权重系数。

第一步：划分重要程度。安全生产责任为A（重要），优质服务责任和经济效益责任为B（比较重要），政治稳定责任和管理监督责任为C（一般）。A的重要性为3，B为2，C为1。

第二步，计算权重系数。权重数值之和 =3 +2 +2 +1 +1 =9，安全生产责任的权重系数为3/9 =0.33。同样可以计算出其他指标的权重系数。

以上2个步骤的结果如表7 -11所示。

表7 -11　依据ABC分类法计算权重系数

指标	重要程度	重要性分数	权重系数
安全生产责任	A	3	0.34
优质服务责任	B	2	0.22
经济效益责任	B	2	0.22
政治稳定责任	C	1	0.11
管理监督责任	C	1	0.11
合计		9	1

由于不能整除，所以直接计算出的5个指标的权重系数之和为0.99。将缺少的0.01分配给“安全生产责任”，使系数之和等于1。

第三步：分配总分。如果劳动责任的总分为300分，则安全生产责任的分数为300 ×0.34 =102。同样可以计算出其他4个指标的分数。

3）权重百分比法。权重百分比法是以最重要的指标为100%，将其他指标与其比较，确定百分比并依此计算每个指标的权重系数。

具体步骤如下：

第一，对权重最高的要素赋值100%。

第二，根据相对第一个要素重要性的百分比确定序列第二高要素的赋值，以此类推。

第三，分别计算每个评价要素权重占总权重的结构比例。

第四，确定各要素、各要素等级的点值（点数）。

举例说明：如表7 -12所示，以评价指标决策、解决问题、知识为基础，确定三个指标的权重并分配总分。

表 7－12　依据权重百分比法分配指标分数

评价要素	重要程度	转化过程	权重	点数
决策	100%	100% ÷245% =0.4082	40.8%	500 ×40.8% =204
解决问题	85%	85% ÷245% =0.3469	34.7%	500 ×34.7% =173
知识	60%	60% ÷245% =0.2449	24.5%	500 ×34.7% =123
合计	245%	1.0000	100%	500

注：表中总点数为 500 点。

4）层次分析法（AHP）。层次分析法是定性分析与定量分析相结合的系统分析方法。应用 AHP 法计算指标权重系数，实际上是按指标的层次关系，运用专家的知识、经验、信息和价值判断，对指标进行两两比较对比，确定其相对重要性（一般按照表 7－13 赋分），并按规定的标度值构建比较判断矩阵；然后计算比较矩阵的特征向量和最大特征根，进行一致性检验，进而确定指标的权重。

表 7－13　重要性等级

相对重要性	定义	说明
1	同等重要	两者对所属测评目标的贡献相等
3	略为重要	据经验一个比另一个测评结果稍重要
5	基本重要或高度重要	据经验一个比另一个测评结果更为重要
7	确实重要	一个比另一个测评结果更为重要，其优势已为实践所证明
9	绝对重要	明显重要可以断言为最高
2、4、6、8	以上两相邻等级中间值	需要折中时采用

层次分析法的具体计算步骤可登录中国知网查阅王春秀的论文《AHP——模糊综合评价法在岗位评价与绩效评估中的应用研究》，这里不再赘述。

构建判断矩阵，建议采用德尔菲法。德尔菲法也称专家调查法，是 20 世纪 60 年代初美国兰德公司提出的一种定性预测方法，其目的在于避免集体讨论可能存在屈从于权威或盲从多数的缺陷。做法是专家们针对研究的对象进行独立判断，组织者对判断结果进行汇总和反馈，一般要进行多个轮次。专家的数量，我们认为以 10～20 人为宜。

可以看出，采用层次分析法确定指标的权重，工作量比较大，要借助专门的软件或计算工具。

（3）赋分。等级评价量表对应的赋分方法是等级赋分，常见的做法是让各个等级的分数成等差关系。如指标体力要求为 25 分，共分 4 个等级，分数依次为

25、19、13、7，公差为6分。

四、X供电公司岗位评价指标与权重分配

该公司的岗位评价体系共18个2级指标，总分1000分，具体指标和权重分配、各等级赋分见表7－14。

表7－14　岗位评价要素、因素及因素分级、配点

要素	配点	权重（%）	因素	一级	二级	三级	四级	五级
劳动复杂程度	400	40	1. 学历	18	35	53	70	—
			2. 经验	20	40	60	80	100
			3. 专业技能	14	28	42	56	70
			4. 创新能力	20	40	60	80	100
			5. 沟通协调能力	6	12	18	24	30
			6. 综合能力	6	12	18	24	30
劳动责任	300	30	7. 安全生产责任	20	40	60	80	100
			8. 优质服务责任	14	28	42	56	70
			9. 经济效益责任	14	28	42	56	70
			10. 政治稳定责任	6	12	18	24	30
			11. 管理监督责任	6	12	18	24	30
劳动强度	200	20	12. 脑力强度	12	24	36	48	60
			13. 体力强度	8	16	24	32	40
			14. 工作负荷率	8	16	24	32	40
			15. 心理压力	12	24	36	48	60
			16. 工作环境	6	12	18	24	30
			17. 危险性	8	16	24	32	40
			18. 工作班制	10	20	30	—	—
合计	1000	100	—	—	—	—	—	—

五、岗位评价体系的试用

岗位评价体系的试用，也就是选择典型岗位进行试评价。通过试评价的结果，检验岗位评价体系的信度和效度，分析指标设置、标准设计、权重分配方面是否存在不合理的地方，是否需要进行调整和修改。这里以X供电公司为例，说明如何进行岗位试用。

在岗位评价体系初步确定的情况下，X 供电公司人力资源部组织各部门人员进行了若干典型岗位的试评价工作。试评价完全按照正式评价的程序进行：

首先从岗位选择上，覆盖到人、财、物、规划、建设、运行、检修、营销等各个专业，同时也分布到现有各个岗位等级，共选择了 28 个岗位。

其次从评价委员的选择上，也照顾到上述各个专业，一般都具有较丰富的工作经验，对电业局各方面具有较为全面的了解，而且一般都参与了 X 供电公司前一阶段的组织调整及“三定“工作，对人力资源管理具有一定的认识，共有 9 名评委。

再次，在评价过程上严格遵守岗位评价流程及各种规范要求。

最后，进行了评价结果录入、汇总和计算。

从试评结果看，岗位评价体系具有较高的效度和信度：

首先，依据试评价结果数据的岗位高低排序与排序法得到的岗位评价排序基本一致，28 个岗位中除 2 个岗位排序存在一定差异外，其他 26 个均为合理，重合度达到 92.9%。

其次，对多个评委的数据分别进行了计算，各评委之间对岗位的认同也具有较高的一致性，当然评委之间对同一岗位的重要程度存在差异是正常的。

而且，在评价中各位评委对评价体系因素定义、分级描述的理解程度较好，这也表明该评价体系具有较强的适用性。

第四节　召开岗位评价会议，实施岗位评价

一、岗位评价会议的准备

（一）成立岗位评价委员会

（1）岗位评价委员遴选原则。

1）具有客观、公正的态度，能够从企业全局的角度思考问题。评委的评价结果是否客观，首先取决于态度；其次是要有大局观，能从企业的战略、业务流程、岗位设置体系的角度考虑问题。

2）具有较为丰富的多部门、多专业工作经历，熟悉公司各项工作；至少对若干方面较为熟悉，了解其他方面的工作。

理想的评委，是在不同部门轮过岗，既熟悉主营业务，又熟悉职能部门的工作；这样的评委一般能客观地进行评价。进行岗位评价时，有时候会出现有些管理岗位评分偏低的现象，原因是有的评委对有些岗位的认识存在偏差。究其原因，是他们对于这些岗位不熟悉。当然，要求每一个评委都熟悉所有部门的工作也是不现实的，但至少要对若干方面较熟悉。

3）以公司领导、中层负责人为主体。中层及以上人员，一般具有比较深入的

专业知识和丰富的工作经验，同时具有全局观念，具备做评委的基本条件。岗位评价不是简单的投票，需要运用专业知识和判断力。如果从熟悉岗位的角度看，中层负责人比公司领导更合适。

4）每个部门的岗位评价委员人数相等，不可按照人数比例遴选。如果各部门按照人数比例确定岗位评价委员数额，则会造成人数较多的大部门有较多的岗位评价委员进行岗位评价，从而造成较多地体现该部门意志，影响岗位评价的公正性的后果，因为岗位重要性并不与部门规模、人员数量直接相关。

5）总人数不宜过多，以不超过 30 人为宜。企业各部门符合岗位评价委员资格的人员数量并不多，如果岗位评价委员数量过多，很可能产生许多不合规的评分，反而会降低岗位评价的公正性和客观性。因此岗位评价委员的遴选在精不在多。

（2）评价委员会的组成方式。

1）由公司领导班子成员、中层部门负责人组成。

2）由公司领导班子成员、中层部门负责人、工会（职工）代表组成。

工会代表或职工代表，应当由资深员工担任，如部门的主管。

（3）岗位评价委员会的职责。

1）制定、讨论、通过《岗位评价标准体系》。

2）依据《岗位评价标准体系》实施岗位评价。

3）讨论通过《公司岗位等级表》。

4）今后遇有组织机构调整和岗位设置的变化，对《岗位等级序列表》进行维护和复评。

岗位评价后，对评价结果进行统计，形成初步的岗位等级表；初步的岗位等级表提交岗位评价委员会讨论，进行适当的调整，最后通过。

岗位设置不是一成不变的，当出现新的岗位或岗位发生合并时，需要召开岗位评价会议，根据新岗位或合并岗位的职责、任职条件，采用类比的方法，将其并入岗位等级表。

（二）准备岗位评价资料

（1）《岗位清单》。

（2）《部门职能说明书》、《岗位说明书》。

（3）《岗位评价体系》。

（4）《岗位评价记录表》。

（5）《部门及所属岗位评价信息交流资料》。

《岗位评价记录表》用于岗位打点，一般在 Excel 上进行设计，可以提高打点的效率，并省去了打点后的求和计算。关于提高打点的效率，举一个环节说明：评委针对某一个因素评分时，在 Excel 上选择要素的等级，则会自动出现一个对应的点数。

《部门及所属岗位评价信息交流资料》由各个部门或单位根据岗位评价的要求撰写，用于每个部门（单位）在岗位评价前介绍本部门（单位）及岗位相关信息时使用。

（三）制订岗位评价工作计划

岗位评价计划的内容，包括召开岗位评价的时间、地点，岗位评价委员会的组成，岗位评价会议日程安排等。为了让评委能够集中精力打点，避免外界因素的干扰，企业需要专门抽出一定的时间（通常为1~2天），地点最好安排在公司以外。

二、岗位评价过程

（一）分组打点与集中打点

分组打点，就是将被评价的岗位按一定数量分成若干组；在对每一组岗位打点前，先逐一介绍这组岗位的岗位说明书及相关信息，然后由评委打点。每一组都按照这样的程序进行。以北大纵横咨询公司的岗位评价程序为例：

主持人宣布评分开始后，利用电脑和投影仪逐个演示岗位说明书，并且在演示每个岗位说明书时，主持人要逐句宣读并解释岗位说明书的内容。一般以4个岗位为一组。宣读解释结束后，专家组成员开始评分。①

分组打点的好处是，对岗位相关信息的介绍比较全面、详细，评委打分时，对被评价岗位的相关信息保留着清晰的印象。缺点是耗费时间较长，打分过程进行到最后阶段时，可能会出现评委因疲劳而草率行事的现象。

集中打点，就是先由每个部门（单位）介绍相关信息，所有部门（单位）介绍完毕后，开始按照《岗位评价记录表》上的顺序逐一打点，直到所有岗位打点完毕。其优点是节省时间，评委能够始终保持精力集中；缺点是评委打点时，可能对介绍的岗位情况已经淡忘。

我们倾向于采用集中打点的方式。下面的岗位评价流程是基于集中打点而设计的，并且经过了大量实践的检验。

（二）岗位评价流程

（1）岗位评价委员报到，发给岗位评价文件资料。

（2）岗位评价会议开始，由会议主持人宣布开会，公司领导做岗位评价会议动员。

（3）顾问（或岗位评价委员会主任）对岗位评价委员进行岗位评价专业培训；宣讲《岗位评价体系》。

（4）由各部门负责人代表本部门发言，交流部门及所属岗位信息。为了进一

---

① 王璞．人力资源管理咨询实务［M］．北京：机械工业出版社，2003.

步增进评委对岗位的深入理解，在正式打分前由各部门负责人对本部门职能、岗位设置及主要职责、绩效目标，以及部门内岗位特点、工作条件等进行全面介绍。

（5）典型岗位试评。在完成岗位评价培训后，为了检验评价委员的掌握程度，进一步消除理解偏差，岗位评价现场要进一步选取若干岗位进行试评价。试评价首先由评委对拟定的若干岗位进行评价，在评价过程中对岗位评价体系和评价方法存在任何问题，随时提问、随时解答；其次对各评委评价结果进行快速统计、计算，并将统计结果公布、投影；最后由各位评委对个人评分和总体结果进行比较，其目的是通过比较调整个人打分标准。需要注意的是，评价委员对岗位价值的理解存在差异是客观而正常的，需要消除的是理解偏差和操作错误，但不要对评委的意见进行较多干预。

（6）各评价委员独立实施岗位评价。要注意如下问题：第一，评委对所有岗位的同一评价因素进行逐一打分，而非是对一个岗位的所有评价因素一次性完成打分。因为前一种方式便于不同岗位在统一因素之间的相互比较和平衡。第二，在评委完成所有的岗位打分后，要最终对不同岗位的总分进行比较平衡，如岗位之间的排序存在不合理情况，在分析、比较之后可对因素打分进行调整。第三，评委打分要按照自己的理解独立操作，既不要影响他人，也不可受他人影响。

（7）提交评价结果。各评价委员对自己的评价结果检查无误、对排序结果满意后，提交评价记录表。利用纸质打分的，评委完成打分后，要现场签名，并直接交到工作人员手中。采用电脑操作的，则可将电子文件拷贝给工作人员。

（三）模糊综合评价法的应用

有研究者认为，为了得到一个更精确的评价结果，可以试用 AHP—模糊综合评价模型对打点过程进行模糊处理。

首先利用隶属度对每个因素的归属级别（相应点数）逐个进行模糊处理，然后再综合到各个岗位。以参评岗位“行政助理”为例，对于“学历”这一评价因素，在 8 位评委中，认为其属于第一等的有 1 人，认为其属于第二等的有 3 人，认为其属于第三等的有 4 人，认为其属于第四等的有 0 人，认为其属于第五等的有 0 人，那么，对于“学历”隶属于各个等级的程度为 $\mu =（1/8，3/8，4/8，0/8，0/8）$，根据最大隶属度原则，$\max\mu = 4/8 = 0.5$，则“行政助理”这一岗位对学历的要求应属于第三级，相应得到的点数是 20。对于其他的 13 个评价因素做同样的处理，分别确定各评价因素所属等级相应得到的点数，最后将每个岗位所有因素的点数累加，就初步得到了该岗位此次岗位评价总点数。[①]

从上述算例可以看出，采用模糊评价的方法进行打点和打点结果的处理，计算比较复杂，需要使用专门的计算工具；但不需要像后面所介绍的，计算每个岗位的

① 王春秀．AHP—模糊综合评价法在岗位评价与绩效评估中的应用研究［D］．华北电力大学硕士论文，2005.

总点数时采用截尾平均值。

第五节　岗位评价数据处理与岗位等级划分

岗位评价会议结束之后，需要对岗位评价数据进行处理，并划岗归级。

一、岗位评价数据处理程序

（1）收集每位评价委员的评价数据。在岗位评价委员提交填写完的岗位评价记录表时，应先整体上检查评价数据的完整性，也就是检查有没有遗漏忘记评价的因素和岗位。

（2）录入或导入每位评价委员的岗位评价结果。如果是纸质打分方式，则应当组织人员将各评委打分情况一一录入 Excel 表单，每个评委打分结果为一个工作表（sheet），所有工作表构成一个工作簿文件；如果采用电脑打分的方式，录入过程则可省去，只需将所有工作表组成一个工作簿文件即可。

（3）计算每个岗位的平均评价点数。所谓截尾平均值，是统计学上为了消除极端值对样本均值影响的一种统计方法，其基本方法为去掉一个数列两端的极端值后计算算术平均数。最常见的截尾平均值的例子是在一些比赛中，计算选手的最终得分需要“去掉一个最高分，去掉一个最低分”，这种处理方法，即为计算截尾均值的方法。在岗位评价中，如果采用简单的算术平均值的计算方法，个别评委的打分高低在很大程度上会影响到某一岗位的评价结果。为了避免个别评委从个人所处部门立场对本部门岗位打高分，或者由于评委个人好恶而给个别部门打高分或者低分，影响岗位评价的结果，因此常常要去掉最高分和最低分以去除极端值，使得岗位评价尽可能客观公正。

另外，虽然中位数能很好地显示“中间”水平，但却抹杀了其他评委的评分意见，因此岗位评价中既需要考虑极端值对平均数的影响，又要考虑绝大多数评委的评分意见，所以往往采用去掉若干个最高分和最低分，再计算截尾平均值的办法来统计岗位评价得分。

以 X 供电局岗位评价为例，共有 22 名评委，相应地每个岗位有 22 个评价总点数，采用截尾平均值的计算方法，每个岗位评价得分分别去掉两个最高分和最低分，然后计算剩余部分的算术平均值。

截尾平均值的计算，采用 Excel 中的 TRIMMEAN 函数完成。

（4）根据评价点数对岗位进行排序。根据评价点数的多少，按升值顺序对岗位进行排序。由低到高，即可依次观察到由最低点数到最高点数的岗位排序，得到岗位的自然等级，自然等级可能有数十个或更多。同时可以计算最高点数与最低点数的差值。

按照以上的步骤，可以很迅速地对评价结果进行数据处理，为有效地划分岗位等级提供数据依据。

二、岗位等级划分

岗位评价结果分级也存在多种方法，包括等差点数划分法、等比点数划分法和不规则划分法。等差点数划分法的特点是，各个岗级的点数幅度相同；等比点数划分法的特点是，上一个岗级的点数幅度与下一个岗级的点数幅度之比为同一个常数。不规则划分法的特点是，各个岗位等级的点数幅度是一个不规则数列。

几种方法在实际操作中都会用到，并且在实际划分岗位等级时，往往同时采用多种方法划分后进行比较，选择更符合实际的划分结果。

（一）等差点数划分法

（1）确定岗位等级数或划分岗位等级数目的点数幅度。

1）岗位等级数目的确定：先确定岗位等级之间的点数幅度，再确定岗位级数。

$$岗级数 = \frac{最高点数 - 最低点数}{点数幅度} + 1$$

2）点数幅度的确定：先确定岗级数，再确定点数幅度、划岗归级。

$$点数幅度 = \frac{最高点数 - 最低点数}{岗级数} - 1$$

到底是先确定点数幅度还是岗位数？这要根据岗位评价设计者的习惯和经验。如果先确定点数幅度，在采用1000分的前提下，点数幅度40点上下比较合适。可以40点为中心，先确定几个点数幅度，相应地初步做出几个岗位等级表，从中选择一个。

（2）确定岗位等级划分点数幅度表。根据岗位评价的最高点数、最低点数，以及点数幅度或岗位等级数等确定岗位等级划分点数幅度表。如表7－15所示。

表7－15 某公司岗位等级划分点数幅度

点数范围	岗位等级	点数范围	岗位等级
100及以下	1	341～370	10
101～130	2	371～400	11
131～160	3	401～430	12
161～190	4	431～460	13
191～220	5	461～490	14
221～250	6	491～520	15
251～280	7	521～550	16
281～310	8	551～580	17
311～340	9	581～610	18

（3）划分岗位等级。根据岗位等级划分点数幅度表和每个岗位的评价点数，将所有岗位“对号入座”，归入每一岗级的点数幅度内，形成《岗位等级表》（初评结果）。

（二）等比点数划分法

等比数列法的基本操作过程是：第一，确定岗位等级数目；第二，找出岗位评价结果的最高点数和最低点数；第三，用最高分除以最低分，得到总倍数；第四，求总倍数的岗位分级数次方根，得到岗位分级等比系数；第五，利用等比数列原理构成岗位分级区间表。

以X供电局为例，岗级总数为10级；岗位评价最高分为743，最低分为326；得到总倍数为2.28，开方得到等比系数为1.09；计算得到岗位分级区间如表7－16所示。

表7－16　X供电局岗位分级区间

等级	下限	上限	等级	下限	上限
1	326	354	6	492	535
2	354	385	7	535	580
3	385	418	8	580	630
4	418	453	9	630	684
5	453	492	10	684	743

（三）不规则划分法

如表7－17所示，1～7级划分等级的点数幅度为35点，7～8两级划分的点数幅度为45点，9～18级划分的点数幅度为30点。

表7－17　某电力公司岗位等级划分

等级	点数幅度	总经理工作部	政治工作部	综合计划部
1	290以下		出版印刷室排版打印专责工	
2	291～325			
3	326～360			
4	361～395	文书管理初级岗	综合管理初级岗	
5	396～430	人事档案管理中级岗（工人）	出版印刷室排版打印组组长	
6	431～475	声像档案管理中级岗	办公室综合管理中级岗	
7	476～520	信访接待中级岗	报刊编辑室编辑中级岗	综合统计管理中级岗

续表

等级	点数幅度	总经理工作部	政治工作部	综合计划部
8	521～565	秘书专业中级岗	出版印刷室主任	投资计划管理中级岗
9	566～595	外事管理高级岗	办公室主任；报刊编辑室主任高级岗	
10	596～625	企业管理标准化高级岗		综合统计管理高级岗
11	626～655		老干部工作处处长；青年工作处处长	
12	656～685	综合处处长	组织处处长	综合统计处处长
13	686～715			经营计划处处长
14	716～745			
15	746～775			
16	776～805	总经理工作部副主任	政治工作部副主任	
17	806～835			综合计划部副主任
18	836～865		政治工作部主任	
19	866 以上	总经理工作部主任		综合计划部主任

（四）离散度分析法

离散度分析法是一种图形分析方法，一般辅助其他分级方法使用。其基本方法为：将所有岗位的评分做成散点图；然后观察该散点图中岗位密集和离散的主要区分点；从而对上述点数分级法所得到的岗位分级进行适当的调整和补充。如图 7－4 所示。

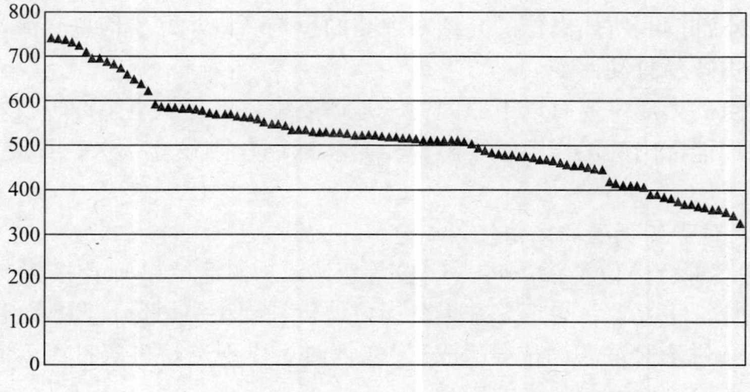

图 7－4　X 供电局岗位分级区间

三、岗位等级表的形式

岗位等级表的形式主要有两种：第一种是表格的横栏排列各个部门，竖栏排列岗位等级，如表 7－17 所示。这种形式的优点是查找具体岗位的岗级方便；先找部门，然后找部门内的具体岗位属于哪个岗级。缺点是横栏比较多（一个企业的部门有十几个到二十几个），不便于在纸质文件的一页上显示整个岗位等级表。

第二种是表格的横栏排列岗位类别，竖栏排列岗位等级。如表 7－18 所示。

表 7－18　岗位等级表的形式

岗位等级	点数范围	岗位序列			
		生产及辅助序列	管理序列	技术序列	销售序列

这种形式的优点是可以显示企业内各个岗位序列之间岗位等级的对应关系，缺点是查找具体岗位的岗级不方便。

四、岗位等级表的调整、确定

《岗位等级表》（初评结果）出来以后，有两种情况需要调整：一是由于评价委员对所评价岗位的认知偏差或认知盲点而造成的个别岗位等级明显偏高或明显偏低的情况；二是有的岗位处于岗位分级区间的临界点。

认知偏差主要有以下原因：一是评委存在重生产技术，轻管理的思想；二是有的岗位的任职者工作业绩平平，使评委产生了这个岗位不重要的印象；三是各个部门负责人对本部门和所属岗位的介绍对评委的影响。口才好、信息交流资料准备充分的介绍人更容易打动评委。

认知盲点的形成主要有以下原因：一是评委中许多是从事生产、技术方面工作的，对有的职能部门的工作不够了解；二是有的岗位刚设立不久，评委对其职责、重要性等不了解。

（一）岗位等级调整的方法

（1）直接进行岗位复评。将《岗位等级表》（初评结果）直接提交岗位评价委员进行复评，将复评结果汇总并提交岗位评价领导小组讨论、调整，最后，由岗位评价委员会讨论通过《岗位等级表》。复评时可以不进行再次打点，而是依据少数服从多数的原则确定调整后的岗级。

（2）以部门为单位向各部门负责人征求意见。按照《岗位等级表》（初评结果），将所有岗位以部门为单位进行整理打印，形成《××部门内部岗位排序征求意见表》，向本部门负责人征求意见，然后将征求意见汇总，并提交岗位评价领导小组讨论、调整，最后由岗位评价委员会讨论通过《岗位等级表》。

《岗位等级表》为岗位评价的最终成果，《岗位等级表》确定之时，标志着岗位相对价值的确定，岗位评价结束。

（二）案例：×供电公司岗位等级表调整方法

（1）调整的主要因素。在充分考虑到电网企业特点以及“三集五大”管理变革的基础上，×供电公司确定了岗位分级调整的三个典型要素：

1）是否符合战略发展方向。企业战略发展方向是岗位价值的决定性因素，但岗位评价往往是基于企业现实状况进行的，某些符合企业战略未来方向，但尚未获得充分发展的岗位因而可能评分不高。

2）岗位可替代程度的高低。岗位可替代程度是衡量岗位市场价值的重要方面，可替代程度高则意味着该岗位可以通过市场化手段得到有效满足。在电网企业人员流动率较低的现实情况下，通过该指标可以在一定程度上促进企业内部与外部市场的有效连接，从而更充分地体现岗位的市场价值。

3）是否在“三集五大”体系中处于关键管控节点、管控核心资源。“三集五大”是国家电网重大的管理变革，对企业内部岗位的价值创造方式产生了深远的影响，特别是那些处于关键管控节点、管控核心资源的岗位对于企业这一变革的实现意义重大。因此，应当充分体现这些岗位的重要性和价值。

（2）调整方法。由电业局高层领导组成岗位等级体系审定组，按如下步骤确定调整：

1）由审定专家提出需要调整的岗位，并进行汇总。

2）由审定专家独立对各岗位的三个典型调整因素的表现进行评价，如表7－19所示。

表7－19　×电业局岗位分级区间

<table>
<tr><th rowspan="2">岗位名称</th><th colspan="3">战略方向（权重1/3）
符合 —— 不符合</th><th colspan="3">替代程度（权重1/3）
低——高</th><th colspan="3">关键管控（权重1/3）
强——弱</th><th rowspan="2">合计</th></tr>
<tr><th>3</th><th>2</th><th>1</th><th>3</th><th>2</th><th>1</th><th>3</th><th>2</th><th>1</th></tr>
<tr><td></td><td></td><td></td><td></td><td></td><td></td><td></td><td></td><td></td><td></td><td></td></tr>
<tr><td></td><td></td><td></td><td></td><td></td><td></td><td></td><td></td><td></td><td></td><td></td></tr>
<tr><td></td><td></td><td></td><td></td><td></td><td></td><td></td><td></td><td></td><td></td><td></td></tr>
</table>

3）对多个审定专家评价结果进行汇总，计算多个审定专家对同一岗位的合计结果的平均值。

4）岗位调整。如果该岗位得分大于2，则应当进行调整；如果小于2，则不应进行调整。一般来说，岗位调整跨度不应超过两个等级；如果超过两个等级的，则该岗位得分应当在2.5以上。

（三）统计指标在岗位等级调整中的应用

前面提到，在岗位评价中，一般以截尾平均值作为岗位的点数。我们在进行岗位评价数据统计时，可以用统计指标反映所有评价委员对每个岗位打的点数的离散程度。如果离散程度高，说明平均值的代表性差，这个岗位的等级可能需要调整。

反映数据离散度的常用指标有标准差和变异系数。

（1）标准差。在职位评价统计软件中的模板中，单指标标准差除以每项因素的权重就得到相对标准差，目的是消除权重的不同对于标准差的影响。根据经验数据，相对标准差一般在超过20%时，该项因素就应该重新打分。但是，在重新打分前，主持人需要征求专家组的意见，询问该项因素的分值是否合理；这时候，对这个岗位比较了解的专家就可以充分发表意见，纠正不正确的认识。如果大多数专家认为均值合理，就不需要重新打分。这种方式的假设前提是，虽然大家的观点离散度很大，但合力往往导致均值比较合理。①

以上介绍的是按照指标逐一统计、分析，决定是否需要重新打分，应用起来工作量比较大。

（2）变异系数。变异系数是标准差与平均值的比率，也称为标准差率。在岗位评价中，评价点数的变异系数的合理范围是多少没有定论。有人认为变异系数超过0.16表示离散度大，也有人认为超过0.25表示离散度大。把数值定得低些，固然可以筛选出较多的点数可能不合理的岗位，但也给哪些岗位需要调整的判断增加了难度。而把数值定得高些，可能把需要调整的岗位漏掉了。

下面，我们结合实德化建集团大连制造基地的岗位评价统计数据进行分析。

当时，该企业被评价岗位216个，评委23人，求每个岗位的平均点数时，去掉了3个最高分和3个最低分，计算了每个岗位平均点数的变异系数。在216个平均点数中，变异系数≥0.25的为0，变异系数≥0.2的有6个，占2.78%。这是否说明，岗位平均点数合理，岗级几乎不需要调整呢？并非如此。在初步制定岗位等级表之后，由公司人力资源部负责人、项目负责人出面，征求了公司副总裁、各部门负责人对岗位等级表的意见；根据各方面的意见，对47个岗位的岗位等级进行了调整，占被评价岗位的21.76%。

---

① 王璞．人力资源管理咨询实务［M］．北京：机械工业出版社，2003.

在216个平均点数中，变异系数≥0.16的有57个，占26%。变异系数≥0.16的点数值个数略多于进行了岗级调整的岗位数，似乎将变异系数0.16作为离散度大小的临界点是合理的。当然，平均点数离散度大，并不意味着相关的岗位等级一定要调整。有的平均点数的离散度小的岗位，其岗位等级也可能不合理。

范例1

实德化建集团岗位评价体系
简要说明

岗位评价是确定不同岗位劳动的相对价值的一种方法，岗位评价关心的是岗位的分级，而不去注意谁做这项工作或谁在做这项工作。岗位评价的核心是划分岗位等级，其目标是实现内部分配公平，建立合理的、具有充分激励作用的薪酬制度。

岗位评价提供了这样一种技术，把生产不同使用价值产品或提供不同具体服务的、不可以拿来直接相互比较的具体劳动还原为抽象劳动，使它们可以相互比较。

实德化建集团岗位评价体系采用要素计点法，把各种劳动统统分解为四大基本要素即劳动复杂程度、劳动责任、劳动强度、劳动环境，再把四大要素分解为若干因素并制定相应的衡量标准，最后对各个要素、因素配点。评价时，用事先确定的衡量标准，评定每一岗位各因素的级数，并得出相应的点数；然后把每个岗位所有因素的评定点数相加，得出每一岗位的总点数；最后根据各个岗位的点数划分岗位等级。

根据化建集团的基本目标和生产经营特点，遵循一般企业生产劳动的共同特征和普遍规律，项目组经过深入、细致的调查研究，制定出《实德化建集团岗位评价体系》，把劳动四大要素分解为18个因素，每个因素再细分为3~6个等级。

依据对实德集团、化建集团高层的访谈，结合实德集团对化建集团的考核重点，化建集团的基本目标可表述为：在保证质量的前提下，扩大生产规模，降低成本，占有更大的市场份额，取得良好的经济效益。公司所有岗位在这一基本目标指导下发挥各自的作用，故应在统一的评价体系下评定出各岗位的相对价值，并由此划分出岗位等级。鉴于化建集团的实际情况和岗位划分惯例，岗位评价最终形成职员和工人两个岗位等级表。

具体评价要素、因素、因素分级、分级定义及配点，请详见《评价要素、因素及因素分级、配点表》、《岗位评价要素、因素、因素分级、分级定义及配点》。

岗位评价要素、因素及因素分级、配点表

要素	配点	权重（%）	重要程度	因素	一级	二级	三级	四级	五级	六级
劳动复杂程度	400	40	重要	1. 学历	20	40	60	80	100	
				2. 经验	15	32	49	66	83	100
			较重要	3. 综合能力	17	33	49	65		
				4. 专业技能	17	33	49	65		
				5. 创造性	16	34	52	70		
劳动责任	300	30	重要	6. 经济效益责任	16	32	48	64	80	
			较重要	7. 质量管理责任	11	22	33	44	55	
				8. 开拓发展责任	13	27	41	55		
				9. 指导监督责任	11	22	33	44	55	
			一般	10. 安全生产责任	5	10	15	20	25	
				11. 设备管理责任	6	12	18	24	30	
劳动强度	200	20	重要	12. 脑力要求	13	26	39	52	65	
				13. 心理压力	13	26	39	52	65	
			较重要	14. 工作负荷	11	22	34	45		
			一般	15. 体力要求	7	13	19	25		
劳动环境	100	10	重要	16. 工作不良因素	10	20	30	40		
			较重要	17. 工作场所固定性	10	20	30			
				18. 工作时间特征	10	20	30			
合计	1000	100	—	—						

注：在岗位评价中，如果认为某岗位某个因素处于两个等级之间，则可增加副级或档次，并酌情给予点数。

岗位评价要素、因素、因素分级、分级定义及配点

一、劳动复杂程度

（一）学历

本因素衡量顺利履行工作职责所要求的最低文化水平，是指职工通过学校或职业训练所获得的水平。实际工作中所获得的学业水平或专业知识除外。

分级	分级定义	副点	点数
一级	初中。要求一定的文化基础知识	10	20
二级	高中（职业高中、中专、技校），要求中等水平的文化知识	30	40
三级	大学专科。要求中等以上水平的专业知识	50	60
四级	大学本科。要求深入、系统的专业知识	70	80
五级	硕士研究生。要求较高的理论、专业水平	90	100

（二）经验

本因素衡量职工上岗前所需要的本专业或相关专业的工作实践时间和上岗后完全胜任本岗位工作所需要的工作实践时间的总和。不需要本专业或相关专业的工作经验即可上岗的岗位，按本岗位的工作实践时间计算。

分级	分级定义	副点	点数
一级	半年及以下	8	15
二级	半年至一年	24	32
三级	一年至三年	41	49
四级	三年至五年	58	66
五级	五年至八年	75	83
六级	八年以上	92	100

（三）综合能力

本因素衡量顺利履行工作职责所要求的综合能力水平。

分级	分级定义	副点	点数
一级	一般常规工作，需了解本专业工作内容和有关政策，具备某方面的一定能力	9	17
二级	一般常规工作，需熟悉本专业工作内容和有关政策规定，具备其方面较突出的能力	25	33
三级	较复杂的工作，需掌握本专业工作内容和有关政策规定，具备多方面较突出的能力	41	49
四级	从事部门管理，工作中需要规划、组织、协调、沟通，需较高的政策业务水平，具备较强的综合能力	57	65

（四）专业技能

本因素衡量职工顺利履行工作职责所要求的专业技能水平。

分级	分级定义	副点	点数
一级	要求简单的技能，该技能经 3 个月以下的培训即可掌握	9	17
二级	要求具有一般的技术水平，使用工具或设备完成一般的任务，该技能需要短时间（3 个月至半年）的培训和实践即可掌握	25	33
三级	要求具有中等的技术水平，使用工具或设备从事操作过程具有一定复杂性的工作，该技能需要一定时间（半年至 1 年）的培训和实践才能掌握	41	49
四级	要求具有较高的技术水平，使用工具或设备从事操作过程较为复杂的工作，该技能需要较长时间（1～2 年）的培训和实践才能掌握	57	65

（五）创造性

本因素衡量工作本身所要求的创造性的高低程度。

分级	分级定义	副点	点数
一级	简单常规性工作，几乎不需要创造性	8	16
二级	常规性工作，按照若干具体规程行事，需要较低的创造性	25	34
三级	常规性工作，需要对具体的方法、标准进行改进，要求具有中等水平的创造性	44	52
四级	非常规性工作，需要解决各种复杂的问题，要求具有中等以上水平的创造性	61	70

二、劳动责任

（六）经济效益责任

本因素衡量如果任职岗位发生工作失误，或者工作达不到标准，对本公司生产销售任务的完成，成本费用的降低，利润的实现和增长所造成的负面影响的大小。

分级	分级定义	副点	点数
一级	对本公司生产销售任务的完成，成本费用的降低，利润的实现和增长所造成的影响较小	8	16
二级	对本公司生产销售任务的完成，成本费用的降低，利润的实现和增长造成一定的影响	24	32
三级	对本公司生产销售任务的完成，成本费用的降低，利润的实现和增长负直接管理责任	40	48

续表

分级	分级定义	副点	点数
四级	对本公司生产销售任务的完成，成本费用的降低，利润的实现和增长的关键因素有重要影响	51	64
五级	对本公司生产销售任务的完成，成本费用的降低，利润的实现和增长负有重要管理责任	72	80

（七）质量管理责任

本因素衡量岗位任职人员对贯彻落实公司质量管理方针、保证质量体系的正常运行所担的责任。

分级	分级定义	副点	点数
一级	岗位要求对公司质量管理负较小责任	6	11
二级	岗位要求对公司质量管理负有直接责任	17	22
三级	岗位要求对公司质量管理负有直接管理责任	28	33
四级	岗位要求对公司质量管理负有全面的间接管理责任	39	44
五级	岗位要求对公司质量管理有重要的管理责任	46	55

（八）开拓发展责任

本因素衡量岗位任职人员对公司的持续发展如开发新的项目、产品和拓展市场等承担的责任。

分级	分级定义	副点	点数
一	岗位要求对公司的开拓发展负较小责任	7	13
二	岗位要求对公司的开拓发展负有一定责任	20	27
三	岗位要求对公司的开拓发展负有较大的直接责任	34	41
四	岗位要求对公司的开拓发展负有较重要的辅助决策责任	48	55

（九）指导监督责任

本因素衡量在正常权限范围内，对他人进行帮助或指导的工作量。其责任的大小根据所监督指导人员的层次和人数进行判断。

分级	分级定义	副点	点数
一级	能独立工作，只对本人工作负责	6	11
二级	对本班组的工作负指导监督责任	17	22
三级	对本部门的工作负指导监督责任，直接、间接管辖人数在20人及以下	28	33

续表

分级	分级定义	副点	点数
四级	对本部门的工作负指导监督责任，直接、间接管辖人数在20~80人	39	44
五级	对本部门的工作负指导监督责任，直接、间接管辖人数在80人及以上	50	55

（十）安全生产责任

本要素衡量岗位任职人员对安全生产所承担的责任。

分级	分级定义	副点	点数
一级	岗位要求对安全生产负较小责任	3	5
二级	岗位要求对安全生产负一定的间接责任	8	10
三级	岗位要求对安全生产负直接责任	13	15
四级	岗位要求对安全生产负直接的管理、监督责任	18	20
五级	岗位要求对安全生产负重要的管理、监督责任	23	25

（十一）设备管理责任

本因素衡量岗位对公司设备管理所负的责任，责任大小以因未履行该项职责对设备运行造成的影响程度和给工作造成的损失衡量。

分级	分级定义	副点	点数
一级	对公司生产设备的正常运行负较小责任	3	6
二级	对公司生产设备的正常运行负直接责任	9	12
三级	对公司生产设备的正常运行负间接的管理责任	15	18
四级	对公司生产设备的正常运行负直接的管理责任	21	24
五级	对公司生产设备的正常运行负重要的管理责任	27	30

三、劳动强度

（十二）脑力要求

本因素衡量工作上所需要的脑力，即在进行本岗位工作时需要的思想集中程度。

分级	分级定义	副点	点数
一级	需要较低的脑力：在从事本岗位工作时，工作节奏可以自由调节和掌握，需要较少的脑力	7	13

续表

分级	分级定义	副点	点数
二级	需要初等程度的脑力：在从事本岗位工作时需要集中脑力	20	26
三级	需要中等程度的脑力：在从事本岗位工作时需要经常保持思想集中和运用脑力	33	39
四级	需要中等程度以上的脑力：在从事本岗位工作时，需要持续地使用脑力	46	52
五级	需要高强度的脑力：在从事本岗位工作时，需要高强度的脑力思考，并具有远见性和计划性	59	65

（十三）心理压力

本因素衡量在完成本岗位所承担的任务时，由于工作范围、工作节奏、责任大小、时间要求等方面的综合因素对岗位任职人员所造成的心理紧张程度和心理压力。

分级	分级定义	副点	点数
一级	几乎无心理压力：工作单一、轻松，不需要或很少作出决定，工作常规化，工作时几乎不被打断或干扰	7	13
二级	较小的心理压力：工作较为轻松，很少做决定，工作节奏有一定要求，手头工作偶尔被打断	20	26
三级	中等程度的心理压力：工作有较快节奏的要求，需要作出一些决定，手头工作有时被打断。需要处理一些应急性的事宜	33	39
四级	中上等程度的心理压力：工作任务多样化，较为繁重、紧迫，手头工作经常被打断，经常要求迅速作出决定或工作失误会造成较严重的后果	46	52
五级	很大的心理压力：工作任务多样化、繁杂，很繁重、很紧张，经常要求迅速作出决定或工作失误会造成严重后果，在工作时间之外仍要继续考虑某些更深入的问题	59	65

（十四）工作负荷

本因素衡量完成本岗位工作的日常确定性工作和非确定性工作所需要的纯劳动时间占制度工作时间的比率。在计算纯劳动时间时，对工作均衡的岗位，可以工作日为单位评估；对工作不均衡的岗位或部门，可以月、季度或年度为周期进行评估。

分级	分级定义	副点	点数
一级	工作负荷率较低，即纯劳动时间在4小时以下	6	11
二级	纯劳动时间在4~6小时	17	22
三级	纯劳动时间在6~7小时	28	34
四级	工作负荷率较高，纯劳动时间达7小时以上，甚至经常需要加班加点	40	45

（十五）体力要求

本因素衡量工作中所需要的体力，其强度以劳动姿势、劳动中负重情况等因素确定。

分级	分级定义	副点	点数
一级	办公室工作或类似工作，体力要求较低	4	7
二级	工作中操作机械（如叉车），需要一定的体力；或从事相关工作，需经常下车间或户外巡视	10	13
三级	整个工作时间内都需要站立	16	19
四级	整个工作时间内都需要站立并搬运重物	22	25

四、劳动环境

（十六）工作不良因素

本因素衡量工作中接触的不良因素及其程度，不良因素主要包括粉尘、噪声等。

分级	分级定义	副点	点数
一级	工作时间接触粉尘和噪声较轻微	5	10
二级	部分工作时间接触一定程度的粉尘和噪声	15	20
三级	在整个工作时间内都接触一定程度的粉尘和噪声	25	30
四级	在整个工作时间内都接触较严重的粉尘和噪声	35	40

（十七）工作场所固定性

本因素衡量岗位任职人员的工作场所是否固定，固定程度以是否有固定工作场所以及外出工作时间占整个制度工作时间的比率衡量。

分级	分级定义	副点	点数
一级	工作场所固定	5	10
二级	工作场所固定，但外出工作时间占整个制度工作时间的比率超过50%	15	20
三级	工作场所不固定	25	30

（十八）工作时间特征

本因素衡量岗位任职人员按制度规定是否上夜班以及一个月内上夜班的时间占整个制度工作时间的比率。

分级	分级定义	副点	点数
一级	不上夜班	5	10
二级	上夜班但低于50%	15	20
三级	上夜班时间占整个制度工作时间的50%左右	25	30

范例 2

关于召开 DLWZ 公司岗位评价会议通知

公司各位领导、处室各负责人：

定于12月1～2日召开DLWZ公司岗位评价工作会议。现将有关事项通知如下：

一、参会人员（岗位评价委员会委员）

（一）领导班子成员。

（二）各部门负责人。

二、地点、时间

地点：诺林大酒店

会议开始时间：12月2—3日（周六—周日）。

三、携带工具

要求必须各自携带笔记本电脑。

四、认真做好会议发言和书面交流资料的准备工作

会议将首先安排时间，用于交流各部门及所属岗位信息。

交流的部门、岗位信息，将成为评价委员进行岗位评价的重要信息来源。因此，各部门负责人应高度重视，认真准备书面发言资料。

在岗位评价会议上，将通过两种形式进行部门和岗位信息的交流：

1. 部门负责人的会议发言（口头发言要注意突出重点，简明扼要）。
2. 《部门职能说明书》和《岗位说明书》（装订成册）。

附表 1　岗位评价工作会议日程安排。

附表 2　会议信息交流发言顺序。

DLWZ 公司岗位评价项目办公室

2006 年 11 月 20 日

附表 1　岗位评价工作会议日程安排

时间		议程	备注
12 月 1 日（周五）	8：00～12：00	1. 公司领导做岗位评价工作会议动员 2. 项目组专家康教授讲解《岗位评价标准体系》及岗位评价注意事项	评价委员体会《岗位评价体系》
12 月 2 日（周六）	13：30～18：00	按照岗位清单顺序，进行部门、岗位信息交流	1. 签到时发放岗位评价会议资料 2. 部门负责人发言，代表本部门交流部门、岗位信息
	19：30～	1. 各处室负责人按照《岗位清单》顺序，进行部门、岗位信息交流 2. 典型岗位试评（岗位练兵）	部门、岗位信息交流，了解各处室职能、岗位情况
12 月 3 日（周日）	8：00～12：00	评价委员独立实施岗位评价	1. 以子因素为单位，按列为顺序评价岗位 2. 平均评价一个岗位手工打点需要 5 分钟，笔记本打点需要 3 分钟 3. 必须对每个岗位子因素评价点数加和，得出每个岗位的评价点数
	13：30～18：00	评价委员独立实施岗位评价	1. 掌握评价尺度 2. 对不同岗位进行横向平衡调整
		评价委员将《岗位评价记录表》平衡满意并签字后，交给项目组。（电子版当场打印，由本人签字）	岗位评价会议结束

附表 2　会议信息交流发言顺序

序号	部门	负责人	时间（分钟）
1	经理办公室	略，下同	10
2	政治工作办公室		10

续表

序号	部门	负责人	时间（分钟）
3	监察室		10
4	安全监察室		10
5	劳动人事处		10
6	财务处		10
7	综合处		10
8	招标处		20
9	采购处		20
10	中心库主任		15
11	行政处		20

范例3

关于《部门及所属岗位信息交流资料》的指导意见

《部门及所属岗位信息交流资料》是岗位评价委员实施岗位评价的主要信息来源，客观、准确地表达本处室及所属岗位的职责、工作特点和重要性，都以及对任职人员的特殊要求，关系到岗位评价的客观性和合理性。因此，每个处室都应给予充分重视，认真准备。

《处室及所属岗位信息交流资料》一般应表达的基本内容如下：

一、部门基本信息

1. 概述：如总人数、部门定位、管理范围和管理特点等，特别是“三集五大”背景下对部门的新的管理要求。

2. 部门主要职能

表1　部门主要职能

序号	主要职能
1	
2	
3	
…	

二、部门的工作特点和承担的责任

从工作责任、复杂程度、难度、不确定性、强度、工作环境等方面进行说明，

每一方面作简要描述并用一典型事例简要说明即可。

三、电业局要求本部门承担的主要绩效指标和标准（填写下表）

表 2 生产工作指标及考核标准列表

序号	主要绩效指标	指标量化标准或定性标准

四、部门所属岗位设置情况

本处室所属岗位名称、主要职责、岗位对任职人员的特殊要求（填写下表）。请从本部门标杆岗位中选择 3～10 个岗位，能分别代表部门内初、中、高各类岗位的典型特征进行说明，能全面体现本部门各岗位情况即可。

表 3 ××部门岗位设置情况

序号	岗位名称	职责概要或岗位特殊要求	对任职人员特殊要求

五、部门岗位相对价值排序

以岗位技术、责任要求为主要依据衡量岗位相对价值，依次从高到低填写。

表 4 ××部门岗位相对价值排序

排序	岗位名称

注：岗位相对价值，按照降值顺序排列（岗位价值高的排在前面，岗位价值低的排在后面，岗位价值相同的，并列排列）。

范例 4

X 供电公司岗位评价记录

评价委员签名：

序号	部门	岗位名称	岗位编码	点级数	1 学历	2 经验	3 专业技能	4 创新能力	5 沟通协调能力	6 综合能力	7 安全生产责任	8 优质服务责任	9 经济效益责任	10 政治稳定责任	11 管理监督责任	12 脑力强度	13 体力强度	14 工作负荷率	15 心理压力	16 工作环境	17 危险性	18 工作班制	合计
1	办公室	主任	0101	级数																			—
				点数																			
2	办公室	秘书（专责）	0102	级数																			—
				点数																			
3	办公室	法律事务（主办）	0103	级数																			—
				点数																			
4	办公室	标准制度管理（专责）	0104	级数																			—
				点数																			
5	发展策划部	副主任	0201	级数																			—
				点数																			
6	发展策划部	电网规划（主办）	0202	级数																			—
				点数																			

范例 5

某供电公司岗位评价初评结果与复评表（摘录）

序号	岗位等级	点数幅度	所属部门	岗位名称	岗位代码	平均点数	生产技术处	安全监察处	工程建设处	调度室	市场营销处	线路工区	变电工区	配电工区	客户服务中心	计量工区	营业站	拟调岗位等级	说明
30	四级	421～455 点	营业站	电费收费（售电）岗	1710	438											电费收费（售电）岗		
31	四级	421～455 点	客户服务中心	社区服务所卡表抢修岗	1511	450									社区服务所卡表抢修岗				
37	五级	456～490 点	变电工区	直流电测班维修工岗	1321	464							直流电测班维修工岗						
43	五级	456～490 点	配电工区	箱变班运行岗	1408	473								箱变班运行岗					
57	六级	491～525 点	线路工区	电缆线路工岗（35kV）	1217	496						电缆线路工岗（35kV）							
73	七级	526～560 点	市场营销处	用电检查及负荷岗	1006	536					用电检查及负荷岗								

续表

序号	岗位等级	点数幅度	所属部门	岗位名称	岗位代码	平均点数	生产技术处	安全监察处	工程建设处	调度室	市场营销处	线路工区	变电工区	配电工区	客户服务中心	计量工区	营业站	拟调岗位等级	说明
82	八级	561~595点	计量工区	修理试验班班长	1605	563										修理试验班班长			
89	八级	561~595点	工程建设处	工程建设管理岗	0802	569			工程建设管理岗										
90	八级	561~595点	营业站	电费核算班班长	1704	575											电费核算班班长		
98	八级	561~595点	计量工区	低压装表接电班班长	1604	589										低压装表接电班班长			
105	九级	596~630点	生产技术处	技改工程管理岗	0607	602	技改工程管理岗												

续表

序号	岗位等级	点数幅度	所属部门	岗位名称	岗位代码	平均点数	生产技术处	安全监察处	工程建设处	调度室	市场营销处	线路工区	变电工区	配电工区	客户服务中心	计量工区	营业站	拟调岗位等级	说明
106	九级	596~630点	营业站	抄表收费班班长	1703	604											抄表收费班班长		
112	九级	596~630点	调度室	定值计算、方式员岗	0903	612				定值计算、方式员岗									
117	九级	596~630点	线路工区	抢修班班长	1210	619						抢修班班长							
118	九级	596~630点	变电工区	保护二次修试班班长	1316	626							保护二次修试班班长						
122	十级	631~665点	调度室	调度班班长	0902	637				调度班班长									
124	十级	631~665点	安全监察处	输配电安全监察管理岗	0703	637		输配电安全监察管理岗											

第八章　竞聘上岗与人员退出机制

第一节　竞聘上岗的程序和方法

一、竞聘上岗

所谓竞聘上岗，是指用人单位按照一定的程序、方法，运用公开竞争的方式，从内部人员中择优选拔优秀员工配置空缺岗位的系统过程。在国有企业、事业单位，作为对传统干部任命选聘制度的修正和完善，竞聘上岗制度得到了充分的应用。

竞聘上岗的原理：具有一定学历和一定经历的人群均具备担任某一岗位职务的能力。谁是这一岗位最适合者，必须通过公开竞聘的方式，从这一组人群中挑出最适合、最匹配的人，使职得其才，才得其用，能岗匹配，效益最佳。

竞聘上岗有以下几种情况：规定所有岗位任期，任期一到，全部下岗，然后在企业内部范围内重新公开竞聘上岗；对现有空缺岗位与新增岗位竞聘上岗；对部分岗位做竞聘上岗的试验，以求逐步推广。目前，很多国有企业都建立了制度化的定期竞聘和常态化的岗位补充竞聘制度，使竞聘上岗成为了国有企业的“标准”用人方式。一些民营企业、外资企业也将竞聘上岗制度作为优化用人机制、科学配置人员的用人方式加以应用，但是大范围、覆盖全体岗位的竞聘制度在这些企业并非常态机制。

二、竞聘上岗的设计思路

（一）围绕定岗、定员、定责，配套合理定薪和公正考核是构建用人机制的基础

在企业中，用人机制方面出现的问题看似独立存在，但解决问题必须在系统的人力资源管理体系中统筹考虑。

科学合理的定岗定员是竞聘体系设计的基础组织平台。岗位设置合理、定员合理，岗位竞聘工作才有一个现实的基础。否则，在不合理的基础上组织岗位竞聘，就会使企业的人力资源管理工作陷入混乱之中。

严谨扎实的工作分析是有效开展竞聘工作的基本前提。岗位说明书就如同“方向标”，规范、明晰了各个岗位的职责及任职要求，使员工可以在自身能力、兴趣及愿望上与岗位要求进行客观比照，这在一定程度上避免了竞聘参与和岗位选择的盲目性。

薪酬体系是实现竞聘目标的制度支持。薪酬差异体现了劳动价值差异，可以使竞聘者明晰岗位价值，思考个人贡献，并给予竞聘者一种良好的心理预期，从而实现企业“赛马择优”、员工“万马奔腾”的双赢景象。

公正有效的绩效管理体系是增进竞聘效果的有力保证。竞聘是手段，上岗才是目的。通过一套科学合理、客观公正的绩效考核体系对员工日常行为和工作业绩实施评估，既为再竞聘提供了基础依据，又能促进员工在聘任上岗后积极努力工作，切实提升自身素质。

（二）形成“公开、规范”的阳光机制

在企业竞聘设计时，常见的提法是公开、公平、公正。实际上，绝对的公正和公平是不可能实现的，而只有一切都置于公开操作之下，公平和公正才能根本得到保障。因此，规范竞聘流程，应变“三公”（公开、公平、公正）为“一公”（公开），建立科学有效的竞聘评价体系，让“恰当的人上适合的岗位”，是完善企业内部竞聘制度的关键。

（1）健全的竞聘组织。建立“分工明确、职责清晰”的竞聘组织机构，是竞聘工作顺利开展的有力保障。依据统筹领导、具体实施、群众监督三个方面的职能，可设计“竞聘领导小组、竞聘工作办公室、竞聘专业考核组、群众监督办公室”的“四位一体”竞聘组织。其中，竞聘领导小组主要由企业领导组成；竞聘工作办公室设在企业人力资源部门；竞聘专业考核组主要由竞聘领导小组成员及相关部门负责人组成；群众监督办公室主要由党群、工会、监察部门选派人员组成。各机构在竞聘领导小组的全面领导下，各司其职，相互配合，确保竞聘工作有序开展。

（2）严谨、规范的竞聘流程。竞聘上岗是一项复杂的系统工程，每一个环节都应严谨、规范，才能保证可实施、可操作。

（3）公开、透明的阳光操作。只有敢于公开，才能保证公平、公正。在整个竞聘过程中进行阳光操作，最大限度地提高竞聘工作透明度是必须坚持的基本原则。要做到公开竞聘岗位、公开任职条件、公开竞聘过程、公开竞聘结果、公平竞聘、公正选拔。

建立全过程的群众监督体系是提高竞聘工作“公信度”的重要保证。为保证群众监督到位，扩大群众的知情权、参与权，可有针对性地采取一些措施。如群众监督办公室充分参与资格审查、竞聘面试等竞聘关键环节；员工自愿列席参加竞聘面试过程；群众对于公示内容有异议，可以个人或组织名义进行意见反映。

（三）建立“责任机制”，引入保荐、承诺制度

为了有效消除竞聘工作中管理层与员工间“双向选择不够、责任意识不强”的问题，可建立主管领导与中层岗位、中层与部门内其他岗位竞聘保荐机制，即在岗位竞聘中必须“个人自荐，主管领导（部门负责人）保荐，双方确认”，要求领导与员工共同对履行岗位职责做出“任职责任承诺”。通过责任承诺，适度传递压力，促使上下级慎重选择岗位，强化上下级之间的“责任”意识，使管理更加顺畅，提升工作效率。

（四）遵循“适用、经济、易行”原则，实施自上而下的分层竞聘

通过“竞争、择优”，让“恰当的人上适合的岗位”，实现“事得其人，人就其事，人事相宜”。盘活公司的内部人力资源，优化内部人才配置，这是实行公司内部竞聘的最终目的。

笔者认为，竞聘工作应该自上而下分层组织实施，即首先进行中层岗位竞聘，然后进行中层副职岗位竞聘，最后进行一般管理和技术竞聘。

这种自上而下分层实施的竞聘安排，可以增加管理层次间相互选择的自由度，体现“一级选择一级，一级管理一级”的精神。不仅能减少企业领导层的压力，而且能使今后的管理更加和谐顺畅，为个人绩效、团队绩效和公司整体绩效有效联动奠定基础。

同时，结合企业的价值取向与应聘人员的素质，针对每个层次岗位的基本要求和特点不同，在遵循“适用、经济、易行”的原则下，可选择不同的竞聘方法。

三、竞聘实施过程中应注意的问题

（一）领导班子高度重视、整体把握

用人制度改革关系员工的切身利益，涉及面广，实施中不可预见的问题会层出不穷，操作难度较大。因此，企业主要领导应高度重视，整体把握，缜密思考，周密部署，积极引导，精心组织，确保改革工作的顺利进行。

（二）稳中求进

保持企业稳定是推进企业人事制度改革时需要重点关注的问题。特别是国有企业在长期发展过程中积累的包袱和负担很重，在推行竞聘制度过程中，要结合员工的素质水平，在任职资格等方面要做好现实的变通和调整，确保工作平稳推进，使管理效率逐步提高。

对于在竞聘中暂时失去岗位的员工，也应给予缓冲提高的机会，促其思考、学习，争取早日找到合适的位置。

（三）充分准备，规范操作

1. 多渠道宣传发动，营造良性改革氛围

在竞聘实施的准备阶段，要充分利用各种形式（如外部专家培训、内部资料、

座谈等），对实施公开竞聘的必要性、竞聘程序、竞聘结果的处理、岗位任职承诺协议等进行广泛宣传发动，使全体员工充分了解市场化用人机制的改革势在必行，理解公司以改革促发展的重要性，鼓励员工真心积极参与。通过熟悉公开的用人机制，提高员工对制度的认同度，使其对于竞聘结果产生良好的心理预期；通过建立保荐机制，增强上下级责任意识，促其积极思考，找准自我定位，从而营造良性改革氛围。

2. 分类别引导，思想先行

人事制度改革最大的挑战是如何转变员工观念，并且促其真心积极地参与改革。但是，员工思想的转变不可能一蹴而就，各级竞聘组织在实施过程中要有针对性、分类别地进行思想引导，及时消除分歧，保证竞聘过程的稳妥、顺利推进。

对年轻员工重在打消其思想顾虑，鼓励其大胆竞争，积极参与；对年龄较大、工作经验丰富的员工，重在思想疏导，鼓励其摆正心态，甘为人梯，扶持、帮助年轻人成长。

对于竞聘落选的员工，可以通过个别谈话等形式，有针对性地做好其思想工作，帮助其调整心态、总结教训，找出改进方向，指出其存在的不足和差距，通过内部待岗培训帮助其早日重回岗位；对于竞聘上岗的员工，鼓励他们确立“有为才有位，爱拼才会赢”的观念，激励他们积极工作，以出色的工作业绩赢得公司领导和员工的信任和支持。

3. 关注细节，规范操作

细节决定成败，对于竞聘的每个环节都要精心组织，把握细节，规范操作。

（1）竞聘面试。

1）竞聘面试前的准备。评价委员熟悉竞聘面试过程，正确掌握评价方法，并建立对评价问题考察意图和评价标准的一致意见。

面试场所的选择。一是选择安静、不受干扰的场所；二是设立候考室。且候考室应与主考场隔开一定的距离，以免相互影响。

面试场所的布置。一是评委席与应聘席的距离不宜太远，应保持在两米左右，以便于评委观察应聘者的面部表情和身体语言；二是评委席与应聘席的桌面布置应基本相同，如尽量使用相同的台布、饮料和茶杯、纸、笔等；三是场记席在评委席的右边或左边；四是听众席在评委席的后面，并与之相隔一段距离。切忌与评委席呈“U”字形给应聘者造成太大压力。

宣布竞聘面试现场纪律。如听众不得喧哗、议论；完成面试的应聘者应迅速离开现场，不得向未面试的应聘者泄露有关提问内容等。

2）现场的组织与控制。在公开演讲环节，各位评委需仔细观察应聘者的表现，认真聆听其演讲内容，根据岗位要求有针对性地进行提问。

主考官灵活掌握测评节奏，确保从不同角度全面考察应聘者。

记录员如实记录应聘者的回答情况，并及时收发各种表格。

竞聘工作办公室人员汇总各应聘者的评价得分，并对评委的录用投票进行加权汇总，得出排名情况。

（2）聘任和签订合同。竞聘工作结束后，员工与公司原有劳动关系的具体内容发生变更，企业应在适当的时候与员工根据新的劳动关系，变更或重新签订《劳动合同》，以此规范劳动合同管理，防止可能发生的劳动纠纷与争议。

（3）考察期满后的有关工作。考察期满后，由人力资源部门协同相关人员对聘任人员进行全面考核。经考核胜任本职工作的，按规定程序进行审批；经考核明显不能称职工作的，经竞聘领导小组评议，有权对聘任人员进行相应的任用调整或待岗处理。

（四）周期性、制度化运作，形成长效机制

为了维持和激活公司的活力，有效传递适度压力，企业不仅应在出现新增设岗位或出现空岗时开展竞聘工作，更应该周期性（以2～3年为一聘期）、制度化地开展全员竞聘工作，逐步形成“保持队伍活力、彰显工作绩效”的长效机制，真正实现“管理人员能上能下，员工能进能出，收入能增能减”的岗位动态管理机制。

第二节　竞聘上岗实务操作案例

本节以某公司完整的竞聘方案为例，介绍竞聘上岗的组织与实施。

为了加快公司现代企业制度建设，促进广大员工树立新观念，推进人力资源的合理配置，建立人尽其才、优胜劣汰、富有生机和活力的用人机制，激励优秀人才脱颖而出，推动公司各项事业的全面发展，特制定本方案。

一、总则

（1）建立与公司经营管理价值观相配套的竞争激励机制，逐步引进“管理人员能上能下，员工能进能出，收入能增能减”的管理模式，激发、维持人力资源的良性活力。

（2）在定岗、定员、定责、定薪、定效的基础上，建立“公开、规范”的阳光用人机制。

（3）自由选择岗位，部门与个人双向选择、双向确认，共同对公司做出任职承诺。

（4）先管理岗位后生产岗位、岗位层次由高到低逐层实施。

二、适用范围

（1）公司本部各职能处室管理、生产岗位。

（2）公司所属各二级单位管理岗位。

三、实施原则

（1）德才兼备、任人唯贤。
（2）公开、公平、公正、择优。
（3）人尽其才、有序流动。
（4）尊重民意、注重实效。

四、竞聘上岗的组织机构

成立竞聘领导小组，下设竞聘工作办公室、竞聘专业考核组和群众监督办公室。

（一）竞聘领导小组

竞聘领导小组作为竞聘工作的统一领导机构，主要由公司领导组成，由总经理担任组长。

主要职责：①负责竞聘上岗组织领导工作以及职能处室、公司所属各二级单位处级岗位面试评价工作；②指导监督各职能处室、公司所属各二级单位其他岗位竞聘工作；③接受员工意见反映，并委托群众监督办公室调查取证。

（二）竞聘工作办公室

竞聘工作办公室由人力资源部、其他职能处室及公司所属各二级单位选派人员组成，挂靠在人力资源部，由人力资源部处长担任办公室主任。

主要职责：

（1）负责竞聘上岗文件的拟定、竞聘信息发布、接受公开报名、竞聘工作日程安排、公示竞聘结果等日常工作；

（2）负责对应聘者进行资格审查；

（3）负责具体组织中层岗位应聘者的民主推荐（民意调查）工作；

（4）负责组织中层岗位应聘者的组织考察工作；

（5）协助竞聘专业考核组进行职能处室、公司所属各二级单位内其他岗位竞聘具体工作；

（6）在竞聘领导小组的授权下，协同群众监督办公室进行意见反映的收集整理工作；

（7）当公司新增设岗位或有岗位出现空缺时，负责日常竞聘管理工作。

（三）群众监督办公室

群众监督办公室由政治工作办公室、工会办公室、人力资源部、监察室选派本处室人员及其他有群众威望的员工组成，挂靠在政治工作办公室，由政治工作办公室主任担任办公室主任。

主要职责：

（1）在竞聘领导小组的授权下，会同竞聘工作办公室对反映的意见进行收集、整理和登记，并如实上报竞聘领导小组审核；

（2）在竞聘领导小组的授权下，负责对所需调查的员工意见进行调查取证，并向竞聘领导小组汇报调查结果；

（3）负责对竞聘上岗过程进行监督。

（四）竞聘专业考核组

根据专业相关性成立若干竞聘专业考核组，由竞聘领导小组成员及相关专业处室、公司所属各二级单位负责人组成。

主要职责：

（1）负责对竞聘工作办公室提供的应聘人员资格审查初审结果进行复审；

（2）协调竞聘工作办公室进行竞聘面试的日程安排；

（3）在竞聘领导小组的指导下，负责组织除职能处室、公司所属各二级单位处级岗位外竞聘面试工作，并负责向竞聘领导小组提出拟聘人选。

五、竞聘上岗的流程及操作说明

竞聘主要分三个层次逐步进行，即第一轮：职能处室、公司所属各二级单位处级岗位竞聘；第二轮：职能处室、公司所属各二级单位副处级岗位竞聘；第三轮：职能处室其他管理、生产岗位竞聘。

（一）中层岗位竞聘流程图

（二）职能处室、公司所属各二级单位处级岗位竞聘操作说明

第一步，召开竞聘上岗动员大会。由公司领导做竞聘上岗动员报告，旨在引导员工转变观念，以积极、正确的心态投入到岗位竞聘中去。公布《公司竞聘上岗实施方案》，使全体员工清晰整个竞聘实施过程，找准定位。

第二步，发布竞聘公告。竞聘工作办公室在全公司范围内发布公司职能处室、公司所属各二级单位负责人管理岗位竞聘公告，公告内容包括竞聘报名时间、报名方式、岗位名称、岗位说明书等。同时，公布《公司中层岗位应聘报告》，并说明填写规范及提交时间，拟报人员须提前充分准备。

第三步，公开报名。公开报名的方式主要有自愿报名、公司领导推荐或组织推荐、员工联名举荐。需要注意的是：每一轮竞聘每人限报 2 个岗位。应聘者报名时需出示学历证书、专业技术任职资格证书及相关证明材料原件，并将复印件附在应聘登记表后。

（1）自愿报名。公司所属员工均可在规定的报名期限内根据自身条件自愿报名参加竞聘，在竞聘工作办公室领取《公司应聘登记表》，按要求填写后交回。

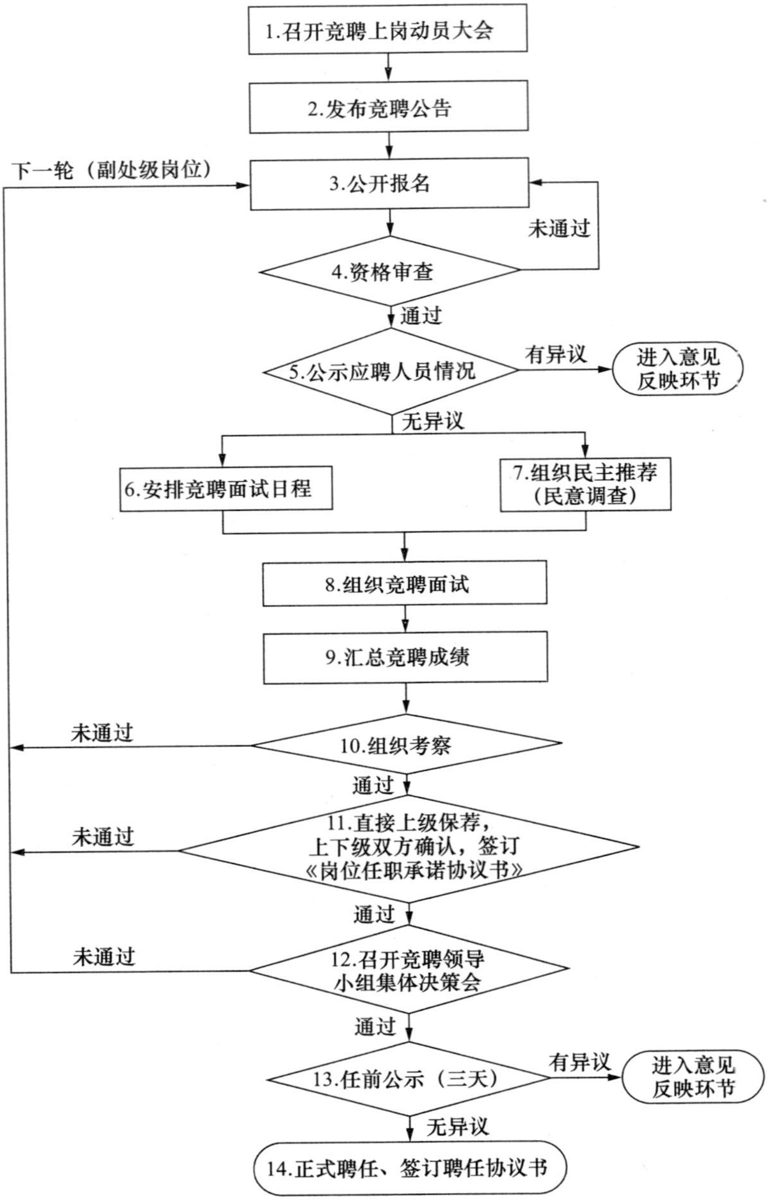

图 8－1　中层岗位竞聘流程

（2）公司领导推荐或组织推荐。

（3）员工联名举荐。

第四步，资格审查。

（1）对于出现以下行为之一者，视具体情况取消其竞聘原岗位及其同级岗位的资格：①在竞聘之前一年内违反公司相应规章制度的应聘者；②在上个聘任周期内出现一次及以上年度考核等级为“不称职”者；③在竞聘之前一年内出现两次反映意见失实或被反映情况属实者。

（2）竞聘工作办公室根据报名人员人事档案资料对报名人员所填资料的真实性进行审查。

（3）竞聘工作办公室负责将应聘者竞聘之前一年的考核信息及有违规违纪记录的应聘者及事实记录上报竞聘领导小组。

（4）原则上根据岗位说明书任职资格要求，同时参照上级部门及公司的相关制度规定，判断是否满足岗位任职条件。

（5）对于公司领导推荐或组织推荐、员工联名举荐的，收集整理相关必需资料。

（6）将资格审查初步情况上报竞聘领导小组定夺。

第五步，公示应聘人员情况。竞聘工作办公室将资格审查的结果、通过资格审查应聘者公开报名的资料公示一天，接受群众监督。同时，应聘人员可向竞聘工作办公室查询资格审查具体情况。在此期间，允许通过资格审查的应聘者根据岗位报名情况自愿更改或放弃应聘申请。但每个应聘者只允许更改一次应聘的岗位。若对资格审查结果有异议，员工可通过公开设立的意见箱向竞聘领导小组反映意见。群众监督办公室会同竞聘工作办公室收集整理意见，并负责调查取证，将结果上报竞聘领导小组处理。

第六步，安排竞聘面试日程。竞聘工作办公室根据参加竞聘的岗位、应聘者人数等情况，做出竞聘日程安排，并予以公布。

第七步，组织民主推荐（民意调查）。民主推荐评委由监察室在全公司范围内抽取一定比例的中层管理人员和非中层的员工代表组成。竞聘工作办公室组织各民主推荐评委根据应聘者的管理水平、团队协作能力及平时综合表现进行多维度评价，并严格按照岗位拟聘人数要求，对所有中层正职岗位的应聘人员进行民主投票推荐（民意调查）。

第八步，组织竞聘面试。参加人员为竞聘领导小组成员、一定比例的员工代表，其他员工可自愿列席旁听。其中，竞聘领导小组成员负责面试评价打分。

（1）应聘者进行应聘演讲。应聘者根据应聘报告的内容进行演讲，时间控制在 10 分钟以内。演讲内容主要包括：自我介绍、主要工作成绩、对应聘岗位的定位理解、自身的优势、工作目标设想及拟采取的主要管理措施等。

（2）对应聘者进行提问。竞聘领导小组根据岗位要求对应聘者进行提问，时间控制在 5 分钟以内。

（3）评委进行评价。在参考应聘者平时工作绩效情况和民主推荐结果的基础上，结合面试现场表现，竞聘领导小组成员对应聘者评价，并严格按照岗位拟聘人数要求，做出整体评价及录用建议。

第九步，汇总竞聘成绩。竞聘工作办公室对评委的投票进行加权汇总。其中公司正职权重为2.5，主管领导权重为1.5，其他公司领导权重为1。当公司正职与部门主管领导为同一人时，按照较大的权重进行汇总。

第十步，组织考察。将应聘同一岗位人员的得票数进行排序，竞聘领导小组酌情商定进入本岗位组织考察环节的人员。考察组严格按照干部任免程序，依据岗位职责的要求，对考察对象进行全面考察，并写出书面材料，提交竞聘领导小组审阅。对应聘者进行组织考察时，参加此轮岗位竞聘的应聘者原则上不应作为考察组成员。

第十一步，直接上级保荐，上下级双方确认，签订岗位任职承诺协议书。应聘岗位的主管领导充分考虑岗位要求和应聘人员情况，根据岗位定员在通过组织考察的应聘人员范围内酌情选择保荐人选。但若选择排名在后的应聘者，则须做出书面解释。经双方确认后，签订《劳动合同书》，变更、确认劳动关系。

第十二步，召开竞聘领导小组集体决策会。竞聘领导小组根据任职保荐的结果，立足于公司长远发展进行充分讨论，集体商定职能处室、公司所属各二级单位处级岗位拟聘人员。对于此轮竞聘失败者，可申请参加下一轮岗位竞聘。同时，在竞聘中，对一些素质好、潜力大但因岗位定员数限制等原因未能上到理想岗位的人员，将其列为今后发展培养的对象，并在以后的岗位调整和重要培训中加以考虑。

第十三步，任前公示。竞聘工作办公室将拟聘名单进行任前公示三天，接受群众监督。若群众对结果存在异议，可通过公开设立的意见箱向竞聘领导小组反映情况。竞聘工作办公室会同群众监督办公室收集整理意见，由群众监督办公室负责调查取证，报竞聘领导小组。经查，情况属实的，由竞聘领导小组给出处理意见。

第十四步，正式聘任、签订聘任协议书。若公示无异议，由总经理与拟聘人员签订《公司中层岗位聘任协议书》。

（三）职能处室、公司所属各二级单位副处级岗位竞聘操作说明

待各职能处室、公司所属各二级单位负责人聘任到位后，在竞聘领导小组的指导下，按照专业相关性原则组成竞聘专业考核组，具体组织实施副处级岗位竞聘工作。

其操作程序与职能处室、二级单位负责人管理岗位的相同，但打分主体有所区别。其中：

（1）组织民主推荐（民意调查）。竞聘工作办公室组织各民主推荐评委根据应聘者的管理水平、团队协作能力及平时综合表现进行多维度评价，并严格按照岗位拟聘人数的要求，对职能处室、各二级单位副处级岗位的应聘人员进行民主投票推荐（民意调查）。对于参加此轮应聘的民主推荐评委，则不需对其应聘岗位的所有

应聘人员进行评议及投票推荐。

（2）组织竞聘面试。参加人员为竞聘上岗专业考核组成员、一定比例的员工代表，其他员工可自愿列席旁听。其中，竞聘上岗专业考核组成员负责面试评价打分。

1）应聘者根据应聘报告的内容进行演讲，时间控制在10分钟以内。

2）竞聘上岗专业考核组成员均可根据岗位要求对应聘者进行提问，时间原则上控制在5分钟以内。

3）在参考应聘者平时工作绩效情况和民主推荐结果的基础上，结合面试现场表现，竞聘上岗专业考核组成员对应聘者评价，并严格按照岗位拟聘人数要求做出整体评价及录用建议。

4）竞聘工作办公室对评委的投票进行加权汇总。其中，公司领导的权重为3，本职能处室负责人权重为2，专业组其他成员权重为1。

（3）组织考察。将应聘同一岗位人员的得票数进行排序，竞聘领导小组在充分听取各专业考核组意见的基础上，按照岗位酌情商定进入组织考察环节的人员。考察组严格按照干部任免程序，依据岗位职责的要求，对考察对象进行全面考察，并写出书面材料，提交竞聘领导小组审阅。对应聘者进行组织考察时，参加此轮岗位竞聘的应聘者原则上不应作为考察组成员。

（4）直接上级保荐，上下级双方确认，签订岗位任职承诺协议书。应聘岗位的部门负责人，充分考虑岗位要求和应聘人员情况，根据岗位定员在通过组织考察的应聘人员范围内酌情选择保荐人选。但若选择排名在后的应聘者，必须作出书面解释。经双方确认后，签订《劳动合同书》，变更劳动关系。

（5）召开竞聘领导小组集体决策会。竞聘领导小组根据任职保荐的结果，在充分听取专业考核组意见的基础上，立足于公司长远发展进行充分讨论，集体商定职能处室、公司所属各二级单位副处级岗位拟聘人员。对于此轮竞聘失败者，可申请参加下一轮岗位竞聘。同时，在竞聘中，对一些素质好、潜力大但因岗位定员数限制等原因未能上到理想岗位的人员，将其列为今后发展培养的对象，并在以后的岗位调整和重要培训中加以考虑。

（四）职能处室其他管理、生产岗位竞聘流程图（见图8－2）

（五）职能处室其他管理、生产岗位竞聘操作说明

第一步，发布竞聘公告。竞聘工作办公室在全公司范围内发布岗位竞聘公告，公告内容包括竞聘报名时间、报名方式、岗位名称、岗位说明书等。

第二步，公开报名。公开报名的方式主要有自愿报名、公司领导推荐或组织推荐、员工联名举荐。需要注意的是：每一轮竞聘每人限报2个岗位。应聘者报名时需出示学历证书、专业技术任职资格证书及相关证明材料原件，并将复印件附在应聘登记表后。

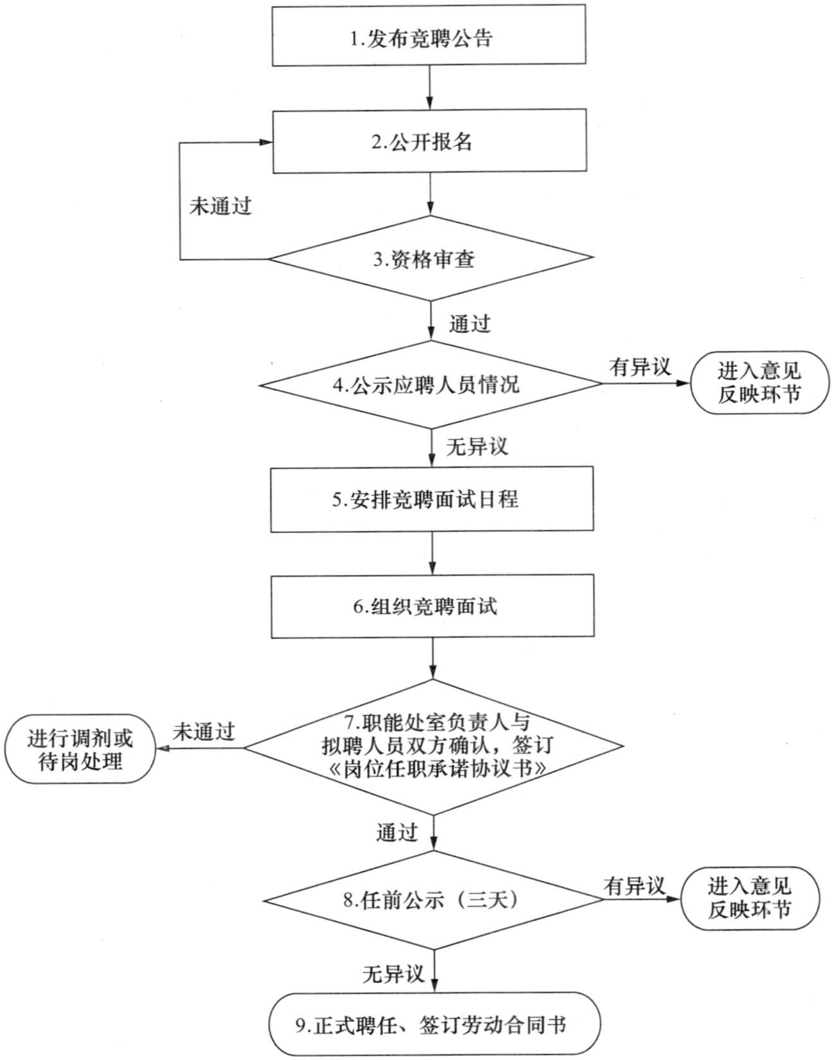

图 8-2 职能处室其他管理、生产岗位竞聘流程

（1）自愿报名。公司员工均可在规定的报名期限内根据自身条件自愿报名参加竞聘，在竞聘工作办公室领取《公司应聘登记表》，按要求填写后交回。

（2）公司领导推荐或组织推荐。

（3）员工联名举荐。

第三步，资格审查。

（1）对于出现以下行为之一者，视具体情况取消其竞聘原岗位及其同级岗位的资格：①在竞聘之前一年内违反公司相应规章制度的应聘者；②在上个聘任周期内出现一次及以上年度考核等级为“不称职”者；③在竞聘之前一年内出现两次反映意见失实或被反映情况属实者。

（2）竞聘工作办公室根据报名人员人事档案资料对报名人员所填资料的真实性进行审查。

（3）竞聘工作办公室负责将应聘者竞聘之前一年的考核信息及有违规违纪记录的应聘者及事实记录上报各竞聘上岗专业考核组。

（4）原则上根据岗位说明书任职资格要求，同时参照上级单位及公司的相关制度规定，判断是否满足岗位任职条件。

（5）对于公司领导推荐或组织推荐、员工联名举荐的，收集整理相关必需资料。

（6）将资格审查初步情况上报竞聘上岗专业考核组复审。

第四步，公示应聘人员情况。竞聘工作办公室将资格审查的结果、通过资格审查应聘者公开报名的资料公示一天，接受群众监督。同时，应聘人员可向竞聘工作办公室查询资格审查具体情况。在此期间，允许通过资格审查的应聘者根据岗位报名情况自愿更改或放弃应聘申请。但每个通过资格审查的应聘者只允许更改一次应聘的岗位。若对资格审查结果有异议，员工可通过公开设立的意见箱向竞聘领导小组反映意见。群众监督办公室会同竞聘工作办公室收集整理意见，并负责调查取证，将结果上报竞聘领导小组处理。

第五步，安排竞聘面试日程。竞聘工作办公室会同竞聘专业考核组根据参加竞聘的岗位、应聘者人数等情况，做出竞聘日程安排，并予以公布。

第六步，组织竞聘面试。参加人员为竞聘上岗专业考核组成员，其他员工可自愿列席旁听。其中，竞聘上岗专业考核组成员负责面试评价打分。

（1）应聘者进行应聘演讲。应聘者根据抽签顺序进行演讲，时间控制在5分钟以内。演讲内容主要包括：自我介绍、主要工作经历、自身的优势、对应聘岗位的定位理解、工作目标设想等。

（2）对应聘者进行提问。竞聘上岗专业考核组成员根据岗位要求及职责对应聘者进行提问，时间控制在5分钟以内。

（3）评委进行评价。结合面试现场和平时工作绩效表现，评委对应聘者进行评价。

第七步，职能处室负责人与拟聘人员双方确认。职能处室负责人根据同一岗位应聘者面试排名情况及日常综合表现提出保荐意见，与应聘者双方确认后，报竞聘工作办公室，由竞聘领导小组审定。但若选择排名在后的应聘者，职能处室负责人必须做出书面解释。

第八步，任前公示。竞聘工作办公室将拟聘名单进行任前公示三天，接受群众监督。若群众对结果存在异议，可通过公开设立的意见箱向竞聘领导小组反映情况。竞聘工作办公室会同群众监督办公室收集整理意见，由群众监督办公室负责调查取证，报竞聘领导小组。经查情况属实的，由竞聘领导小组给出处理意见。

第九步，正式聘任、签订劳动合同书。若公示无异议，竞聘工作办公室组织公司经理、职能处室负责人以及拟聘人员签订《劳动合同书》。

六、补充说明

（一）工作交接期的规定

工作交接期从竞聘工作开始到新任人员正式上岗。在此期间，原岗位人员必须严格履行岗位职责，认真完成工作任务；在规定的交接时间内，原岗位人员必须向新任人员完成具体交接工作；交接工作结束三个月内，原岗位人员负有对新任人员提供工作指导和帮助的责任。以上执行情况将作为员工上岗后考察期鉴定的重要参考依据。

公司中层干部和职能处室人员的书面工作交接报告交人力资源部存档。

（二）形成长效竞争机制

竞聘上岗的组织机构可作为常设机构存在，根据公司的管理需要，周期性地开展全员竞聘或当出现新增设岗位或有岗位出现空缺时，可依据竞聘工作的原则与程序适时选聘优秀的任职人员，形成长效竞争机制。

表 8－1　中层干部岗位应聘报告（范例）

应 聘 者：____________现任岗位：____________

应聘岗位：____________填表日期：____________

一、200 ____ ~200 ____年度工作总结
（一）200 ____ ~200 ____年主要工作成绩
（二）需改进方面
二、竞争优势及工作展望
（一）个人的竞争优势
（二）对应聘岗位定位的理解
（三）工作目标设想及拟采取的主要管理措施

表 8－2　应聘登记表（例表）

应聘岗位	第一志愿	
	第二志愿	
是否服从调剂		[　]是　　[　]否

基本情况

姓名		性　别		出生年月	年　月　日
参加工作时间		联系电话		现所在部门	
现任岗位			现岗位任职年限		
最后学历			专业		
毕业学校			职　称		

技能情况

技能名称	说　明	熟练程度
		[　]精通　[　]熟练　[　]掌握　[　]了解
		[　]精通　[　]熟练　[　]掌握　[　]了解
		[　]精通　[　]熟练　[　]掌握　[　]了解

主要学习（重要培训）经历

起止时间	学校（岗位）名称	专业名称（培训内容）
年　月—　年　月		
年　月—　年　月		
年　月—　年　月		
年　月—　年　月		
年　月—　年　月		
年　月—　年　月		

主要工作经历

起止时间	单位名称	岗位名称
年　月—　年　月		
年　月—　年　月		
年　月—　年　月		
年　月—　年　月		
年　月—　年　月		
年　月—　年　月		

竞聘工作办公室审查意见：

审查人：　　　　　　　　　　　　　　　　　　　年　月　日

表 8－3 应聘推荐书（范例）

<table>
<tr><td>被推荐人</td><td></td></tr>
<tr><td>推荐岗位</td><td></td></tr>
<tr><td colspan="2">被推荐人保证声明：
在参加本岗位竞聘前，本人已充分了解岗位的职责，期望得到推荐，并保证在以后的工作中勤勉尽责，严格自律。
被推荐人签字：
年 月 日</td></tr>
<tr><td colspan="2">推荐理由（可以附页）
推荐人（组织）签字：
年 月 日</td></tr>
<tr><td colspan="2">竞聘领导小组意见：
竞聘领导小组负责人签字：
年 月 日</td></tr>
</table>

表 8－4 公司中层岗位竞聘民主推荐（民意调查）表

<table>
<tr><td colspan="2" rowspan="2">评 价 因 素</td><td colspan="4">评 价 尺 度</td></tr>
<tr><td>很满意</td><td>满意</td><td>基本满意</td><td>不满意</td></tr>
<tr><td>专业知识与技能</td><td>掌握系统丰富的专业知识技能，并能灵活运用知识解决实际问题</td><td>20</td><td>19～16</td><td>15～12</td><td><12</td></tr>
<tr><td>敬业精神</td><td>关键时刻能以工作为重，主动牺牲个人利益；工作上遭受挫折时，仍能一如既往地努力工作</td><td>15</td><td>14～12</td><td>11～9</td><td><9</td></tr>
<tr><td>管理水平</td><td>积极与员工沟通，进行工作指导时不但能指出问题，而且提供解决问题的建议</td><td>30</td><td>29～24</td><td>23～18</td><td><18</td></tr>
<tr><td>责任心</td><td>工作中积极思考，经常主动与领导沟通，工作中出现问题时主动、及时向领导汇报；当工作出现失误时，首先从自身找原因，不以客观原因推卸责任</td><td>20</td><td>19～16</td><td>15～12</td><td><12</td></tr>
<tr><td>组织协作</td><td>在多部门协作或与他人协作的工作中抱积极、主动的态度，并且以大局为重，必要时能主动放弃一些部门利益或个人利益</td><td>15</td><td>14～12</td><td>11～9</td><td><9</td></tr>
</table>

注：①各评价因素中的典型行为仅作参照，由评价者根据应聘者的具体表现和平时观察进行评价。

②各评价者在进行民主推荐时，必须严格按照应聘岗位定员数进行推荐，否则视同无效。

表 8-5　公司中层岗位竞聘民主推荐（民意调查）打分表

评价者：____________　　　　　　　　　　年　月　日

应聘岗位	应聘人员	专业知识与技能	敬业精神	管理水平	责任心	组织协作	合计	是否同意推荐	
								是	否

表 8-6　中层岗位面试及综合评价表

评价因素		评价尺度			
		很满意	满意	基本满意	不满意
优势和条件	➢个人条件与岗位要求匹配	35	34~28	27~21	<21
目标以及主要措施	➢目标设定合理、富有挑战性，对提高本部门的管理水平和实现公司的战略目标具有现实意义 ➢措施设想可行、有创新点	30	29~24	23~18	<18
专业知识与管理水平	➢专业知识的深度和系统性 ➢灵活运用专业知识解决实际问题 ➢提升部门绩效水平的综合管理能力 ➢基本实务与技能的掌握程度	35	34~28	27~21	<21

注：①各评价因素中的典型行为仅作参照，由评价者根据应聘者的具体表现和平时观察进行评价。

②各评价者在进行综合评价及录用建议时，必须严格按照应聘岗位定员数进行推荐，否则视同无效。

表 8-7　公司中层岗位面试及综合评价打分表

应聘岗位：____________　　　　　　　　评价者：____________

应聘人员	优势和条件	目标以及主要措施	专业知识与技能	合计

续表

综合评价及录用建议：
根据应聘岗位要求，综合考虑平时工作业绩和面试表现，对本岗位的所有应聘者进行了认真横向比较后，我认为＿＿＿＿＿＿更适合本岗位工作。 评价者（签名）： 年　月　日

第三节　人员退出机制

一、组织裁员的本质、动因和类型

裁员是企业迫于外部环境的竞争压力，必须采取相应的对策措施而单方面与员工提前终止劳动契约关系，最终迫使员工离开该组织的活动和过程。

裁员行为的第一个本质特征也即最主要特征是企业与员工的分离。而衡量企业与员工分离的标准是双方原有的劳动契约关系解除。根据商品经济理论，在商品经济条件下，劳动者是靠出卖自身的劳动力来获得生存的必要报酬的。劳方的“卖”字和资方的“买”字就构成了企业与员工的劳动契约关系。它的表现形式可以是劳动合同，也可以是劳动协议，甚至可以是没有书面协议的事实劳动行为；劳动契约期限可以是终生的，也可以是长期的和短期的。因而只要双方的劳动关系存在，员工就没有脱离企业，如果不存在，员工就已经脱离企业。从这个层面上分析，子公司企业如因被兼并，其人员成建制被转到兼并企业方，对该企业的集团公司而言，这些员工就已经与该企业脱离了劳动关系，因而属于裁员行为。同样，国有企业内部实行的下岗和提前退休行为，因这些员工已经和该企业脱离了劳动关系，剩下的只是员工的身份置换即通过原有的国家主人即所有者身份获得经济补偿问题，所以也应归入裁员行为。

裁员行为的第二个重要特征是强制性，即企业炒员工“鱿鱼”，而不是员工自愿离开企业。这种强制性体现在企业终止与员工的劳动关系的各种手段上。例如，有的企业选择单方解除劳动合同的方式是逼迫员工离开企业；有的企业采取“买断工龄式”方式逼迫员工下岗或另谋出路。又如，有的企业采取给员工轮换岗位、降级、削减工资等方式诱致员工离开。后者虽然比较间接，但对员工而言，因无法忍受，而被迫提出辞职，当然应属裁员行为。从第二个特征看，企业因员工年终绩效考核不合格，以该员工不胜任工作的缘由而要求其离职，也属裁员行为，企业须为被裁员工支付相应的经济补偿金。而如果劳动合同到期，企业拒绝续签合同，则体现了企业用人的选择权，不属于裁员行为，企业亦无须支付补偿金。如果员工是出于自愿，主动提出辞职、离职请求，企业同意其辞职和离职的行为就更不属于裁员行为。

裁员行为的第三个补充特征是由企业外部环境的竞争压力而引发的，并不是由于员工的主观错误而被动采取的。这主要是与企业因员工严重违反劳动纪律，严重失职、营私舞弊，对用人单位利益造成重大损害以及被追究刑事责任而无奈做出开除处分的行为区分开来。前者是指企业在市场经济条件下，迫于产品、服务价格的竞争或市场整体产品、服务结构的调整而作出的应变行为。而后者则完全是由于员工的主观错误造成的，它又与部分员工"绩效考核不合格，不能胜任工作"的定性存在程度和本质上的差异。不这样做，就不能体现企业应承担的社会责任，也不能体现员工个人对企业组织应承担的忠诚义务和服务责任。

无论何种企业，当企业内部存在大量冗员、效率低下、影响企业生存发展时，企业最后将不得不考虑裁员的问题。在计划经济时代，国有企业职工的身份是处于超稳定的状态的，裁员的概念距离那时的国有职工非常遥远。进入市场经济阶段后，裁员手段逐步被国有企业所认可，并且在实践中被广泛使用。但是，在具体实践中裁员有被滥用的倾向。组织裁员（Organizational Downsizing），简称裁员（Downsizing），原意是规模缩减，包括人员缩减、成本缩减、资产缩减等，后特指人员缩减，是"一种经过认真考虑的，由削减劳动力来提高组织绩效的组织决策"。裁员自20世纪七八十年代在北美尤其是美国开始盛行，之后席卷全世界。关于裁员方面的研究也从20世纪八九十年代开始不断升温，至今仍是组织变革和人力资源管理领域研究的热点问题。关于企业裁员的动因，研究者们一般从经济学角度、体制性角度、企业发展战略角度等来分析和解释组织的裁员现象。

对上述企业裁员动因有关理论进行分析，可以发现企业裁员既有经济上的原因，又有体制上的原因，同时还有战略变革方面的原因。按照裁员的原因来区分，可以把裁员划分为经济性裁员、结构性裁员和优化性裁员。

（1）经济性裁员。由于市场因素或者企业经营不善，导致经营状况出现严重困难，盈利能力下降，企业面临生存和发展的危机，为降低运营成本，企业被迫采取裁员行为来缓解经压力。例如，当宏观经济环境不景气时，为有效应对外部环境、渡过难关，企业会通过裁员来降低成本、实现收缩，最终实现保存自己。与此相类似，当企业所在的产业发生暂时性不景气时或企业所在地区经济不景气时，企业也会采取相似的应对策略。经济性裁员是一种典型的在外界经济压力下进行的应对行为。

（2）结构性裁员。由于企业的业务方向、提供的产品或服务发生变化而导致内部组织机构的重组、分立、撤销引起的集中裁员。这样的裁员往往是一种战略性的行为，如企业并购过程中的裁员、企业分拆上市过程中的裁员、企业产业调整过程中的裁员，等等。

（3）优化性裁员。这是企业为保持人力资源的质量，根据绩效考核结果解聘那些业绩不佳的、不能满足企业发展需要的员工的行为。如因岗位调整进行的裁员、因大量引进高级人才引起的裁员、因引进先进设备人员需求降低而进行的裁员。

从裁员的模式上区分，可划分为刚性和柔性两种：刚性裁员模式，主要存在于资本主义私有制社会中，其裁员的主要方式是解雇即终止劳动关系契约予以辞退；柔性裁员模式，是具有公有制及企业责任特征的裁员方式，主要存在于中国的国有企业中，方式有内部下岗、培训分流等。格兰霍夫教授等国外学者则提出了裁员的五种战略模式：第一种是自然裁员模式，主要包括有选择的雇用冻结或者全部雇用冻结方式；第二种是激励性再配置模式，主要包括提前退休、报酬冻结或减少等方式；第三种是强制性再配置模式，主要包括强制性转移、工作时间缩短等方式；第四种是有安置的下岗方式，主要包括员工培训、再就业咨询等方式；第五种是无安置的下岗模式，主要包括享有被招回的权利或没有被招回权利等方式。

二、人员退出机制的制度基础

人员退出机制是企业各项管理工作的重要组成部分，其作用的发挥需要建立在与其他各项管理活动的有机结合上。因此，需要加强人员退出机制支持系统的建设。以下从两个方面对此加以论述：

（一）人力资源管理维度

人员退出机制作为人力资源管理系统的一个环节，与人力资源管理的其他活动密切相关，所以其建设需要考虑退出机制的各种相关支持机制的建设，以及退出机制管理在整个人力资源管理系统中的地位。总的来说，人才退出机制建设需要做好以下几方面的工作：

（1）加强人才流入机制建设。人员流入环节是企业人力资源形成环节，是由招聘、筛选、录用以及雇员的早期社会化过程所组成的。招聘是在正确的时间为正确的职位寻找正确的人选的过程。有效的人力资源需求预测既能为公司找到真正需要的人才，同时又能有效抑制雇员流动和退出带来的成本损耗。

（2）完善绩效考核机制和激励约束机制。无论是奖惩、激活沉淀层、岗位调动、降职还是裁员，绩效考核结果都是最重要的标准，所以设计和建设科学的人才退出机制对绩效考核结果的公平、合理和有效性提出了很高的要求。目前，许多企业都使用的“末位淘汰制”，基本上是以绩效考核机制为标准的。绩效考核与激励机制整合应用，与激励与约束机制一起引导员工朝着企业成功的方向行进，形成良性循环系统。同时，两者良好的整合设计还可以有效地控制员工的自愿退出——

“跳槽”，因为很大一部分员工离开公司都是因为公司缺乏有效的激励机制。

（3）打破平均主义的分配制度。国有企业现行的内部分配体系，与社会劳动力市场价位相比存在明显的反差，该高的不高，该低的不低，造成一方面人才在大量流失，另一方面有人想方设法要进来。现行的内部分配制度对建立能进能出用人机制的瓶颈作用越来越明显。当一个人的劳动没有得到应得的报酬时，很自然会选择离开；而当一个人的劳动得到超额的报酬时，是不会轻易离开企业的。内部分配这个瓶颈不突破，减员的阻力、队伍结构调整的阻力将会越来越大。以石油企业为例，多年以来石油企业调整工资以普调的形式为主，无论是在领导还是在职工的思想观念中，都逐步形成了“收入只能升不能降”的定式，结果分配水平与劳动力市场价位的差距越来越大。如果这个思维定式不能得到根本转变，分配制度改革不能加快进度配套实施，实现人员能进能出就只能是一个梦想。

（4）建立人才培训机制和储备计划。通过分析累积考核结果的记录，发现员工群体或个体与组织要求的差距，分析问题的原因并采取相应的措施是人力资源工作的一般性原则。对于能力上的不足，可通过组织有针对性的培训活动，开发员工潜力，提高其工作能力。对经过培训仍不能适应工作的员工，才被置换到外部劳动力市场，即解雇。所以，企业的培训机制是保证退出机制有效运行的基础。同时，为了避免关键岗位人才退出后，企业找不到能胜任者而遭受损失，企业必须有持久发展的人才战略眼光，设计企业的继任计划或者关键岗位后备计划。企业应加强内部人才市场建设、实施多元化的职业发展规划与管理、规范关键岗位继任人才培育流程建设等，留住人才、培育人才。

（5）加强企业文化建设。从企业裁员引起的风波以及后续影响可以发现，文化的冲突是最尖锐的。退出机制的设立必须以文化先行，首先让员工转变观念，在思想上认同退出机制，然后在企业文化建设中制度化，从而为退出机制建设铺平道路。

上述人员退出机制支持系统的建设是从人力资源管理的角度出发提出的，体现了人员退出机制作为人力资源管理重要组成部分的地位及其与其他各种活动的关系，这是研究人员退出机制的一个视角和方面。

（二）企业经营管理维度

从企业经营管理的角度出发，站在企业经营与发展的高度看问题，则要强调机制减员的重要性。市场经济中，作为竞争的主体，企业的经营宗旨是追求效益最大化。为了实现这个宗旨，企业必须转换并建立一整套面向市场的经营机制，自觉减员机制就是其中之一。以中国石油为例，2000 年的裁员是通过产业结构、组织结构和所有制结构的调整来实现人员结构的大幅度调整。但是在结构调整基本完成后，解决企业冗员问题、进一步实施减员增效的方向应该是机制减员。

从外部讲，机制减员就是靠市场机制减员。把企业推向市场，实施真正意义上的成本核算，使企业真正体验市场经济法则的严酷性是给企业提供减员动力的最有效途径。因为越是贴近市场的企业，减员的自觉性和主动性越强。例如，石油系统中销售企业减员的力度要远大于其他企业，正是因为销售企业与油田和炼化企业相比，与市场的联系更紧密，感受市场的压力也更真切。许多销售企业已经不仅仅把“不减员就没有出路”停留在认识上，而是落实在建立减员机制的行动上，这就是市场机制作用下产生的减员效果。

三、人员退出机制和方式

外资企业和民营企业由于比较灵活的劳动关系管理，其裁员的主要方式是解雇即终止劳动关系契约予以辞退。而具有公有制特征的企业由于体制历史因素，其裁员方式有内部下岗、培训分流、带资分离等。因此，本部分对人员退出机制的讨论以市场机制下的辞退和经济补偿为基础，并拓展讨论体制历史因素制约下的软性推出机制，包括内部下岗、培训分流、带资分离等。

（一）辞退

1. 辞退程序

第一，有关法律规定。

《中华人民共和国劳动合同法》第四十一条规定：有下列情形之一，需要裁减人员二十人以上或者裁减不足二十人但占企业职工总数百分之十以上的，用人单位提前三十日向工会或者全体职工说明情况，听取工会或者职工的意见后，裁减人员方案经向劳动行政部门报告，可以裁减人员：①依照企业破产法规定进行重整的；②生产经营发生严重困难的；③企业转产、重大技术革新或者经营方式调整，经变更劳动合同后，仍需裁减人员的；④其他因劳动合同订立时所依据的客观经济情况发生重大变化，致使劳动合同无法履行的。

裁减人员时，应当优先留用下列人员：①与本单位订立较长期限的固定期限劳动合同的；②与本单位订立无固定期限劳动合同的；③家庭无其他就业人员，有需要扶（抚）养的老人或者未成年人的。

同时，《中华人民共和国劳动合同法实施条例》第十九条对用人单位可以与劳动者解除固定期限劳动合同、无固定期限劳动合同或完成一定任务为期限的劳动合同作出了规定：①用人单位与劳动者协商一致的；②劳动者在试用期间被证明不符合录用条件的；③劳动者严重违反用人单位的规章制度的；④劳动者严重失职，营私舞弊，给用人单位造成重大损害的；⑤劳动者同时与其他用人单位建立劳动关系，对完成本单位的工作任务造成严重影响，或者经用人单位提出，拒不改正的；⑥劳动者以欺诈、胁迫的手段或者乘人之危，使用人单位在违背真实意思的情况下订立或者变更劳动合同的；⑦劳动者被依法追究刑事责任的；⑧劳动者患病或者非因工负伤，在规定的医疗期满后不能从事原工作，也不能从事由用人单位另行安排的工作的；⑨劳动者不能胜任工作，经过培训或者调整工作岗位，仍不能胜任工作的；⑩劳动合同订立时所依据的客观情况发生重大变化，致使劳动合同无法履行，经用人单位与劳动者协商，未能就变更劳动合同内容达成协议的；⑪用人单位依照企业破产法规定进行重整的；⑫用人单位生产经营发生严重困难的；⑬企业转产、重大技术革新或者经营方式调整，经变更劳动合同后，仍需裁减人员的；⑭其他因劳动合同订立时所依据的客观经济情况发生重大变化，致使劳动合同无法履行的。

基于劳动法和劳动合同法，企业裁员的法定程序为：①提前 30 日向工会或全体职工说明情况，并提供相关生产经营状况的材料；②提出裁员方案，包括裁减人员名单、裁减时间、实施步骤、依法的经济补偿方案；③裁减方案应征求工会或全体职工的意见，并就此修改和完善方案；④向当地劳动行政部门报告裁员方案以及征求工会或全体职工的意见，并听取劳动行政部门的意见；⑤企业正式公布裁减人员方案，与被裁人员办理解除劳动合同手续，按照规定向被裁人员支付经济补偿金，并出具裁减人员证明书。企业裁员时应严格注意法定的裁员程序，避免因裁员程序不当而在劳动关系的争议与纠纷中败诉。

企业裁员时应特别注意的是，《劳动法》、《劳动合同法》对关于不可裁减人员范围有明确规定：①患职业病或是工伤职工被确认丧失部分劳动能力；②在医疗期内的患病职工；③在孕期、产期和哺乳期内的女职工；④法律法规规定的其他情况。

第二，建立制度化裁员机制。

基于法律规定，企业应该建立制度化裁员机制。所谓制度化裁员，是指根据工作分析与在岗人员工作业绩考核结果相结合以决定下岗名单的方法。其中工作分析与业绩考核都要实现制度化。制度化裁员方法一方面将一次性裁员变成定期根据对员工工作业绩的考核结果，选优汰劣，及时淘汰不合格员工；另一方面，在阶段性裁员时，是根据工作需要确定各部门裁员数量，并根据以往业绩考核结果确定裁减人员名单，并尽可能地将下岗人员在公司内部消化。这样就保证了公司人员流动的正常化和裁员的公正公平性。并由于大多数的下岗员工在经过公司内部培训后能重新进入新的工作岗位而不会引发其对立情绪。制度化裁员的实施要点如下：

首先，企业实施制度化裁员，首先应将裁员过程化整为零，在发展过程中及时淘汰不合格员工。为此，企业必须明确企业发展目标，有计划地增加人员，并通过组织设计明确每一个岗位和部门的职责，以及每一个岗位和部门的相应考核办法，选优汰劣。

其次，企业阶段性裁员时应根据企业的实际情况确定各部门的裁员数量。企业应该避免“一刀切”的裁员方法，根据各部门的现状和企业经营的需要确定各个部的裁员方案。假如某个部门的人数过多的话，就必须进行裁员，而若现有人员相对于部门目标明显不足的话，不仅不应裁员，还要给予恰当的补员。为了明确各部门的现有人数与完成部门目标是否相适应，企业事先必须明确各部门的职责、任务多少、目标高低，并做好各部门的岗位定编工作。

再次，制度化裁员对每个员工都应该是公平、合理的，企业必须根据员工的工作表现和工作业绩来确定谁该留下谁该下岗。要做到这一点，企业必须完善自己的考评系统，并且考评系统的建立应保证其公正、合理、可操作性强等特点，而不应只是一种形式。考核的指标应以定量指标为主，能明确地表明各人的岗位职责履行情况。

又次，成立培训中心是企业有效实施制度化裁员的重要保证。企业应该而且也有责任让员工能够不断得到所需的技能培训，这一方面可以加强员工对企业发展的适应性，为员工在企业内部的流动创造条件；另一方面，即使员工被裁掉，也可凭其在培训中获得的知识和技能为下岗后的再就业打下良好的基础。

最后，尽可能地辅之以内部下岗和再就业。为了尽可能地保障员工的利益，企业应根据自身的实际情况，尽可能地实行内部下岗再就业。每一个人都有其擅长的一面，企业应尽可能地帮助员工发挥其一技之长，通过发展其他产业或提供内部贷款、技能培训等方式帮助下岗人员再就业。

在这方面，惠普公司可以说是实行制度化裁员和内部下岗相结合的楷模。惠普公司极其关心员工，公司竭力避免解雇员工，有时还有意放慢增长速度以便能合理控制公司的扩张过程，避免带来解雇员工的情况。公司明白要让员工对公司尽责，公司首先得对员工负责。因此，即使在经济萧条、经营业绩不佳时，惠普公司也没有进行硬性裁员，而是通过成功地得到员工的同意—他们自愿接受工作时间和工资的减少—以避免解雇一部分员工。在公司必须进行裁员时，大部分裁员工作也是通过提早退休计划和自愿离职计划实现的，而且这些计划向愿意离开公司的人提供了慷慨的“一揽子”经济补偿。为了更好地评价员工的工作业绩，惠普公司建立了一套完善的考核体系，根据考核系统评价员工的实绩，并按他们的实绩为他们提供职业保险和得到个人满足的机会。在惠普公司，公司为员工提供了大量培训和受教育的机会。公司的原则是，提高就业保障而不是岗位保障。根据企业的发展和市场的变化，公司有些工作会消失，但一些新的工作岗位又会出现，管理层通常能通过创造条件给所有员工提供工作机会。如果某个员工的工作岗位消失了，惠普将在公司内其他岗位给该员工提供培训。可以说，惠普公司对待员工的这种负责的态度，是其长期保持生机和活力的一个重要原因。

第三，裁员的典型程序。

裁员的典型程序包括四个阶段：计划阶段，选择、保留阶段，实施阶段，沟通阶段。

计划阶段的工作是评估裁员的必要性以及制定裁员的总体规划；选择、保留阶段是对裁员对象进行筛选确认；实施阶段，即确定裁员的费用计划以及再招聘计划。实施阶段可以涉及遣散费、补偿费、额外工资的发放，及员工的轮岗和再招聘等问题；最后一个环节是沟通阶段。这个阶段应做好留任员工和被裁减员工的沟通工作，预防各种意外事件的发生。

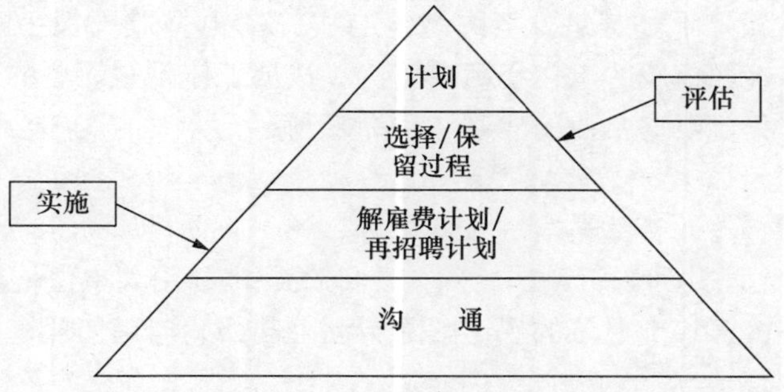

图 8－3　企业裁员的典型程序

（1）计划阶段。在裁员计划方面，需经过四个步骤：

首先，明确企业战略及目标，具体包括：①明确企业业务战略与远景目标，充分考虑企业的现实和未来；②确定新组织高层构架；③对裁员的商业价值进行评价和评估；④列出具体岗位裁员的数目和依据。

其次，设计、制定过程，具体包括：①确定筛选被裁员工的依据；②确定遣散费、补偿费的数量及法律依据；③制定保留/重新雇用战略。

再次，为确保平稳裁员，制定沟通策略。沟通内容包括公司战略、裁员原因介绍、裁员标准和裁员过程说明等；沟通方式包括员工会议、通知、信函和内部刊物等；沟通时间也要艺术和恰当，如沟通时间不要过长、不宜在发年终奖以前，等等。

最后，要建立裁员管理小组并制定裁员时间表。

（2）选择、保留阶段。在裁员筛选方面，有以下五个步骤：

首先，确定保留、裁减及评估过程。包括制定筛选标准，确定裁员对象。

其次，确定可能被裁名单。

再次，评估候选者。

又次，确定最优裁员名单和最应保留员工名单。

最后，对以上名单进行评估。

（3）实施阶段。在人员的遣散过程中有三个步骤：

首先，确定遣散费用的整个方案，包括：遣散费用的计算依据、计算方式以及审定福利授予方案。

其次，确定新职介绍方案，目的是为解雇员工提供建议和咨询服务，提高他们对市场的了解，在面试时提供尽可能的帮助，从而实现员工价值。

最后，保留、重新雇用。在此过程中有以下两个步骤：一是确立重新雇用战略，包括阐明工作、薪酬和福利的安全性问题，使员工及时了解企业动态；二是建立保留战略，包括为所有员工建立保留体制，申明员工可能存在的担忧，等等。

（4）沟通阶段。上述裁员方案的制定与实施应由企业一把手亲自过问，由至少一名高层领导参加组成的工作小组来负责。裁员工作不是简单的企业人力资源管理工作。裁员方案要根据企业的战略和目标来制定，方案的实施会影响企业的各个层面。

2. 经济补偿

（1）《中华人民共和国劳动法》第二十八条规定，用人单位依据本法第二十四条、第二十六条、第二十七条的规定解除劳动合同的，应当依照国家有关规定给予经济补偿。

（2）《中华人民共和国劳动合同法》第八十七条规定：用人单位违反本法规定解除或者终止劳动合同的，应当依照本法第四十七条规定的经济补偿标准的 2 倍向劳动者支付赔偿金。第四十七条规定的经济补偿金计算办法是：经济补偿按劳动者在本单位工作的年限，每满 1 年支付 1 个月工资的标准向劳动者支付。6 个月以上不满 1 年的，按 1 年计算；不满 6 个月的，向劳动者支付半个月工资的经济补偿。

劳动者月工资高于用人单位所在直辖市、设区的市级人民政府公布的本地区上年度职工月平均工资 3 倍的，向其支付经济补偿的标准按职工月平均工资 3 倍的数额支付，向其支付经济补偿的年限最高不超过 12 年。月工资是指劳动者在劳动合同解除或者终止前 12 个月的平均工资。

（二）内部待岗转岗

企业内部转岗制度。内部转岗是指经过考核对不适合本职岗位的员工进行岗位转换的制度，具体实践中经常以“末位淘汰”或“尾者转岗”的形式操作。如镇海炼油化工股份有限公司对职工实行考核上岗、“尾者”转岗，对在年度考核中的“尾者”进行转岗交流，并对考核不合格者作下岗处理。同时，结合“尾者”转岗、考核下岗工作对临时用工进行清退，把清退临时用工后腾出的岗位作为“尾者”转岗的“蓄水池”。

企业内部转岗制度也是企业人员退出的一种方式，目前也有许多企业已经使用了这种方式。应该说这种转岗制度对于员工退出和增强员工的竞争意识还是很有效的。但是在实践中往往只对于员工的考核和转岗条件做出了严格的规定，对于什么类型和级别的员工转到何种岗位一般都没有特别的研究，没有真正发挥出“人才合理调配”的作用。

特别需要指出的是，劳动合同法出台后，内部转岗制度的运行必须严格遵守其法律规定。具体来说，就是内部转岗实际上是企业单方向变更了劳动合同的行为，因此，企业实施内部转岗制度时，必须设计符合劳动法律法规的转岗制度，并且向转岗员工提供“不能胜任原岗位工作，经过培训仍不能胜任工作”的事实说明并存案备查。

内部待岗制度。这是指对因各种原因未能竞争上岗的员工实行内部待岗，待岗员工与企业保留劳动关系，待岗期间只发放基本生活费，待岗超过一定期限而又未能重新上岗，则退出企业。员工待岗的原因可以有多种：经岗位考试、考核成绩不合格的；因机构调整、转制、竞争上岗等离开原工作岗位后，不服从工作安排，无正当理由在规定时间内拒不报到的；有违纪行为又不构成解除劳动合同条件的等。目前，这种方式也是国有企业人才退出机制的一种。与内部转岗制度类似，企业也需要规范其内部待岗制度，符合劳动法律法规规定。

（三）培训分流

离岗培训制度是对不能适应岗位工作或对能力较弱、工作效能较低或是作风较散漫、年度考核排名居后的员工，以离岗培训的形式给予“警示”，并促进其提高能力的一种制度。目前，离岗培训制度大都是在事业单位和公务员队伍中实行，企业中应用得并不广泛。但是，它是企业人才退出的一种可资借鉴的方式，对于考核中不合格的员工进行离岗培训，培训结束后重新考核，合格后重新上岗，或者培训后安排其他岗位，同样能够达到人才退出机制中“人岗匹配”的最终目标。

（四）整体带资分流

整体带资分流，实际上是职工用解除劳动合同的补偿金购买原企业资产作为股份，与其他出资人一起组建新的股份制企业，转变为新企业的员工。新企业由原国有独资转变为多元投资的公司制企业。与集团公司脱离行政隶属关系。

整体带资分流与其他减人方式相比，具有以下几方面的优势：①整体带资分流方式，拓宽了企业与职工有偿解除劳动合同的渠道，可促进减员增效的实施。②可节约现金支出。集团公司存续部分困难较多，富余人员数量庞大，完全靠现金解除劳动合同是不现实的，整体带资分流可较好地解决减员任务重与资金短缺之间的矛盾。③现金补偿是人与资产分离，容易造成资产闲置，而整体带资分流则是人随资产走，可防止原使用资产因无人管理而变成无效资产，企业可在减少富余人员的同时盘活存量资产。④整体带资分流可完成职工身份转换。例如，国有企业职工带资分流使职工转变为新企业员工，使企业由国家独资变为多元投资主体，更有利于企业建立新的经营机制和用工机制，为其今后继续发展创造了条件。⑤职工利益可得到较好的保障。整体带资分流后，职工与新的企业签订劳动合同，没有失业，而且职工既是劳动者又是出资者，既有工资收入又可分红，能有较稳定的收入，提高对企业的关切度，有利于企业和社会的稳定。

整体带资分流后，需要完成劳动合同解除与重新签订、社会保险接续等后续工作，确保平稳过渡。

四、人员退出过程中应注意的问题

对任何员工来说，从原有工作岗位上退出都是一件不情愿的事情。因此，在实施人员退出的过程中要以尽量减少阻力、不影响企业正常的生产经营为原则。实践中，要注意处理好以下三个方面的问题：

一是要转变员工的思想观念，加强交流和沟通。人员退出机制的顺利实施，观念的转变首当其冲。首先要转变各级管理人员的用人观念，其次要转变所有员工的就业观念。要加强制度政策宣传教育，避免制度执行中的突击性和临时性，使人员退出机制成为企业管理中的一种经常性行为，提高职工的认知、认可程度。具体操作过程中企业要与员工进行及时的沟通。企业要尊重员工对企业的归属感和对职业的忠诚度，让员工充分认识到退出机制的重要性和必要性，及时将有关退出机制的具体实施政策特别是与员工切身利益密切相关的重大事项向员工解释清楚，耐心倾听员工的心声，了解员工的意愿，稳定员工的情绪，消除员工的顾虑。企业要善待员工，采取体贴的管理方式，让他们对“老东家”既不怨恨也不忘怀，从而在离职之后发挥他们对公司的作用，而企业在操作时，也定能减少许多麻烦。

二是要做好涉及人员退出的基础工作，确保人员退出的公正、公平。企业内部要加强编制和定员的管理，进行岗位分析和职位测评，建立职位任职资格系统，定期、不定期地开展职位竞聘，为有能力者开辟晋升通道，淘汰不能满足岗位要求的人员。随着技术的不断进步，还要积极探索以效定人、以产定人、以销定人、以成本定人等先进的定员方法，使定员水平不断迈上新台阶，为人员流动和人员退出提供坚实的基础。企业在考核、测评员工时要注意指标的客观性和合理性，决策必须公平，而且这种公平要基于简单、易于理解的标准。企业要充分考虑裁员的各种影响因素和可能后果，确保政策的公平，这样就有利于人员退出的顺利实施。同时，有利于留住有价值的优秀员工，防止造成低素质员工的沉淀，导致“劣币驱逐良币”的恶性效果。

三是要提高操作过程的规范性和合法、合规性，严格按照法律规定进行操作。目前企业因为辞退员工、解除员工劳动合同等而引发的劳动纠纷案例越来越多，为了避免和减少这种情况，企业人力资源退出机制一定要建立在法律的基础上。首先，退出方法要根据相关法律的规定制定，必要时要向当地劳动部门咨询，甚至可以把退出方法到当地劳动部门备案，确保退出方法的合法性。其次，要有书面材料记录员工相关行为，使人力资源退出具有充分证据。最后，在人力资源退出时，要和劳动部门做好沟通，解释裁员原因，取得劳动部门的支持；按照劳动法规定，确定补偿金额。在具体操作过程中，要做到程序透明，善后及时。当企业和员工真正面临裁员的选择时，裁员的操作程序将成为员工最为关心和敏感的重大事项，任何偏差和不公都会引起员工的激烈反应。企业要严格遵守裁员政策，制定严密规范的实施程序，公开有序地稳妥操作，防止因人而异、暗箱操作，使员工产生不公正感，引发新的冲突。同时，企业不仅要避免各种不理智的做法，采取人性化措施让被裁员工体面地离开企业，管理者更要善于用一种乐观的方式传达企业的远景和目标，重振留任员工的士气，使企业尽早回到正常的轨道，不断改善企业的经营绩效和公众形象，实现裁员的初始目标。

参考文献

［1］廖泉文．人力资源的获取——兼议竞聘上岗的原理与规程［J］．中国人力资源开发，2002（2）．

［2］胡仕勇，钟强．国企减员：退出机制待完善［J］．统计与决策，2002（6）．

［3］郑志高．国有企业裁员误区［J］．河北理工学院学报，2003（2）．

［4］王璞．人力资源管理咨询实务［M］．北京：机械工业出版社，2003.

［5］高月明．企业裁员的法律思考［J］．政法论丛，2003（5）．

［6］郑晓蕾．裁员的经济学分析［J］．统计与决策，2004（6）．

［7］高政利．对建立国企改制职工退出机制及补偿的思考［J］．湖南商学院学报，2004（2）．

［8］王春秀．AHP—模糊综合评价法在岗位评价与绩效评估中的应用研究［D］．华北电力大学硕士论文，2005.

［9］费红日，崔祥民．构建企业人力资源退出机制［J］．沿海企业与科技，2005（8）．

［10］裴春秀．企业人员退出机制研究［J］．商业研究，2005（12）．

［11］刘群．企业裁员的理论与实践［D］．西南交通大学硕士学位论文，2005.

［12］司红华．企业裁员行为及其活动管理研究［D］．浙江大学硕士学位论文，2005.

［13］张宇坤．中美日三国企业裁员模式对比研究［D］．华中科技大学硕士学位论文，2006.

［14］张莉平．国有企业裁员及人员退出机制案例研究［D］．对外经济贸易大学硕士学位论文，2006.

［15］马新建．减员增效与裁员风险防范［J］．中国人力资源开发，2006（2）．

［16］邢志强．中国航空油料有限责任公司生产岗位定额定员研究［D］．对外经济贸易大学硕士学位论文，2007.

［17］康士勇．薪酬策划与薪酬管理［M］．北京：中国经济出版社，2008.

［18］马国辉，张燕娣．工作分析与应用［M］．上海：华东理工大学出版社，2008.

［19］葛玉辉．工作分析与工作设计实务［M］．北京：清华大学出版社，2011.

［20］高艳，靳连冬．工作分析与职位评价［M］．西安：西安交通大学出版社，2012.

［21］刘昕．薪酬管理（第4版）．北京：中国人民大学出版社，2014.

［22］杨明海．工作分析与岗位评价［M］．北京：电子工业出版社，2014.

［23］萧鸣政．工作分析的方法与技术［M］．北京：中国人民大学出版社，2015.

［24］陈庆．岗位分析与岗位评价［M］．北京：机械工业出版社，2016.

［25］杨岗松．岗位分析和评价从入门到精通［M］．北京：清华大学出版社，2015.